The Handbook of Victim Offender Mediation:
An Essential Guide to Practice and Research

被害者-加害者調停ハンドブック

修復的司法実践のために

マーク・S・アンブライト 著 Mark S. Umbreit　藤岡淳子 監訳 Junko Fujioka

誠信書房

序文

過去二十五年間に、アメリカにおける被害者運動は、刑事司法制度に革命的な変化をもたらした。被害者は、彼らのケースに関して、正確で時宜に適した情報と通知を受け取ることができる、司法取引や量刑決定に参加できる、加害者から賠償を受ける、起訴の重要な段階に立ち会うことができる、といった特権を次々に与えられてきた。

これらの変化にもかかわらず、被害者たちは、伝統的司法過程にしばしば不満なままである。理由はいくつかある。第一に、これらの特権の多くは、州または連邦法令によって「権利」とされてはいるが、実際にはケースによって与えられたり与えられなかったりする特権のままである。第二に、多くの被害者にとって、自分に何が起きたのか理解しようとするときに不可欠な質問は、なぜ自分に起きたのかということである。対審手続きは、必ずしも真実をあぶりだすようにはできておらず、被害者と加害者の対話は必然的に排除される。被害者が被告人から説明を聞く機会はほとんどない。第三に、対審制度は、特に犯罪行動のパターンを変化させようとするわけではない。こうした関心は矯正職員に委ねられている。多くの被害者とサバイバーにとって、自分たちの人生を立て直そうとする際の共通のテーマは、自分に起きたことが他の人に起きるのを防ぎたいという決意である。しかし、再犯率は依然として高く、最近の犯罪全体の減少にもかかわらず、アメリカで発生する暴力犯罪は、世界のどの国と比べてもずっと多いままである。第四に、ジェームズ・ローランド（Rowland, J.）らによって擁護された矯正の「責任モデル」は、多くの被害者を満足させるほどには行われていない。ローランドのそのモデルへの貢献である被害者衝撃陳述は、いまや量刑や仮釈放決定権者に広く行き渡った道具となっている。しかし、それを行っても、加害者の悔恨あるいは悔恨ゆえの行動に結びつくことが、あまりにも少なすぎる。

全米被害者機構（ＮＯＶＡ）が、別の司法の枠組みを十年以上前に探求し始めたのは、このような環境があったからこそである。そうした探求は、「修復的地域社会司法」という概念の発展へと展開した。それは、以下のような制度である。①実際的な支援、危機介入、カウンセリング、代弁制、そして被害者が望む場合は司法過程に参加するといったことによる被害者の回復に中心を置く。②犯罪防止、犯罪行動への対応、被害者の支援、加害者の再形成の促進が、地域社会によって推進される。③賠償、再統合的羞恥、良心の呵責といったものを通じて、加害者に自己の行動に対する責任を負わせることに焦点を当てる。

これらの考えはすべて、ニュージーランドのマオリ、カナダとアメリカのインディアン、オーストラリアのアボリジニーといった先住民の遺産から引き出され、現代の知識と経験を反映するよう修正されたものである。

被害者加害者調停は、修復的司法を推進する一つの方法であり、これまでのところ北米で最も広がっている。それは財産犯と軽い暴行に対して最もよく使われ、少年司法制度において飛び抜けて使われている。しかし、それは重大な暴力犯罪の被害者と加害者にも使われている。

被害者の回復にとって肯定的なことは、賠償を促進し、被害者が加害者と話して犯罪の背景にある動機を理解する機会を得られることである。被害者にとっては、加害者だけが知っている詳細を知ることによって、自身のトラウマ物語のある側面に打ち勝つ機会となることである。加害者の回復にとって肯定的なことは、自身の行動が被害者に与えた衝撃について知り、償いを始める機会となることである。

被害者加害者調停に関する研究は、一般に結果に満足していることを示しているが、被害者の多く者は、この考えにかなりの抵抗を感じたままにある。この抵抗感の多くは、被害者加害者調停の過程に対する恐れと誤解に基づいているように思われる。というのは、被害者加害者調停を、当事者を等しく過失があると見なす他の種類の調停と混同しているからである。別の抵抗感は、制服を着た刑事司法の専門家たちが適切な訓練も受けず、あるいはその適用を支配する明確な指針も持たずに、被害者加害者調停を行おうとしている状況から生じている。抵抗感の第三の要因は、多くの人びとが、修復的司法あるいは被害者加害者調停が提供されたなら、すべてのケースに適用されると信じていることである。実際には、これらのアプローチによる「修復」は、被害者加害者ともに自由意志に基づく参加が得られた場合にのみ成功する可能性が高いということが、一般に認められている。

本書は、被害者加害者調停という成長しつつある分野と、それが被害者に新たな生活を回復させるためにどれくらい有効であるのかという議論に、大きく貢献する。修復的司法アプローチを使う基盤となる哲学と、実践のための特定化された指針の両方を簡潔に明らかにしている。被害者加害者調停プログラムの評価結果の、十分に研究されたまとめも提供しており、司法制度に統合された被害者加害者調停を求めている公共政策立案者や、刑事司法職員にとっても、大きな価値を持ちうる。過程をわかりやすく述べているので、被害者も被害者代弁者も、そういう手続きに参加したいかどうかを決めることができる。この分野における新たな発展にも目配りしており、被害者加害者調停プログラムの将来の可能性も評価できる。

この概念を初めて知る人であろうと、経験を積んだ実践家であろうと、あるいはその分野の研究者であろうと、本書は、今日の被害者加害者調停における芸術的な状態の実践的な注釈である。本書は、正義と癒しに向けての世界的な被害者運動の進歩への重要な、時宜を得た貢献である。

二〇〇〇年九月　ワシントンDC

全米被害者支援機構（NOVA）会長　マレーネ・ヤング博士

まえがき

われわれの社会における犯罪とその被害者の存在は、多くの傷、フラストレーション、怒り、混乱、そして心の傷を生み出し続けている。しかしここにきて、犯罪を理解し対処するまったく異なったやり方、すなわち犯罪の衝撃に最も影響を受けた人びとに権限を与え裁判の手続きに直接関わらせる動きが、北米、欧州、南太平洋、その他の地域で支持を集めている。修復的司法は、今までの伝統的な自由で保守的な手段と一線を画す新たなものである。被害者中心のアプローチである修復的司法は、被害者と地域の人びとに加害者と協働していく実際の機会を与え、加害者には自らが引き起こした損害に対する責任をとらせると同時に、彼らの社会復帰をも援助していくのである。修復的司法の核心は、加害者に犯した罪の責任をとらせる過程に、被害者と地域住民を最大限関わらせることである。被害者、加害者、当事者の家族、また地域住民のなかでの対話の機会があってこそ、修復的司法の理論が生きてくるのである。

二十五年前、被害者と加害者の和解といった修復的司法実践の初期の試みは、大変な懐疑、そして敵意にさえ見舞われた。今日では、かつて疑問の声を上げ批判をしていた多くの人が、この増え続ける国際的な社会改革運動のなかで積極的に関わるようになっている。被害者加害者調停を支持するアメリカ弁護士会や、この動向に積極的に関与する全米被害者支援協会などは、この方針転換の最も顕著な例である。

修復的司法理論の最もわかりやすい例は、「被害者加害者間調停」(ＶＯＭ)という近年とみに顕著になってきた領域である。この調停には、現在、北米と欧州において千三百以上のプログラムがある。訓練を受けた調停人の前で、被害者、加害者、ときには家族も、その犯罪によってどのような影響を受けたのかを語り合い、互いに抱いている質問への答えを受ける。そして、加害者が被害者に対して、その損害や傷をどう償うかについて協議する。こういった近年大きく進展してきた取り組みこそが、加害者の責任の認識と健全な青年育成を促し、被害者の援助と積極的な司法制度への関与を促進させ、社会の安全と地域社会のつながりを強めるのである。

修復的司法と被害者加害者調停のすそ野が広がるにつれ、この動向を強固な価値観に基づいたものにすることが急務となっているが、四半世紀にわたって積み上げられた実証された調査や実践的な知恵は、まだ広く知られてはいない。

本書は、司法関係者や研究者のために、VOMに関する最先端の見解を示したものである。これは、私と同僚がミネソタ大学社会福祉研究科の修復的司法・仲裁センター（前身は修復的司法・調停センター）で、長年にわたって手がけてきた事柄を反映したものである。われわれは本書を、すでに修復的司法領域に関わってきた司法関係者、政策立案者、また研究者の方々にとっての情報供給源であると同時に、関わり始めたばかりの方々にとっての基本的な参考書としても役立つよう、わかりやすくまとめた。

第I部は、基本となる原理、実践、被害者加害者調停の文脈に焦点を当てている。第1章では人間的調停の特徴について述べ、被害者、加害者、そして当事者家族が、安全な状態で双方間の直接対話を、調停人の最小限の介入で行うための調停前の準備について焦点を当てた。人間的な「対話志向型」の調停は、より一般的な「仲裁志向型」とはまったく異なっている。その特徴は、調停人による積極的な介入はほとんどなく、あるとしても当事者への調停前の準備のみである。この人間的調停こそが、被害者加害者調停を通しての修復的司法の核心をなすのである。第2章、第3章では、被害者に配慮された加害者との調停と対話の詳細な指針を述べ、さまざまな段階と課題を通して調停過程全体を紹介する。第4章では効果的な調停を実践していく際に中心となる、多文化的意味について述べる。この分野における経験に基づいた三つの事例研究——侵入盗、自動車盗、器物損壊——は第5章で扱った。第6章と第7章では、このプログラムの基本原理や実践の指針と段階、事例研究から、さらに広い視点より、全米で行われているVOMプログラムの初の全国的規模の調査の詳細が載せられている。この調査には、プログラムの財源、照会、調停人の研修、その他多くの手続きと結果のデータなどに関して、VOMがどのような重要な特徴を持っているか、また地域社会でこのプログラムを立ち上げたり強化したりすることに意欲を持つ人が、プログラム発展の際に誰でも直面する問題についての莫大な資料を含んでいる。

第II部は、われわれが調査研究から何を学んだかに焦点を当てている。第8章では、二十年以上にわたって行われてきた被害者加害者調停に関する四十の研究で明らかになった主要なテーマについて手短に述べる。第9章には、異文化間の被害者加害者調停に関する初の報告を載せた。これらは私と同僚がアメリカ、カナダ、イギリスの各所で行ったものである。第10章から第12章にかけては、アメリカの四州、カナダの四地方、そしてイギリスの二都市におけるそれぞれの事例研究のより詳細な報告を載せてある。各所の共通点と相違点を強調して挙げ、おのおのの国の背景に照らして、個々の手続きと結果のデータを報告した（編集部注：第11章・第12章については原書出版社の了解を得て割愛した）。

第III部の二つの章では、VOM領域において現在浮上してきた重要な課題を扱った。まず第13章（編集部注：日本語版では第11章）では、性犯罪、殺人未遂、第一級殺人といった深刻な暴力犯罪における、発展的な調停と対話の最近の実践について述べている。この運動の初期には、このようなことが起こるなどとは誰も考えもしなかっただろう。しかしながら、想像を絶するような悲惨を極めた犯罪の被害者や遺族からの、こうした調停への参加要求は少ないながらも徐々に増えており、それに応えるかたちで被害者加害者調停は、修復的司法、責任、そして仲裁の影響力をさらに深める大きな可能性のある新たな領域へと突入しているのである。しかし同時に、研修と教育なしには、この発展は多くの意図せぬ誤った結果をも引き起こしかねない。こういった事柄やその他の批判的な論点が、この第13章（同、第11章）で扱われている。第14章（同、第12章）では、被害者、加害者、当事者家族で行う調停の会合を通じての、修復的司法の好機と、影響力を脅かす可能性のある多くの潜在的な危機を、修復的司法の持つプラスの可能性と共に明らかにしている。

巻末には必要に応じて利用できるように、広範な情報を収めた六つの付録を載せた。書物とビデオ資料の出典、アメリカのＶＯＭプログラム名簿、プログラムの輪郭、これから期待されるであろう実践例の概略、第II部で紹介された四十のＶＯＭ調査研究をまとめた表、そして、各地域がその実践において消費者からの声を聞くのに利用できるよう最近開発された、「被害者のＶＯＭ満足度」表と「加害者満足度」表作成計画に関する情報である（編集部注：付録については原書出版社の了解を得て割愛した）。

二〇〇〇年九月

セントポール・ミネソタにて　　マーク・Ｓ・アンブライト

謝辞

この原稿は、多数の司法関係者と学者の総体的な経験と貢献に基づいている。一部分の章の共著者、William Bradshaw、Robert Coates、Jean Greenwood、Terri Grob、そしてAnnie Robertsは、本書の全体的な品質に多大な貢献をしてくれた。この優秀で才能のある同僚と共に仕事ができたことは光栄なことであった。

また、北米および欧州の司法関係者に深く感謝の意を表する。彼らの叡智はさまざまな点で題材の提供に貢献してくれた。世界中の被害者加害者調停協会の役員との多くの議論もまた、重要な情報と貢献をもたらした。

ミネソタ大学修復的司法・仲裁センターに所属する多くのスタッフと学生アシスタントの、長年にわたる類い稀なる貢献に感謝を表する。プログラム開発に関する章を編集する際のHeather Burns（大学院研究助手）の援助は、特に役立った。同じく、修復的司法・仲裁センターの運営補佐、Robert Schugは、この文書の元となった多くの初期文書の作成に力を尽くしてくれた。この価値ある貢献に感謝したい。ヒューレット財団とアメリカ司法省犯罪被害者局からの補助金は、本書の基礎となる多くの資料の初期整備を支えてくれた。

この原稿の準備は、編集主任を務めたBetty Vosの堅実なサポート、忍耐と能力なしでは決して可能ではなかった。

最後になるが、この三十年間、私が実践、研修、研究そして執筆に携われたのは、妻Alexaそして二人の娘JenniとLauraの献身と愛情ある寛容によるものである。

M・S・アンブライト

目次

第Ⅰ部　原理、実践、そして文脈

序章

被害者加害者調停†による修復的司法

犯罪について、現在われわれが考えるうえでの世界的で重要な進展の一つは、修復的司法に関する関心の高まりである。主に政治家たちによって行われている犯罪と刑罰をめぐる公の議論が、過去の保守的あるいは自由主義的解決を奉じているのに対し、修復的司法は、社会における犯罪と被害に対して基本的に異なる枠組みを提供する。修復的司法は、犯罪被害者と地域住民の高まる役割の重要性を強調し、加害者が危害を加えた人びとに対して直接責任を負い、被害者の情緒的、物質的損失を修復し、可能であればいつでも、地域の安全感、葛藤解決と、関わった人全員に終結をもたらす可能性のある対話、交渉、問題解決を提供する。

現行の加害者中心の司法制度に比べ、修復的司法は、三つのグループに焦点を当てる。犯罪被害者、加害者、そして地域住民である。修復的司法は、比較的はっきりした価値、原則、実践のガイドラインを有した進展しつつある世界的動向ではあるが、現行の少年および刑事司法制度に完全にとってかわる、新たなパラダイムとして広く実施されるような包括的なプランは、現時点ではまだない。

† 書名では「被害者-加害者」としたが、本文中ではすべて「被害者加害者」とした。

司法制度が直面している未解決の課題

修復的司法の政策と実践は、自由主義の西欧世界の、少年および刑事司法制度が直面している未解決な課題に対する、直接の対応策として生じた。アメリカでは、これらの未解決課題は、公的政策、個人と地域社会の態度、そして犯罪によって最も直接的に影響を受ける人びとの体験する正義の質に、きわめて大きな衝撃を与えてきた。

懲罰への強調が増大すると、厳罰と社会復帰の間での矛盾する圧力が、矯正の政策立案者と実践家の人びとにかかる。そうした矛盾の一つは、量刑の基本的目的に関して明確さを欠いてしまうということに反映される。量刑は、犯罪者の行動を変化させ社会復帰させることを意味するのだろうか。他の人たちが犯罪を行うのを抑止することに意味があるのだろうか。それとも犯罪者たちを無力化させ、一定期間社会から隔離させることに意味があるのだろうか。これらの葛藤する目標は、裁判が達成しようとすることについても混乱をもたらす。

犯罪被害者たちは現行の司法制度から疎外され、欲求不満を募らせてきた。司法制度は、個々の市民が犯罪行動によって侵害されたという、まさにそのことによって存在しているにもかかわらず、アメリカの裁判においては、犯罪被害者には事実上法的立場がない。犯罪は「国家」に対するものであり、国家の利益がわれわれの正義に添う過程を動かす。個々の被害者や被害を受けた地域社会は脇に置かれ、意見を述べる機会がほとんどないか、あったとしてもごくわずかしかない。犯罪被害者はしばしば二回被害を受けたと感じる。最初は、加害者によってであり、次いで自分たちが税金を払っている刑事司法制度によってである。多くの犯罪被害者たちは、司法制度と接するにつれて欲求不満と怒りとを募らせる。彼らはほとんど無視され、審判日の変更や最終決定といった裁判過程についての情報さえ、提供されないことがしばしばだからである。刑事司法の専門家たちは、犯罪被害者の恐れや関心には耳を傾けることはほとんどなく、情報と加害者に責任を負わせることに手を貸すことだけを、被害者に求める。

より厳しい罰が犯罪者の行動を変化させることに失敗したことも、アメリカの少年および刑事司法制度が直面している、もう一つの問題である。もし厳罰と拘禁に効果があるなら、アメリカは世界で最も安全な国の一つであるはずだ。アメリカは犯罪者に甘すぎるという多くの市民が共通して抱いている見方に反し、実際には、アメリカはロシアを除く他のどの先進国よりも、人口比にしてより多くの人びとを刑務所に閉じ込めている。さらに、アメリカの量刑は、他の西欧の民主国家よりもはるかに重く、いまだに日常的に死刑を行っている唯一の先進国である。

最後に、矯正保護、特に拘禁に要する莫大な支出は、犯罪被害者のニーズをほとんど無視する一方で、犯罪者の拘禁に頼っている現行の応報的司法制度を再考する議会や政策立案者の数を増加させている。

修復的司法とは

修復的司法は、犯罪行為によって最も直接的な影響を受けた人びと、すなわち被害者、加害者、彼らの家族、そして地域社会の代表者たちに、犯罪に起因する危害に直接的に対応する機会を与える被害者中心の対応である。修復的司法は以下の価値に基づいている。犯罪被害者に、より積極的な支援を提供することの重要性を強調すること。加害者に、彼らが危害を加えた人びとと地域社会に対する直接的な責任を負わせること。被害者の情緒的および物質的損失を、可能な限り回復させること。関心を持つ犯罪被害者、加害者、家族、その他の支えてくれる人びとの間で、対話と問題解決のさまざまな機会を提供すること。加害者に対してその対処力を伸ばし、地域社会での生産的な生活に戻る機会を与えること。そして、地域社会を築くことによって、公衆の安全を強化すること。

修復的司法は、犯罪と被害化についてまったく異なる思考方法を提供する（Van Ness & Strong, 1997）。現行の応報的司法のパラダイムは、国家を主な被害者と見なし、被害者と加害者には受動的な役割を割り振る。対照的に、修復的司法は犯罪を、何より個人に直接向けられたものと見なす。犯罪に最も影響を受けた人びとが、その葛藤の解決に関わる機会を持つべきであると考える。損失を回復させ、加害者が自らの行動に対して直接責任を負うことを許し、被害者が脆弱感を乗り越えて何らかの終結を達成することを助けようとする立場は、過去の犯罪行動に焦点を当てて罰のレベルを増大させる因習的司法と、はっきりした対照を示す。修復的司法は、加害者と被害者両方の欠陥にこだわるのではなく、むしろ強さを引き出そうとする。修復的司法は、犯罪行動を非難する一方、加害者を配慮をもって扱い、遵法行動をとることができるように、より大きな社会に再統合していく必要も強調する。それは、以下の価値に基づいた真に異なるパラダイムを表す。

（1）修復的司法は、加害者をお金をかけて罰することよりも、被害者と被害を受けた地域社会の回復にはるかに大きな関心を寄せる。
（2）修復的司法は、より大きな関わり、意見陳述、サービスを通じて、刑事司法過程における被害者の重要性を増加させる。
（3）修復的司法は、被害を与えた人あるいは地域社会に対して、加害者が直接責任を負うことを要求する。
（4）修復的司法は、地域社会全体が加害者に責任を果たすよう関わり、被害者と加害者の回復のために必要な対応をとるよう励ます。
（5）修復的司法は、罰の厳しさよりも、加害者に自身の行動の責任を受け入れ、可能であればいつでも改めさせることを強調する。

（6）修復的司法は、加害者の行動に影響する社会的状況に関する地域社会の責任を認める。

非常に現実的な意味において修復的司法の理論は、過去の知恵から引き出した未来の青写真を提供する。十一世紀のイギリスによるノルマン侵攻後、大きな変化が生じた。というのは、それまでの被害者加害者の葛藤として犯罪を理解していた見方から、人びとが離れたからである。征服者ウイリアムの息子ヘンリーI世は、一定の犯罪（強盗、放火、殺人、窃盗、その他の暴力犯罪）に対して、「国王の平和」に反するものとして、国王による司法を行う命令を布告した。この布告以前には、犯罪は個人間の事柄であると見なされており、被害者への償いによって損害を修復することの強調は十分に確立されていた。

修復的司法は、社会内矯正、被害者代弁者、地域警察といった、近年行われた多くの司法改革の動きの豊かな伝統も受け継いでいる。修復的司法の原則は、アメリカ先住民、ハワイ人、カナダ先住民、マオリ文化といった先住民の伝統の多くと一致している。これらの伝統は、ほとんど世界中の宗教で強調される価値とも一致している。

これらの原則の多くは、犯罪、恥、再統合の問題を述べたオーストラリアの学者、ジョン・ブレイスウェイト（Braithwaite, J.）の先駆的著作にも見られる。ブレイスウェイト（1989）は、「再統合する恥」、すなわち、悪事に対して地域社会が非公式に非難するが、悪事を行った人が地域社会に戻る機会が残されているある種の社会的統制について論じた。犯罪率の低い社会では、人びとは自身のことだけにかまけているのではなく、逸脱にははっきりとした許容される限界があることが理解されており、地域社会は自分たちの問題に自分たちで対処することを好む、と彼は記している。ブレイスウェイトは、加害者その人の責任感、地域社会の積極的参加、加害者の再調和と再肯定を強調する司法の原則を論じた。それらの原則は、可能であれば調停と対話を、ということを強調することを加えて、修復的司法にも深く根ざしている。

応報的司法の古いパラダイムと修復的司法の新しいパラダイムとの違いは、バージニア州イースタン・ミネソタ大学の葛藤解決プログラムで活動する、ハワード・ゼア（Zehr, H.）の先駆的著作に最も明確に記述されており、表序-1にまとめられている。応報的司法が罰に焦点づけられているのに対し、修復的パラダイムは、責任、その犯罪によって最も影響を受けた人びとがその衝撃に対応すること、そして被った情緒的、身体的、物質的害に関して、可能な限り修復することを強調する。

修復的司法はどれくらい広がっているか

修復的司法の最初の概念化は一九七〇年代後半に始まり、ゼア（1985, 1990）によって初めて明確に記述された。当時、この新たなパラダイムに関する議論は主に北米で行われており、そこに欧州の研究者や実務家がわずかながら加わっていた。しかし当時の修復的司法は、刑事および少年司法の政策立案者や実務家の主流派には、真剣に考慮されていなかった。

政府および関係機関による支援

一九九〇年までにNATO基金の援助によって、世界における修復的司法への関心の高まりを検討するための国際会議が、イタリアで開催された。十二カ国（オーストリア、ベルギー、カナダ、フィンランド、フランス、ドイツ、ギリシャ、イタリア、オランダ、ノルウェー、トルコ、イギリス）から研究者および実務家が参加し、修復的司法の政策と実践の発展および衝撃に関する発表を行った。修復的司法に関する国際的関心は大きくなり続けている。一九九五年には、ニュージーランド司法省が、修復的司法を連邦の政策として真剣に考慮するため

表序-1　司法のパラダイム

応報的	修復的
1. 犯罪は国家に対する侵害と定義される	1. 犯罪はある人からの別の人への侵害と定義される
2. 過去の責めあるいは罪をはっきりさせることに焦点を当てる（彼または彼女はやったのか？）	2. 問題解決，義務と責任，将来に焦点を当てる（何がなされるべきか）
3. 敵対関係と敵対過程が標準	3. 対話と交渉が標準
4. 罰と抑止／予防のために苦痛を与える	4. 和解／修復という両者の目標を取り戻す手段としての賠償
5. 意図と過程によって定義される司法：正しいルール	5. 司法は適正な関係と結果として定義される
6. 犯罪の対人葛藤的性質が不明瞭で抑圧される：葛藤が個人対国家と見なされる	6. 犯罪は対人葛藤として認識される：葛藤の価値が認められる
7. ある社会的傷つきが別の傷つきに置き換えられる	7. 社会的傷つきの修復に焦点が当てられる
8. 地域社会は脇に置かれ，国家によって抽象的に代表される	8. 地域社会は，回復過程の推進者である
9. 競争的で個人主義的価値が励まされる	9. 相互的であることが励まされる
10. 行為は国家から加害者に向けられる ・被害者は無視される ・加害者は受動的	10. 被害者加害者が共に過程に参加する ・被害者の権利／ニーズが認知される ・加害者は責任を負うよう励まされる
11. 加害者の責任は，罰を受けることと定義される	11. 加害者の責任は，行為の衝撃を理解し，どうすればことを正せるかを決める手伝いをすることと定義される
12. 加害者は法的用語によってのみ定義され，道徳的，社会的，経済的，政治的次元を欠く	12. 加害者は，道徳的，社会的，経済的，政治的といった文脈全体において理解される
13. 負債は抽象的な国家あるいは社会に対して負われる	13. 被害者に対する負債／義務が認知される
14. 対応は加害者の過去の行動に向けられる	14. 対応は加害者の行動の害悪となる結果に向けられる
15. 犯罪のスティグマは取り返しがつかない	15. 修復行動をとることによって犯罪のスティグマを取り返すことができる
16. 悔い改めること，許すことは励まされない	16. 悔い改めることと許しの可能性
17. 代理人たる専門家への依存	17. 当事者たちの直接関与

(Zehr, 1985, p.18)

のワーキングペーパーを発行した。一九九六年から九七年の間には、北米、欧州、南太平洋（オーストラリアとニュージーランド）の修復的司法に関心を持つ研究者たちが、この新たな理論をさらに検討するために、アメリカとベルギーで会合を開いた。続く数年間で、さらに大きな国際修復的司法会議が開かれた。

アメリカでは修復的司法への関心は、近年とみに高まっている。一九七〇年代後半に始まった被害者加害者調停（VOM）という修復的司法の実践は、現在では広く行われている。アメリカ弁護士協会は、過去二十年以上にわたり民事調停の分野で主たるリーダーの役割を演じてきた。長い間刑事調停にはほとんど関心を示さなかったアメリカ弁護士協会も、一九九四年の夏に、完全に被害者加害者調停の実践を取り入れ、国中の裁判でそれを発展させるよう進言した。

一九九六年一月、アメリカ合衆国司法省は、全国の政策立案者と実務家を集めて修復的司法に関する最初の全米会議を開いた。続いて一九九七年と九八年には、司法省の後援を受けて、修復的司法に関する五つの地域大会が開催された。ミネソタ大学修復的司法センター、フロリダ大西洋大学地域司法研究所、その他の関係機関から、矯正職員、政策立案者、実務家の要請に応えて、何千という修復的司法に関する情報パッケージが送られた。

おそらく、修復的司法に関する支援の高まりを最もはっきりと示すものの一つは、全米被害者支援協会の研究論文が、「修復的地域司法」を支持したことであろう（Young, 1995）。この運動の初期には、ほとんどの被害者支援団体は懐疑的だった。多くがいまだにそうであるが、より多くの被害者支援機関が、今では積極的に修復的司法運動に参加している。

世間の意見と関心

政府と関係機関の修復的司法の理論および実践に対する支持が増大したにもかかわらず、世間は本当に関心を持っているのだろうかという疑問が残る。修復的司法の原則について、世論が支持しているという証拠はあるのだろうか。「法と秩序」そして「より厳しく」という強い言葉が、ほとんどの選挙運動で跋扈《ばっこ》していることを考えれば、世論が修復的司法を支持しているとは言えないのではあるまいか。野心的な政治家や刑事司法の関係職員が、「人びとが、われわれに犯罪者に対して厳しくなることを要求している」と述べているのを、われわれは何度聞いたことだろう。理解が、あるいは誤解と呼ぶ人もいるが、国家をさらに厳しく、さらに経費のかかる刑事罰へと駆り立ててきた。

しかし、一般市民は、しばしばそう描かれるよりもはるかに応報的ではなく、特にそれが財産犯に適応されるときには、修復的司法の基本原則に考えられているよりはるかに支持的であることを示唆する証拠が、たくさん集まりつつある。アラバマ、デラウェア、メリーランド、ミシガン、ミネソタ、ノースカロライナ、オレゴン、バーモント州では、人びとは一貫して、加害者たちに責任を果たさせることに強い関心を示すとともに、より修復的な結果をもたらすことが可能になる社会内処遇による処罰を支持している。

ミネソタの調査研究は特に示唆的である。大きな無作為抽出標本を用いた、ミネソタ大学によって行われた全州の世論調査（Pranis & Umbreit, 1992）の結果は、罪と罰に関する一般市民の感情についての伝統的知見に反していた。州の人口全体を反映するように年齢、性別、地域のバランスをとって抽出された八百二十五人の成人の標本に対し、より大きな包括的な調査の一部として、修復的司法に関連する三つの質問が尋ねられた。このサイズの標本のサンプリングエラーは、プラスマイナス三・五％である。

最初の質問は、「不在中に泥棒が入り、百二十ドル相当の財産を盗まれたと想像してください。犯人は、以前に同様の犯罪で一つだけ前科があります。四年間の保護観察に加え、あなたへの千二百ドルの支払いと四カ月の拘禁との、どちらを判決に含めることを望みますか」というものだった。ミネソタ市民の四人に三人近くが、犯人が賠償金を払うことのほうが、刑務所に入るより重要であると答えた。

修復的司法に密接に関係する関心として、しばしば犯罪の原因となる潜在的な社会問題を述べた政策に対する一般の支持を検討するために、以下の質問がなされた。「犯罪を減らすのに最も効果を与えるためには、刑務所により多くの資金をつぎ込むべきですか、それとも教育、職業訓練、社会内プログラムにつぎ込むべきですか」。ミネソタ市民の五人中四人が、犯罪を減らすためには、刑務所よりも教育、職業訓練、社会内プログラムに資金をつぎ込むべきだと答えた。

修復的司法に関連する三つ目にあたる最後の質問は、被害者加害者調停についての関心という問題である。この質問は以下のように提示された。「ミネソタには、訓練された調停者の立会いの下、犯罪被害者が加害者に会い、犯行がどのような衝撃を与えたのかを加害者に教え、損失を補償する案を作ることを可能にさせるプログラムがあります。あなたが、少年あるいは青年による暴力的ではない財産犯罪の被害者だったと想像してください。このようなプログラムに参加したいですか」。ミネソタ市民の五人中四人以上が、加害者と直接顔を合わせる調停に参加することに関心を示した。「加害者と対決したいなんていう被害者は、いるわけない」とか、「関心を持つのは被害者のうちのごく一部だけ」などというコメントをしばしばするような、調停のことをよく知らない刑事司法の職員やプログラム・スタッフにとっては、この結果は特に重要である。この結果はさらに注目に値する。というのは、犯罪のほとんどは少年か青年によって行われるからである。被害者加害者調停は、少年による犯罪の場合のみ支持されるだろうと述べる理論家もいる。これはミネソタではまったく当てはまらない。回答者の八二%が、彼らに被害を与えた少年あるいは青年と会うことができるプログラムに参加するだろうと述べている。

しばしばそう描かれるよりはるかに応報的ではない一般市民という像は、この全州調査から生じた。回答者たちは、金のかかる応報よりも、底にひそむ社会的不正義の問題を述べている賠償と予防の方策に、より大きな関心を示した。加害者に、その被害者に対して個人的に責任を持たせることは、拘禁より重要である。人びとの安全は、拘禁よりも職業訓練、教育、その他の社会内処遇に投資することに、より直接的な関係があると理解されている。

この世論調査は、単にミネソタの自由主義的社会政策の伝統を反映しているだけであると言いたくなるかもしれないが、この結果は世論調査の増え続ける結果と一致している（Bae, 1992；Galaway, 1984；Gottfredson & Taylor, 1983；Public Agenda Foundation, 1987；Public Opinion Research, 1986；Thomson & Ragona, 1987）。これらの初期の研究は、財産犯に対して、拘禁のかわりに加害者が被害者に賠償金を支払うこと、犯罪を統制するために刑務所に替えて犯罪防止策をとることを、人びとが広く支持していることを見いだした。これらの研究では回答者たちに、「修復的司法」を支持しますかと表立っては聞いていない。しかし、尋ねられた質問は、過去の行動に対する応報と責めよりも、犯罪防止と身体的、情緒的損失を修復することにより価値を置くという、修復的司法の理論にとって基本的である重要な原則を、潜在的に述べている。

修復的司法プログラムの実施

それ以前の多くの改革運動と異なり、修復的司法の動きは、アメリカ社会での司法の行われ方について制度全体に及ぶ変化をもたらしうる。米国司法省の少年司法および非行防止局が、バランスのとれた修復的司法（ＢＡＲＪ）プロジェクトを支持した結果、多くの郡や州の司法制度が修復的司法の利点を検討している。十八州がよりバランスのとれた修復的少年司法を促進するための法律を施行し、他の三十二州でも修復的司法プログラムが進展している。ＢＡＲＪプロジェクトは、六つの少年司法制度（オレゴン州のデシューツ郡、およびレイン郡、テキサス州トラビス郡、ミネソタ州ダコタ郡、ペンシルベニア州アレゲーニ郡、フロリダ州パームビーチ郡）で広範に取り入れられ、修復的司法の政策や実践が積極的に行われている。被害者と地域社会がより関与できるように施策方針が再検討されて書き直され、予算の再配分、新たな修復的介入が開始され、被害者の関与へのニーズがはるかに知られるようになり、サービスが発展しつつある。

一九九四年バーモント矯正局は、アメリカで最も先進的で大がかりなものの一つである制度全体にわたる修復的司法を開始した。世論調査での刑事司法制度への大きな不満と非暴力的犯罪に対しては、より修復的な社会内処遇を可とする結果を受けて、当局は、刑務所か保護観察かという二者択一のうえに築かれた、百年続いた矯正制度を捨てた。現在の保護観察ケースの五〇%までは、市民ボランティアで構成される賠償保護観察地域委員会で、責任を持って扱えると決定した。伝統的保護観察に出頭するかわりに、財産犯は賠償保護観察地域委員会に直接出向く。委員会は犯罪者と話し合って、社会内での被害者加害者調停、社会奉仕活動、被害者パネルといった修復的制裁を決定する。当局は現在、犯罪被害者たちに賠償保護観察地域委員会に行くよう勧めている。他にこれほど構造的な変化を行った修復的司法改革は知られていない。これは、犯罪者たちが自身が侵害した地域社会に対して責任を持ち続ける過程での、犯罪被害者と地域社会のボランティアの役割を、はっきりと増強させている。

こうした制度全体の変革ではないものの、個々の修復的プログラムの取り入れは、アメリカ中に広がっている。全米で三百を超える被害者加害者調停プログラムに加え、多くの他のプログラム（創造的社会奉仕、近隣葛藤解決、被害者意見陳述付金銭賠償、被害者加害者対話グループ／パネル）が、修復的司法の多くのあるいはすべての原則と一体になっている。はっきりとした数字を述べることは困難であるが、少なく見積もっても、千を軽く超えるこうしたプログラムが、ほとんどすべての州の都市部と地方部で実施されている。

被害者加害者調停による修復的司法

被害者加害者調停は、加害者と被害者に向けられた、さまざまな修復的司法の政策や実践のうちの一つである。他には、地域警察、家族グループ会議、和平サークル、適切な制裁を決定するために加害者に会う地域賠償委員会、被害者衝撃パネル、賠償プログラム、加害者能力開発プログラム、加害者のための被害者共感教室、加害者による被害者あるいは地域社会に対する奉仕活動、被害者に対する地域サポートグループ、被害者代弁制度、加害者のための地域サポートグループといったものがある。

被害者加害者調停とは何か

被害者加害者調停とは、財産犯罪あるいは軽微な暴力犯罪の被害者に対し、安全な構造化された状況で加害者に会う機会を与え、加害者が被害者に対してしっかりと償えるよう、加害者に責任ある行動をとらせることを目標とする過程である。訓練された調停人に支えられて、被害者はその犯行が自分にどのような影響を与えたのかを加害者にわからせることができ、質問への答えを得、加害者が引き起こした損失や損害に関する賠償案を作ることに直接参画することができる。加害者は、自身の行動に対して直接責任をとることができ、自分がやったことの衝撃を十分に理解し、償いのための案を立てることができる。加害者が賠償を完遂しない場合は、裁判所がその後の決定を下すこととなる。被害者加害者調停プログラムは、被害者加害者会合、被害者加害者和解、被害者加害者会議と呼ばれていることもある。

犯罪被害者は、司法過程で積極的な役割を演じられ、犯罪についての直接的情報を得られ、犯行が自身の生活に与えた衝撃を表現でき、損失を最大限に補償するためのお互いに受け入れることができるような賠償案について、加害者と交渉することができる。犯行を行った者は、自身の行動が生身の人間に与えた衝撃をはるかに十分に理解することが可能になり、自身の行動を「認め」、彼らが傷つけた人に対して直接償える機会を持つことができる。家族やその他の友人もしばしばそこに出席して関与し、気がかりを表明する機会を持つ。被害者も加害者も、一つのことを終えて、自身の次の生活に向かって動き出すことができるという感じを持つことができる。

あるプログラムでは、ケースは主として検察からのダイバージョン（代替措置）として、被害者加害者調停に回される。合意が得られやすいであろうという考えからである。裁判によって有罪が確定した後のケースを、主として受け入れるプログラムもある。その場合、調停は保護観察の条件になっている（被害者が望めばであるが）。ダイバージョンと裁判後の、両方のケースを受けるプログラムもある。ほとんどのケースは、少年司法制度に関わる職員から受理されるが、成人刑事司法制度から受けるプログラムもある。裁判官、保護観察官、被害者代弁者、検察官、弁護士、あるいは警察官といった人びとが、被害者加害者調停プログラムに回す。アメリカのプログラムは一般的にいって、審判前のダイバージョン、有罪確定後量刑確定前、量刑確定後がそれぞれ約三分の一ずつを占めている。

ほとんどの場合、調停への照会は、加害者側の者か刑事司法関係者によって開始される。しかし、そうした申し出を受けなくても、被害者が調停を求めることも時にはある。被害者は、地域の被害者サービスプログラムを通じて、地域の保護観察所、あるいはそのケースを扱っている特定の刑事司法機関に直接連絡をとることによって、この過程に入ってくることが一般的である。

被害者加害者調停を行っているどのプログラムも、参加することを選んだ被害者から金銭を取ることはしていない。ほとんどのプログラムは、加害者からも取らない。しかし、加害者には、裁判所に対して参加料を払わせるプログラムもある。地域の被害者加害者プログラムの経費のいくらかを補塡するためである。

被害者加害者調停は他の調停とどのように異なるのか

離婚や親権争い、地域社会での紛争、商業上の争い、その他の民事裁判といった、増加している葛藤場面のなかで、調停が使われている。そうした場面では、両者は「紛争者」と呼ばれる。両者共に葛藤に寄与しており、したがって解決のためには両者ともに妥協しなければならない。こうした場合の調停は、しばしば和解に至るこ

表序-2　被害者加害者調停の連続体——最小から最大の衝撃まで

最小の修復的衝撃 ——合意志向，加害者中心	最大の修復的衝撃 ——対話志向，被害者に敏感
1.金銭的賠償の金額を決めることのみに焦点を当てる。被害者，地域社会，加害者に与えた犯行の衝撃について直接話す機会はない。	1.被害者と加害者に直接話す機会を提供することが，主たる焦点である。被害者は犯行が生活に与えた衝撃を存分に語ることができ，大事な質問への答えを得ることができる。加害者は，自らの行動が生身の人に与えた衝撃を学ぶことができ，事を正すためにできることを探すことによって，直接責任をとることができる。
2.被害者は，最も居心地よく安全に感じられる場所や，一緒にいてほしい人を選べない。	2.被害者は，どこで会うか，誰に一緒にいてもらうか等々を過程の間中ずっと選ぶことができる。
3.被害者は，あらかじめ決められた時間の調停に来るようにという通知を受けるだけで，準備はない。	3.賠償は重要であるが，犯罪の衝撃について話し合うことの次にくる。
4.被害者と加害者が会う前に，それぞれ個別の準備面接がない。	4.被害者と加害者が直接会う前に，それぞれ個別の準備面接があり，犯罪がどのように影響したか，ニーズはどのようなものかといったことが聞かれ，調停あるいは会議の準備ができる。
5.調停人が犯行について述べ，次いで加害者が話し，被害者は単にいくつか質問したり，調停人の質問に答えるだけ。沈黙や感情表現が許されない。	5.非指示的調停。当事者たちが話し，沈黙への耐性が高く，人間的あるいは変化促進的調停モデルを使う。
6.非常に指示的な調停。調停人がほとんど話していて，ひっきりなしに被害者と加害者の両方に質問をする。当事者同士の直接対話はあったとしてもごくわずかである。	6.感情と犯行の衝撃を十分に表現できる。当事者同士の直接対話が強調され，調停人はほとんど話さない。
7.矯正保護の職員が調停人を務める。	7.訓練された市民ボランティアが，独立して，あるいは機関職員の補佐を得て，調停人を務める。
8.被害者は自由意志だが，加害者は責任を認めているいないにかかわらず強制。	8.被害者と加害者の自由意志に基づく参加。
9.解決志向で非常に短い（10～15分間）。	9.対話志向で，普通は，少なくとも1時間。

とに極端に重点が置かれ、葛藤が両者の生活に与えた衝撃について十分に語り合うことは軽視される。

被害者加害者調停においては、参加者たちは「紛争者」ではない。一般に、一方は明らかに犯罪を犯し、犯したことを認めており、他方は被害者である。したがって、有罪か無罪かは調停されない。被害者が妥協したり、損失より少なくしか要求しないということは期待されない。他の多くの調停が「解決志向」であるのに対し、被害者加害者調停は主に「対話志向」であり、被害者の癒し、加害者の責任、損失の補償が強調される。ほとんどの被害者加害者調停は、実際には賠償の合意に至る（一般に九五％以上）。しかし、この合意は、当事者同士の対話の重要性に比べると二次的なものである。この対話は、被害者の情緒的ニーズと情報のニーズを扱う。この対話が、被害者の癒しと、加害者をより犯罪的ではない将来へと導きうる被害者への共感を発展させることの、両方にとっての中心となる。被害者にとって賠償の合意は、被害者が犯罪についてどう感じたかを加害者に直接話す機会に比べれば、より重要性が低いということを、研究結果は一貫して示している。修復的衝撃は、被害者と加害者の対話のための安全な場所を作ることに密接に関係している。最も修復的衝撃が強力な被害者加害者調停の特徴は、表序-2に示した。

被害者加害者調停の歴史と発展

現在、被害者加害者調停（刑事調停と呼ぶ人もいる）として知られるものの原型は、カナダのオンタリオ州で何年も前に始まった。一九七四年五月、オンタリオのキッチナー北部にあるエルミラで、ある試みが始まった。それが後に、新たな司法改革の国際的発展の引き金となった。二人の若者が、二十二件の器物損壊で有罪を認めた。彼らの保護観察官とカナダメノナイト中央委員会の同僚は、二人の若者と二十二人の被害者たちとの葛藤を解決するのに、ある基本的な和平の原則を使ってみようという考えと勇気を持っていた。

二人の加害者を犯行現場に行かせ、彼らが被害を与えた一人ひとりに会わせて、どのくらいの損害を与えたかを自分の目で確かめさせるという進言が、裁判所に対して出された。裁判官は、二人の若者が、保護観察官とメノナイト中央委員会の同僚の助けを得て、被害者に会うことができるように、一ヵ月間の差戻しを命じた。加害者らが被害者らに会い、自分たちの犯罪行為の衝撃を、より生身の人間に対するものとして理解した後、裁判官は彼らに保護観察処分を下し、被害者に賠償するよう命じた。三ヵ月後、加害者らは再度被害者らを訪ね、与えた損害分の小切手を手渡した。キッチナーの実験は、北米での被害者加害者和解プロジェクト（VORP）を開始させた。被害者加害者調停および和解プロジェクトは、一九八四年のカナダ若年犯罪者法の規定に従って、主に「代替措置」プログラムとして、今やカナダ中の二十以上の司法管区に広がっている。

アメリカでもかなり急速に同様のプログラムが発展した。アメリカでの最初のVORPは、一九七八年に、インディアナ州エルクハートのメノナイト中央委員会、保護観察官、地裁判事がケースを受け始めたことによる。一九九〇年代半ばまでに、アメリカで約百五十の被害者加害者調停あるいは和解プログラムが存在し、加えてカナダに二十六のプログラムがあり、世界中に広がり始めている。

被害者加害者調停プログラムはいくつあるのか

主として北米と欧州で、世界で千三百を超える被害者加害者調停（以下、VOMと略称する）プログラムがあることが知られている。まだ名簿には載っていないプログラムもきっとあるだろう。表序-3に、現在の世界の被害者加害者調停プログラムをまとめてある。詳細は第6章で述べるが、一九九六年のアメリカにおけるVOMの調査では、二百九十一のVOMプログラムがあったが、現在では三百を超えている。面接調査を受けた百十七のプログラムのうち、四四％が社会内処遇機関によって運営され、一一％が保護局の後援を受けており、一〇％が

表序-3　世界の被害者加害者調停プログラム

国　名	プログラム数
オーストラリア	5
オーストリア	17
ベルギー	31
カナダ	26
デンマーク	5
フィンランド	175
フランス	159
ドイツ	450
イタリア	4
オランダ	2
ニュージーランド	全国で利用可能
ノルウェー	41
ポーランド	5
南アフリカ	1
スウェーデン	50
イギリス	46
アメリカ	302
合　計	1,319

(Umbreit & Greenwood, 1999)

教会によるプログラム、四%が被害者支援機関、三%が検察庁によって運営されている。これらの百十七プログラムのうち、七四%が少年審判のケースを扱っており、二六%が成人犯罪者を含む刑事裁判所のケースを扱っている。最も多い資金源は、州あるいは地方政府からの資金である。基金が、三番目に多い資金源である。

北米と欧州の千以上の地域社会における、二十年間の発展と何千というケース(主に財産犯と軽微な暴行)を経て、被害者加害者調停は、ついに刑事司法の周辺から本流へと動き始めている。まだとても小さくて、扱うケース数も非常に限られているプログラムもあるが、多くは年間数百というケースを受けている。二、三のプログラムは、近年、年間千以上のケースを裁判所から代替措置として受け入れ、郡政府はそれらのプログラムに何百万ドルという資金を提供している。この分野でのさらなる研究の必要性は残ってはいるが、カナダ、アメリカ、イギリスにおける多数の場所でのＶＯＭに関する実証的データが、より広く使われている矯正処遇に関する研究より、今やずっと多く集められている。ＶＯＭに関する四十の研究結果から生じた中心的な知見は、第8章で示される。

一九七四年にオンタリオ州キッチナーでさりげなく始まって以来、被害者加害者調停の分野は、明らかに大きく成長した。最近ミネソタで行われた被害者支援組織による全州調査では、被害者加害者調停は、すべての裁判管轄区で犯罪被害者に対する選択肢の一つとして提供されるべきであると、九一％の人が信じていることが見いだされた。

われわれは研究からＶＯＭについて何を学んだか

すでに述べたように、この十年間で実証的データが、カナダ、アメリカ、イギリスの研究によって集められてきた。その多くは第II部でより詳細に取り上げる。欧州と北米で行われた研究は、調停過程と結果について、被害者も加害者も高いレベルの満足をしていると報告している（Coates & Gehm, 1989；Collins, 1984；Dignan, 1990；Gehm, 1990；Marshall & Merry, 1990；Perry, Lajeunesse & Woods, 1987；Umbreit, 1994, 1995b）。より高い賠償完遂率（Umbreit, 1994）、被害者の恐怖の低減（Umbreit & Coates, 1993；Umbreit, 1994）、将来の犯罪行動の低減（Nugent & Paddock, 1995；Nugent, Umbreit, Wiinamaki & Paddock, in press；Schneider, 1986；Umbreit, 1994）といった結果が得られている。イギリス（Marshall & Merry, 1990；Umbreit & Roberts, 1996）、アメリカ（Coates & Gehm, 1989；Umbreit, 1994）、カナダ（Umbreit, 1995b）の複数箇所での研究が、これらの知見のほとんどを再確認している。アメリカの大がかりな複数箇所の研究（Umbreit, 1994）は、加害者に会った被害者は、普通の裁判過程を通った同様の被害者より、彼らのケースへの司法制度の対応にはるかに満足していることを見いだした。

一九八〇年代初めには、犯罪被害者が本当に加害者と対面したいかということに多くの人びとが疑問を持っていた。今日では実証データと実践体験から、調停と対話の選択肢を提示された犯罪被害者の過半数が、その過程に参加することを選ぶことがはっきりしている。被害者の参加率は、多くのプログラムで六〇％から七〇％である。

被害者加害者調停の過程は、被害者と加害者両者にとって、刑事司法体験を人間的なものにするということがはっきりしてきている。すなわち、自分が被害を与えた人に対して、加害者が直接責任を負うことができる。被害者、被害者および加害者の家族、地域住民（ボランティア調停人や支援者など）が、はるかに積極的に司法過程に関与できる。そして、加害者の再犯を低減できるということである。

本書は、被害者加害者調停の発展を下支えしている現在利用可能な知識と実践とを、バランスよく統合している。すなわち、哲学と価値、実践のガイドライン、効果と将来の方向について述べる。第Ｉ部では、被害者加害者調停の成立と実務についての、内側からの視点を提供する。第II部は、被害者加害者調停プログラムの結果について、現在知られていることに焦点を当てる。第III部は、この強力な介入が、世界中の少年および刑事司法制度の周辺から本流へと動き続けるような将来の方向を探る。

第Ⅰ部
原理、実践、そして文脈

第Ⅰ部では、被害者加害者調停の実践を、ミクロとマクロの両方の次元から詳細に見る。第1章は、被害者加害者調停の実践の中心的過程である、調停と葛藤解決に関する人間的アプローチを探究する。続いて第2章では、被害者に配慮した被害者加害者調停実践のための特化されたガイドラインを提示する。第3章は、こうした調停を行うための段階ごとの説明を行い、第4章では、調停人が考慮すべき多文化的問題を扱う。これらの段階や原則をどのように適用するかという事例が、第5章で示される。第Ⅰ部の最後の二章は、プログラムをどのように発展させるかという問題に焦点を当てる。第6章は、アメリカのさまざまなプログラムの文脈と形式とについての情報を提供し、第7章では、VOMプログラムを確立し、拡張するために考えるべき問題についての概観を与える。

第1章　人間的調停——和平への変化の旅

さまざまな状況における多様な紛争、意見の不一致、衝突を解決するために調停を使うことは、よく知られている。調停を行うことは、家族内、同僚間、近隣、そして刑事司法制度を通じて、一貫して当事者たちに高い満足感と公正感を抱かせる結果となっている。

本章は、人間的調停モデルを構成する原理、仮定、価値、そして実践を探究する（Umbreit, 1997）。このようなモデルは、和平に向けての真の変化への旅を提供するために、参加者全員の同情心、強さ、共通する人間性といったことに基盤を置く、調停のあらゆる可能性を意図的に利用する。本章に提示された人間的調停は、多様な葛藤状況での活用に適している。被害者加害者調停に特定化された適用は、次章以降に詳述する。

複雑な商業上の葛藤といった、すっきりと容認できる解決に主眼を置くべき葛藤もあるが、ほとんどの葛藤は、軽んじられ、裏切られ、搾取されたという強力な感情に彩られた、より情緒的、関係的文脈において展開する。関係性における過去と現在の状況についてのこれらの感情が、健全なやり方で表明されなければ、たとえ合意はできたとしても潜在的な葛藤は残ってしまう。真の対話、エンパワーメント、葛藤にもかかわらずお互いの人間性を認め合うということによって心を開くことがなければ、情緒的な傷の癒しはほとんど生じないであろう。これは、パラフレイジング（言い換え）、サマライジング（要約）、その他の技能を強調した「能動的傾聴」

や「思慮的傾聴」といった、よく知られている技術をはるかに超えることを必要とする。たしかにこれらの技術は、葛藤者や調停人が使えば、葛藤の解決にとても役立つであろう。しかし、傾聴の技術は、特に調停人がそれらの技術を使うことにより、沈黙を尊重して居心地良く感じ、言われたことを深く考え、今この瞬間に感じ体験していることの気づきを妨げる場合には、真の対話の邪魔にもなりうる。思慮的傾聴技能の技術的に正確な適用にもかかわらず、真のコミュニケーションを妨げる例は、葛藤者が、侵入的で鈍感、あるいは不快とさえ感じるようなやり方で、調停人が葛藤者の言ったことをいちいち細切れに、パラフレイジングするようなことである。

何年間も多様な状況で適用され、今や調停は、単に解決を求めるよりはるかに多くを得ることができるという多くの報告を積み上げている。人間的アプローチの方向に向かうことによって、調停の実践は、変化を促進し癒すことのできるパワーを、意図的にかつより一貫して引き出すことができる。この癒しのパワーは、個人間の葛藤の調停過程に本質的なものではあるが、意識的に引き出され活用する必要がある。

人間的調停の原則

本章で提案されている人間的調停モデルは、表1-1にまとめられているような、人間存在と葛藤の本質、そして癒しの探求についての一連の仮定に拠っている。これらの信念と価値は、実証的検証の対象ではない。それらは、多様な源から導き出され、さまざまな文化を超えて共有されている。

個人間で単に即時的な問題解決を図るよりも、地域社会の関係性のなかで癒しを促進するような、効果的な問題解決の潜在的可能性は、世界中の多くの先住民の伝統に特によく根ざしている。ハワイ先住民によるホオポノポノの実践、ニュージーランドのマオリ族による家族グループ会議、カナダ先住民やアメリカ先住民（インディアン）の治療サークル、その他の実践はすべて、癒しと和平への旅による葛藤解決の精神性に根ざした形という、

表 1-1　人間的調停モデルの価値と信念

1. すべての事柄のつながりとわれわれが共有する人間性を信じている。
2. 調停人の存在と当事者とのつながりとが，効果的な葛藤解決にとって重要であると信じている。
3. 感情を分かち合い，参加者が互いに助け合う過程（対話，相互扶助）による調停の癒しのパワーを信じている。
4. ほとんどの人びとは，平和に暮らすことを望んでいると信じている。
5. ほとんどの人びとは，人生経験を通じて成長することを望んでいると信じている。
6. すべての人びとは，逆境に打ち勝ち，成長し，同様の境遇にいる他の人びとを助けるために，内なる強さを引き出すことができると信じている。
7. 葛藤に直接向き合うことから生じる，固有の尊厳と自己決定を信じている。

すばらしい実例を示している。ダイアン・リ・レッシェ（Le Resche, 1993）が指摘しているように、「その核心において、アメリカ先住民の和平手続きは生来的に精神的なものである。すなわち、それは万象の結合について語り、団結と調和、そして地域社会の人びとの、精神的、知的、情緒的、肉体的次元のバランスに焦点を当てる」(p. 321)。こうしたバランスの原則は、カナダの部族指導者たちにより、伝統的な〝魔術の輪〟という象徴を使い、都会の部族状況でも応用されてきた（Huber, 1993）。

西洋文化において調停の変化を促進する次元は、ブッシュとフォルガー（Buh & Folger, 1994）による『調停の約束』という広く絶賛された本のなかで、雄弁に記述されている。彼らは、葛藤状態にある当事者間では、哀れみの力の価値に加えて、真のエンパワーメントやお互いの人間性についての相互認識が重要であると強調する。ブッシュとフォルガーは、エンパワーメントを通じて、「当事者たちは、より落ち着き、清明に、より自信にあふれ、より整理され、より毅然とし、強いという感じを取り戻し、人生の諸問題に対して行動し対処できるようになる」(p. 85) と力説する。人間性についての相互認識を通じて、「当事者はよりオープンに、より思いやりがあり、他者の状況に対して反応するようになることを自発的に選択し、それによって他者の状況に対する理解を含む視点を拡張する」(p. 89)。実際に解決が生じるかどうかは、彼らの関係に生じる変化や癒しの過程にとっては、まったく二次的なことである。

人間的モデルの諸要素は、長らく調停人の個人的経験に根ざしてきたものであり、家庭内葛藤から、盗みやちょっとした暴行のような犯罪に関わる葛藤に至るまで、幅広い範囲で応用されてきた。民事法廷で広く実践されてきた、非常に指示的な「解決志向型」モデルとは異なり、人間的調停モデルはきわめて非指示的で、「対話指向型」である。それは、調停に先立つ調停人との個別面接を通じて、争いについて心から話し合うための十分な安全感を与え、エンパワーメントされた感じを体験させ、ブッシュとフォルガー（1994）が言うところの葛藤の相手方に対する共感を含む「哀れみの力」（p. 83）を表現させるように、当事者に準備させる。大切なのは、当事者が、書面化された合意を含もうが含むまいが、葛藤の最大の衝撃について話し合うことができるよう、彼らにとって最も適切な解決が可能となるために互いを助け合うことができるよう、そして、葛藤の存在にもかかわらず互いに共通の人間性を認識し合えるよう、調停人は対話を促進させるということなのである。

人間的調停モデルは、いくつかの点で、心理療法や教育の人間的スタイルと軌を一にする。そこでは、成長し、変わり、脱皮していこうとする一人ひとりの能力を堅く信じることとともに、セラピストとクライエントの、あるいは教師と生徒の関係の重要性が強調される。人間性心理学の創始者であるカール・ロジャーズ（Rogers, 1961）は、共感的理解、無条件の肯定的関心、そして誠実であることの重要性を強調する。彼の理論は、心理療法の文脈において提示されたものであるが、調停の実践や人生一般にとっての多くの含蓄を有している。

葛藤の渦中にある当事者は、現在遭遇する関係のなかでしばしば生じる癒しを通じて、人間的調停の実践から情緒的利益を体験する可能性が高い。しかし、そのような過程は、心理療法そのものでもなければ、調停人に心理療法の訓練を要求するものでもないことは、特筆に値する。破綻や傷つきを認めることは、人間的調停にとっては本質的なものである。しかし、その破綻に働きかけ、彼らの感情の一因となっている過去の情緒的問題を取

表 1-2　癒しのパラダイム

1.思いやりのある，その人の人間性を裁かない受容。
2.ラポールと情緒的なつながりを築くこと――「そこにいる」。
3.人びとが自身の生来的な賢さや平和を望む気持ちを聞く手助けをすること。
4.希望を生み出すこと――「助けがあれば，できる」。
5.良くありたいという普遍的願望に働きかけること。
6.心から話すこと。
7.クライエントの防衛的姿勢ではなく，その傷つきから考えること。
8.真に一致していること。
9.対話のための安全な空間を作り出すこと。
10.神聖な空間を作ること。
11.癒しの存在は，「直す」ものではないと認めること。
12.癒しの存在は，破綻を認め，旅を分かち合うものであると理解すること。

(Gold, 1993, pp. 56-58.)

り扱うのは、調停人ではなくセラピストの領分である。

人間的な対話志向型調停モデルは、家族調停人学会の元学会長であるロイス・ゴールド（Gold, 1993）が、癒しのパラダイムとして叙述しているところに、さらに深く根ざしている。彼女は癒しのパラダイムを、より堅固に確立された問題解決のパラダイム、すなわち解決志向重視と区別する特徴として、表1-2で要約したような十二の特徴を指摘している。

この概念的枠組みは、ゴールドの多方面にわたる家族療法家および家族調停人としての経験から生まれたものであるが、その癒しのパラダイムは、葛藤の本質が関係性の崩壊に関係しているような文脈における、すべての人間的調停の実践にとっても、大いなる含蓄を有している。このことは、たとえば、職場の同僚、友人、配偶者、パートナー、親子、隣人といった、片方のあるいは両方の当事者がかつては存在していた関係が失われることを悲しく思うケースで、特に当てはまる。それはまた、犯罪行動の本質と生活への影響のため、以前はお互い何の面識もなかったが（もちろん被害者の選択によるものでもなく）、今や関係が生じてしまった多くの犯罪被害者と加害者のニーズに対する対応にも、非常に強く関連する。犯罪被害者、ことに深刻な犯罪の被害者は、犯罪によって打ち砕かれたことで、安全感や傷つけられないという感覚の喪失をしばしば体験している。

ゴールドが示した癒しのパラダイムという文脈において，人間的調停を理解し実践することは，つまりは，宗教，文化，政治，そして生活様式の違いに関わりなく，現世においてわれわれすべてに与えられている人間存在，関係，地域社会，そしてより深い精神的つながりという貴重な贈り物を，心から認めるということに基づいている。ゴールドは，癒しの言葉とは，問題を解決しようとする言葉ではなく，むしろ魂の言葉であると述べている。

最も強力で，そしておそらく最も議論が分かれるであろうが，エンパワーメントと承認の変化を促す特質は，子どもを殺された親と殺した犯人の間の調停および対話という，数少ないが進展しつつある適用のなかに一貫して観察されている（Umbreit, Bradshaw & Coates, 1999；Umbreit & Vos, 2000）。数度の個別面接を含む調停人による長期間の準備の後に，当事者たちはしばしば，何が起こったのか，そして参加者全員に対するその衝撃について，心からの対話をすることで，邪悪さ，トラウマ，その出来事に関わる矛盾を乗り越えて，互いの人間性の承認と，一区切りをつけたという感じに至る。

実践に向けての示唆

人間的な調停モデルをより享受するには，西ヨーロッパで支配的な調停モデルに対して，いくつかの重要な変更が必要である。先住民の多くの伝統的な実践における精神的豊かさの域に届かないことは明らかであるが，こうした変更は，調停がより変化と癒しの体験となることを導く。さらに人間的モデルに沿うようにするために，調停の実践をどのように変更すればよいかを詳細に論じるが，概略を表1-3に示す。

表 1-3　人間的調停モデルの実践に向けた示唆

1. 調停人は常に集中していること――心の雑念を取り払い，今目の前にある大切な和平の仕事に焦点を当てること。
2. 指示的解決志向型のプロセスを脱して，対話と相互扶助のプロセスを促進するよう，調停人の役割を再構成すること。
3. 当事者双方との調停前セッション――双方の話を聞き，情報を与え，自発的参加を得て，ケースを評価し，期待をはっきりさせ，調停の準備をする。
4. ラポールと信頼を築き当事者とつながること（調停前の段階から始まる）。
5. 当事者の力を見つけいかんなく発揮させること（調停前の段階から始まる）。
6. 必要であれば，コミュニケーションの仕方を指導すること（調停前セッションの間）。
7. 非指示的な調停スタイル。
8. 被害者と加害者とを向かい合わせで座らせること（当事者の文化的要因あるいは，個人的要求ゆえに不適切である場合を除く）。
9. 沈黙の力を認め利用すること。
10. フォローアップ・セッション

調停人の集中（センタリング）

人間的調停モデルは、調停人が参加当事者双方のニーズに全神経を集中することができるように、自身の生活上の雑念を取り払うことの重要性を強調する。葛藤の渦中にある人びとへの接触を開始するに先立って、調停人は和平に向けた仕事のより深い意味や、葛藤の渦中にある人びとのニーズについてじっくりと考えるため、しばし沈黙の時間をとるよう促される。準備段階、調停本番の全過程を通じて調停人が集中していることは、葛藤のさなかにある人びとがそれを真の対話と癒しへの道程であるとして、安全に感じる助けとなる。そうした手続きを通じ、人間的調停人は、精神的なものについてのより深い意味にこだわり続けようとするであろう。そして、それはわれわれが持つ多くの相違点にもかかわらず、人間存在の神聖な天分はもちろん、それに加えて、すべての人びとの相互関連性を認識させる。

調停人の役割の再構成

個人間の重要な葛藤解決における調停の持つ力を最大限

に発揮しようとすれば、調停人の役割を再構成する必要がある。調停人は、積極的かつ効率的に解決を求めようとするのではなく、当事者双方が葛藤の存在にもかかわらず互いを人間として感じることができるよう、そして互いの違いを理解し敬意を払えるようになる方法を探し出し、そうした違いを取り扱える相互に受け入れ可能な方法に到達できるよう、相互対話に入る手助けをする。これは、正式に書面化された解決合意を含む場合もあろうし、含まない場合もあろう。いったん当事者双方が顔と顔を向き合わせて対話に入ってしまえば、調停人は意図的にそこから遠のいていく。たとえば、調停人はより非公式な姿勢を示すために、椅子をテーブルから遠く離して足を組んだりしてもよい。それでも、調停人が手続中ずっと離れたままということは滅多にないことは、特記されるべきである。何もなかったとしても、調停人はときどきコメントしたり、コミュニケーションの方向を転換したりするために間に入る。このことは、調停の後半段階で、一方の葛藤当事者の要求により正式な解決合意を図ろうとして助けが必要な場合には、特に当てはまる。すべてのケースにおいて、手短に閉会の宣言をすること、当事者双方に労をねぎらい感謝の意を表すること、そしてもし必要であれば、フォローアップのための会合のスケジュール調整をすることも、調停人の重要な仕事である。

調停前セッション

参加者双方と個別の調停前セッションを常に行うことは、標準的な実践となるべきである。こうした個別セッションは、少なくとも調停本番の一週間かそれ以上前に行われるべきである。情報の集約、葛藤の評価、調停プログラムの説明、そして、期待をはっきりさせることは、完遂すべき重要な仕事である。しかし、第一に、そして最も重要なことは、参加者双方との信頼関係とラポールを築くことである。信頼とラポールの構築はいかなる対話のプロセスをも促進するが、個人間の熾烈な葛藤においては特に有益である。したがって、調停人は、初めての面接の際にできるだけ迅速に話を聞くという姿勢に入る必要があり、参加者双方に葛藤にかかる自らのストーリーと、それが彼らにどのような影響をもたらしているかを話してもらうよう、誘導する必要があろう。調停のプロセスがどのように作用し、そこで彼らがどのようなことを経験することが期待されるかについて、はっきりと説明することは、参加者双方に安心感を持たせる一助となる。

双方とつながること

さらに強調されるべきことは、調停人が双方とつながりを築くことに重きを置く必要があるということである。参加者双方があらかじめ接触していない状態で、調停人は情緒的に遠い、冷たい技術屋と見なされるのではなく、参加者を実際に会う合同セッションに連れてくる前に、調停人は彼らと信頼関係とラポールを築いておくことが大事である。調停人は、参加者を一同に会させる以前に彼らと効果的につながる必要があるからといって、その公平さを失う必要はない。調停の真髄は、教育、看護、心理療法やソーシャルワークと同様に、共感、温かみ、そして本物であることの表現を通じて、人として人とつながることのなかに築かれる。

家族療法家、教師、トレーナーとして有名なバージニア・サティア（Satir, V.）は、心理療法家として「そこにいる」ことの至上の重要性を認識した。サティアは、真の人間的つながりこそが変化のプロセスの基盤であると考えた。基本的な人間性のレベルで人びとと接触することは、自分自身の気持ちに情緒的に正直になるよう求める。そのことによって、自分自身の言葉、感情、体や表情を使った表現に一貫性が生まれる。心理療法や調停を通じて他者と本当につながるには、まず自分自身についての内向きな観察が求められる。サティア（1976）によると、おのおのが鍵となる質問によって特徴づけられる四つの重要な領域がある。

（1）**自己評価**　私は、自分についてどう感じているのか。

（2）**コミュニケーション**　人と交わって、私はどのような意味を得ているのか。

（3）**ルール**　私は、自分の感情をどのように扱っているのか。私は感情を受け入れているのか、それとも人のせいにしているのか。私は感じていないことを感じているように、あるいは本当は感じていることを感じていないかのように振る舞っているのか。

（4）**リスクを取ること**　私は新しくて違ったことをすることについて、どのように反応するのか。

調停に参加する人びととつながる過程には、エネルギーを要する。サティア（1976）が指摘するように、「本当の接触を図ることは、自分から何が飛び出してくるかについて自分自身が敏感になることを意味する」（p. 18）。サティアは、家族療法の文脈においてその概念を発展させたのであるが、彼女の考察は、人間的調停モデルにとっても非常に意味深いものである。人間的調停人は、サティアがそうであったように、調停人が自身の存在の核と行動および信念とを結びつけるとともに、すべての人との結びつきを奉じる人生についてのより精神的な理解をすることを通して、クライエントにとって強力な存在感を持ちうる。

サティアの業績を元に、ロイス・ゴールド（1993）は、調停人の有効性を増強することのできる存在について、四つの特徴的な要素を挙げている。すなわち、①集中していること、②自身を左右する価値や信念、最高の目的とつながっていること、③クライエントの人間性に触れること、④合致していること、である。

個人の強さを発揮させること

人が葛藤に巻き込まれると、逆効果としか思えない方法でコミュニケーションしたり、交流することがよくある。激しい怒りや敵意を不注意にも表出してしまうことは、相手の言うことを聞くことができない、あるいは彼らのニーズに効率よくコミュニケートできないことに加えて、彼らが持っているであろう力をも覆い隠してしまう。個別の調停前セッションの間、当事者それぞれのコミュニケーション・スタイルを知ること、調停あるいは対話のプロセスを促進する持てる力を見つけること、調停のなかでそうした力を表出する手助けをすることは、調停人の仕事である。たとえば、調停人が、「このすべてについて、あなたはどのように感じていますか」というような、包括的で抽象的な質問をするときには、ある人は反応に時間がかかるということを発見することも一例となるであろう。しかし、個人の特定の経験に関係のある、もっと具体的なことを聞かれたならば、同じ人でもずっと答えやすく感じるかもしれない。個人の持つ力を遺憾なく発揮させ、彼らに自分自身の感情と効果的に向き合わせる方法を指導することは、非指示的な調停モデルを活用する調停人の力を多いに強化させうる。

コミュニケーションを指導すること

葛藤にまつわる感情を心おきなく表現することは、人間的調停モデルの中心をなすものである。そうした感情の極限的な激しさのゆえに、個別の事前セッションの間中、調停人は、葛藤当事者が互いに聞いてもらうことができるようにするため、そうした感情をやりとりするのにふさわしい方法へと、彼らを導いていくことが必要となるかもしれない。一方のあるいは双方の当事者を、激しくそして潜在的に傷つきやすい感情のコミュニケーションについて指導していくことが、求められるかもしれない。このような指導においては、自分の感情を相手方に投射することよりもむしろ、いかにして自身が認識し受け入れるかということに焦点が当てられる。攻撃的なコミュニケーションによる激しい感情の投射は、しばしば一方あるいは双方の防衛意識を引き出してしまい、率直な対話を終わらせてしまうであろう。こうしたことを避けようとすれば、話し手は自身の感情を認識し、相手を攻撃するのではなく、「私は〇〇と感じる」というように感情を自身のものとして一人称で伝える必要がある。さらにまた、調停人は指導を通じて、情緒的な重荷があるにもかかわらず葛藤の渦中にある当事者双方の強さを見つけ、発揮させる助けを行う。しかし、調停人は指導において、具体的にどんなことが話されるべきかということを示唆しないよう、注意しなければならない。

非指示的な調停スタイル

人間的調停の実践は、非指示的なスタイルを必要とする。調停人は参加当事者双方を、対話と相互扶助の過程へと導く。そこでは、葛藤に関する感情と情報を、できる限り妨げられることなく率直に共有することを通じて、彼らは互いに助け合う。調停人はセッションを開始し、葛藤当事者が安全と感じ、過程を理解し、互いに率直に話ができるように勇気づけられる雰囲気を作る。背後に控えていて出しゃばらない調停人の能力は、合同セッションの前に個別に当事者とつながり、彼らの信頼を獲得しておくことと直接的な関係がある。葛藤当事者と調停前の個別会合をしなければ、真に非指示的な調停スタイルが用いられることは望むべくもない。対話と相互扶助のプロセスは、参加者全員が調停人を信頼し、明確な期待を持って手続きに臨む準備をし、安全でほどよく居心地が良いと感じ、必要とされるまでは調停人は出しゃばらずにいるのでなければ、成功しない。

非指示的なスタイルと、ほとんど方向性を示さず、リーダーシップを取らず、あるいは補助を与えない、受動的なスタイルとを混同してはならない。非指示的なアプローチにおいては、調停人はほとんど何も言わないにもかかわらず、プロセスを掌握し続け、出会いに積極的に関わっていき、どの時点においても反応し、仲裁に入る。とりわけ人びとが膠着状態になって困り果て、手を差し伸べてほしいと思っているときにはそうである。調停人は明確で居心地の良い雰囲気を作ることで、当事者が互いに直接話すことができるように安心させ、その結果、はるかに大きなエンパワーや相互に表現できる調停となる。こうした調停スタイルは、調停人が個別の調停前セッションを行って初めて効果的なものとなるが、しばしば、合同セッションの初めに述べるべきことを述べた後は、調停人はほとんど発言しないことを求められる。

当事者を向き合って座らせること

調停セッションにおける座席の配置は重要である。参加当事者を互いの真向かいに座らせることは、自然なアイコンタクトを可能にし、率直なコミュニケーションと対話のプロセスには不可欠である。もしテーブルが必要ならば、調停人を端にして、葛藤当事者を向かい合わせて座らせるのがよいであろう。参加当事者が互いに横並びに座ってテーブル越しに調停人と対面するときは、調停人が補助しながらの対話や相互扶助ははるかに困難となってしまう（もちろん文化的な伝統などにより、当事者のいずれかが、面と向かって座ることに不快感を感じたり、気を悪くするようなことがあれば、他の配席が選択されるべきである）。

沈黙の力を認め活用すること

対話と葛藤解決のプロセスにおける沈黙の時間は、非指示的な調停スタイルにとっては必然的なものである。沈黙の力（それは非西洋文化においては、しばしばより共通な特質である）を認め、活用し、快適だと感じることは、人間的調停のプロセスにとって重要である。沈黙を尊重し、指導や質問に飛びつきたくなる衝動を抑えることによって（話し出す前に、ゆっくりと静かに十を数えるのは手軽な方法である）、調停人は、頭と調和した心の旅である対話と相互扶助のプロセスを、より一貫して促進できるようになる。

フォローアップ・セッション（追跡セッション）

葛藤当事者の合同フォローアップ・セッションの大切さは、人間的調停モデルにとって中心的なものとされている。葛藤と人間行動の本来的性質ゆえに、問題は一回限りのセッションで解決されるものではないであろう。特に葛藤が重要な関係を含むときや、問題が複雑であるときはそうである。たとえ一回限りのセッションで葛藤

表 1-4　問題解決調停と人間的調停の比較

	古典的問題解決調停	人間的あるいは変化促進的調停
主な焦点	問題と解決	対話と関係性
葛藤当事者に対する準備	調停に先立って，調停人が参加当事者と個別に接触することはない。受理スタッフが情報を集める。	合同調停セッションに先立って，少なくとも１回は，調停人と当事者との対面による会合が行われる。焦点は，彼らの話を聞くこと，ラポールを築くこと，過程を説明をすること，期待を明らかにすることである。
調停人の役割	参加当事者を，相互に容認可能な葛藤解決に向けてコミュニケーションするよう導くこと。	参加当事者が現実的な期待を持ち，後で調停人によって促進される直接の会話や対話に入るのに，お互いに十分に安全と感じられるよう，直接対面の前に参加当事者に準備させること。
調停スタイル	積極的かつしばしば直接的に，調停セッションの間頻繁に話し，たくさんの質問をする。	調停セッションではきわめて非指示的である。開会の宣言の後は，調停人は背後に控え，明らかに必要とされる場合以外は，当事者間の会話を遮らないようにする。
葛藤の情緒的文脈の取り扱い	感情の表出や葛藤の歴史，文脈について，“語る”ことに対する寛容度が低い。	感情をありのままに表現し，葛藤の文脈や歴史について話し合うことを奨励する。すなわち，心から話をするときには，語りは癒しにとって不可欠のものであることを認識している。
沈黙の時間	沈黙の時間はほぼない。	沈黙が続くことはよくある。調停人は，沈黙が真のエンパワーメントや癒しにとって不可欠のものであるとして尊重する。
合意を文書化する	主として目指される到達点であり，調停の最もありふれた結果である。すなわち，明確な，形に残る要素に焦点が当てられる。	主たる目標である対話と相互扶助（当事者双方が，情報の共有と感情の表出を通して，互いに助け合う）に対して二次的なもの。合意は，象徴的な意思表示，個人的な成長課題，あるいは当事者間の新たな関係性の確認に，焦点づけられるかもしれない。

が解決されても、合意が約束通り実行されているか調べるために、あるいは突如持ち上がるかもしれない何かしらの新しい問題を解決するために、数カ月後にフォローアップ・セッションを行うことは、癒しと終結のプロセス全体にわたって重要である。

西洋文化において支配的である解決志向型調停モデルは、葛藤の渦中にある多くの人びとにとって明らかに有益であり、ほとんどのケースにとって、対立構造の法的プロセスや裁判制度より優れている。しかし、精神や共感的な力、誰しもが持っている共通の人間性という重要なものを包含するより高い水準に向かうことは、さらに大きな可能性を秘めている。葛藤解決にとって応用可能な力の表現としての人間的調停モデルは、表1-4に記載したように、地域社会にとってのより大きな意味と社会的調和に関する基礎を、提供しうるものである。調停と対話の持つ本質的な癒しの力に焦点を当てることによって、このモデルはより完全に近い解決をもたらすことができる。参加当事者間での対話と相互扶助のプロセスを通じて、人間的調停の実践は、目の前に提示されている葛藤に本気で取り組むことによって、そしてしばしばそれを解決することによって、外的な平穏という成果を促進するが、同時にまた、その過程のなかで内的な平穏を求めてする心の旅を促進することによって、その先にある人間的調停の本当の到達点、すなわち真の平穏がもたらされるのである。

第2章 被害者に配慮された被害者加害者調停の指針

第1章では、人間的調停における一般的なモデルの原理と実際を示した。本章では、被害者加害者調停でこのモデルをどのように適用するのか、その詳細について述べる。表2-1にもとづき、被害者に配慮された被害者加害者調停の指針を概観し、個々の指針を順番に取り上げる。

基本的な指針

第1章で概観した基本原理は、被害者の安全、被害者の選択、被害者に配慮された言葉、そして、慎重なケース選択に関する基本的な指針につながる。これらの指針は、犯罪被害者の再被害を防止し、当事者が調停に参加するように勇気を与えつつ、時を経て進展してきた。被害者に起こったことを考えると、被害者に並々ならぬ敬意を払うことは無論であるが、人間的調停を考慮するなら、加害者に対しても同様に安全な選択を保持し、敬意を払った言葉を使う必要がある。

表 2-1　被害者に配慮された被害者加害者調停指針

Ⅰ．基本的な指針 A. 被害者の安全 B. 被害者の選択 1. 参加 2. 支援 3. 調停セッションの日程調整 4. 調停の場所 5. 座席 6. 最初に話す人 7. セッションの終了 8. 賠償 C. 被害者に配慮ある言葉の使用 D. ケースを注意深く選別する Ⅱ．加害者との調停前の面接 A. 調停参加への加害者の選択 B. 広範囲にわたって注意の払われた加害者の準備 1. 現実検討 2. 賠償の可能性 3. 加害者の支援 Ⅲ　被害者との調停前の面接 A. 情報の提示 1. 調停プログラムについて 2. 調停人自身について 3. 調停過程について 4. 司法制度について 5. 被害者の権利について	6. 役に立つ資源について 7. 加害者について 8. 考えられる危険性と利益について B. 広範囲にわたって注意の払われた被害者の準備 1. 被害者の期待の現実検討 2. 損失とニーズの評価 3. 賠償の可能性 4. 被害者の支援 Ⅳ　調停セッションの実施 A. 調停者の見通し B. リラックスした肯定的な雰囲気 C. 対話の焦点 D. 指針 E. 参加者からのフィードバック F. フォローアップの選択 Ⅴ　フォローアップ A. 合意の完遂 B. 合意されたことがなされているかについての被害者への通知 C. 必要であれば追加セッションの日程調整 D. 双方との電話連絡 E. 評価 Ⅵ　被害者に配慮された調停人研修

被害者の安全

被害者加害者調停プログラムの基本的な指針は，被害者の安全である。調停人は，被害者がいかなる形でも危害を加えられないと確信できるように，あらゆる努力をできる限りしなくてはならない。調停過程のあらゆる場面において，調停人は，「この態度は，被害者を身体的あるいは情緒的に脅かさないか，被害者にとって良いものであるか」という問いかけをする必要がある。被害者との信頼関係の維持は調停人にとってきわめて重要なことであるが，それと同様に，言語および非言語的なコミュニケーションに注意し，そのコミュニケーションの過程を把握すべく，被害者に説明を求めることも重要である。もし，被害者が不安であると感じているのなら，調停人は直ちに行動を起こす必要がある。すなわち，選択肢を提供したり，調停を終わらせたり，あるいは被害者に同伴し，調停の場から被害者を離すなどの行動をとる。もし，被害者が調停中に動揺したり傷ついたなら，調停人は休憩をとって関係者とともに状況を確認しなくてはならない。調停人は，被害者がどのように感じているか，何を必要としているのかを問い，そのうえでさまざまな選択肢を提示する必要がある。

被害者の安全を守るために，調停は被害者が安全を感じられる状況で行われるべきである。被害者が望むのであれば支援者（たとえば，家族，友人，聖職者，被害者代弁者）を一人か二人，同伴できることを伝えるのもよい。また，調停人も，副調停人がプログラムの訓練を受けていない場合などは，調停人の追加を要望することができる。また，被害者が調停に使用する部屋の様子や座席順などを事前に頭に入れておくことや，自分の選んだやり方を調停に取り入れる自由を持っていること，たとえばファーストネームだけを使用するなどは，安心感につながるかもしれない。

被害者にとって重要な保護手段は，被害者加害者調停プログラムが信用できるものであるという確信である。この確信は，調停の説明を示した公告やプログラムのパンフレットといった文書で補強される必要がある。被害者は、このプログラムが加害者に焦点を当てたものではないという安心感を必要とするであろう。ボランティアを使っているプログラムでは、被害者側に、スタッフがボランティアと密に連絡をとって働いているということ、質問や気になることがある場合にはスタッフと連絡をとってよいということ、ケースは安全を考慮したうえでスタッフが選別しているということが保証される必要がある。

被害者の選択

犯罪行為の後に多くの被害者は傷つきや無力感を体験する。その後、被害者は刑事司法制度に関わるが、それは加害者に焦点を当てたものである。被害者はこの刑事司法過程のなかで疎外感を感じる。被害体験を話してほしいとか、被害者のニーズを明示してほしいなどの依頼は、あるとしてもごく稀である。犯罪の結果、被害者が自分の人生においてコントロール感の欠如を感じ、それが恐れや不安を高めるというのは驚くに値しないほど実にしばしば生じることなのである。調停過程において被害者が自ら選択をするということが、被害者に力の感覚を再び取り戻させるであろう。エンパワーメントは癒しの役に立ち、困難で苦痛な体験を乗り切り、自分のなかに体験を統合していく力を増大させる。調停人は、被害者が選択を行えるように情報を与え、援助するが、被害者に対していかなる圧力もかけないように、自らの期待を押しつけないように注意しなくてはならない。被害者が決定するために十分な時間を持つこと、時間制限の圧力を受けないことも重要である。調停過程のなかでさまざまな決定を行う必要があるときには、被害者に選択肢が示されるべきである。

被害者は、いつでも調停に対して〝ノー〟と言える権利、参加を拒否する権利を持つべきである。また、その決定は尊重されなくてはならない。被害者は犯罪の被害者になることを自ら選んだわけではない。被害者に調停に参加するかしないかの選択権を与えられることはきわめて重要である。被害者は調停への参加を依頼されたり、勧められたりはしても、決して圧力をかけられるべきではない。調停人は、調停に関する正確な情報を被害者に提供する必要がある。たとえば、どのように調停が進んでいくのか、また、調停に参加する被害者は一般的にどのような反応を示すものなのかについて、被害者の満足感に関する研究結果に沿って説明するべきである。その他にも、調停人は、被害者が調停に参加するか否かを決定する前に、調停参加の利益あるいはリスクについて、できるだけ考えることを勧めるとよい。被害者のなかには最終決定をする前に、信頼する友人や親類、聖職者、被害者代弁者などに相談することを望む者もあるだろう。インフォームド・コンセントに基づいた被害者の参加が重要である。

　被害者が行うその他の重要な選択のなかには、調停に同伴する支援者の選択もある。友人や知人の存在は、被害者の居心地の良さや安心感を強めることがある。それは、たとえ支援者がほとんどあるいはまったく発言しなくても同じことである。調停の準備に際して、調停人が支援者と直接会うことや電話連絡を取ることは役に立つ。

　調停セッションは、被害者の都合のよい時間に設定されるとよい。被害者のスケジュールは毎回優先される必要がある。というのも、それによって、被害者はその状況で自らの力を保つことができるからである。また、敬意を示されることで安心感を持つことができる。それはその他の者の必要性に配慮しないことにはならない。

　場所の選択も調停の重要な構成要素である。被害者には使用可能な場所を知らせ（たとえば、市民センターの個室、図書館、教会、オフィスビル、市役所）、どこがよいか尋ねる必要がある。どのような状況設定が安心で、中立的で居心地が良く、そして便利であると感じられるか。場合によっては被害者はより個人的な設定、たとえば家などを好むかもしれないし、またあるときは施設、たとえば加害者が勾留されている拘置所のような場所を選ぶかもしれない。被害者が、それぞれの設定の長所と短所を考えられるように援助する必要はあるが、最終決定は被害者がするべきである。

　一般的には、被害者と加害者は対面して座る。当事者間での対話が発展しやすいように直接視線を合わせられる設定を作るのである。テーブルを使うと被害者の安全感を強め、また、折り目の正しさを加えることもありうる。典型的には、調停人がテーブルの一番端に座り、支援者はお互いの支援する側に座る。しかし、この座席配置がいつも受け入れられるわけではない。被害者が居心地の悪さを感じる場合には、被害者の希望を真剣に検討するべきである。場合によっては、被害者はドアを閉めて座ることを選んだり、加害者と広く距離をとることを望んだり、あるいは支援者の顔がよく見えるように、支援者にテーブルの反対側に座ってもらうことを望むこともあるだろう。文化伝統の違いが、異なった設定につながることもあるかもしれない。どのような座り方をしても、対話が成り立ち、すべての人が居心地の良さを感じるというようにことが運ばれるべきである。

被害者は、調停セッションにおける最初の語りにおいても、自分が最初に話すかあるいは後から話すかについて選ぶ機会を与えられるべきである。このことは、いったん告訴が取り上げられると司法制度によってほとんど無視されてきた犯罪被害者に敬意を示すことにつながる。被害者が、自分がどんな体験をしたか、そのおかげでどんな影響を被ったかについて話し始めることによって、エンパワーされるのに気づくことはよくあることである。しかし、なかには「責任を負わされる」と感じ、加害者が先に話し、責任を受け入れることを要求する被害者もいる。被害者のなかには、被害者の話から引き出されたのではなく、加害者が自発的に発する後悔あるいは自責の言葉を聴くことで癒しを感じる人もいる。調停人は、話す順番がどうであれ双方が完全に話し終わるまで聞かれるように、また、被害者の感情を伴った語らいが加害者の表明するいかなる自責によっても阻まれないように、そして、加害者が被害者の強い感情表出に直面して沈黙に逃げてしまわないように、着実にことを進めなくてはならない。

双方の年齢やニーズ、コミュニケーションのとり方を考慮したうえで、誰が初めに話すべきかを調停人が決めなければならない場合もある。ケースにおいては、被害者ないし加害者が会話を始めたほうが対話過程が有益に進むと調停人が思う場合もある。その場合、調停に先駆けて、調停人が被害者と加害者の各々と個別に、その決定の合理性について話し合うことが重要である。どちらが先に話そうと、双方が自分たちのできうる範囲で、見せかけではない真の会話ができる居心地の良い安全な場を作ることが、最終的に最も重要な原則である。

調停に参加するかどうかの選択の延長として、被害者はどの時点でも調停への参加をやめられるという権利を持つ。被害者には、調停は最後まで自発的な過程であるということを説明するとよい。被害者が安全性や居心地に問題を感じる場合には、調停人はまず初めに双方と個別に話し、その後調停を中断させたり終了させることもありうる。

被害者は、どのような賠償が自分のニーズに最も合っているかを選択する権利を持つ。金銭賠償に加えて、被害者は社会奉仕活動（被害者の選択した公共奉仕）や、私的な労働奉仕、謝罪の手紙、加害者の治療、あるいは他の選択を要求してもよい。最終的な賠償案は加害者との交渉になるが、現行の法律の制限内において自分の選択した賠償を請求できるということを、被害者が理解することが重要なのである。

被害者に配慮された言葉を使うこと

調停人は、使用する言葉に注意を払う必要がある。ある種の単語や句は、評価をほのめかしたり、期待を伝える。たとえば、もし調停人が「あなたはすべきだ」と言ったり、ほのめかしたりしたら、中立性は失われ、関係性や信用性は損われるであろうし、被害者は圧力や無力感、力の低下を感じてしまうかもしれない。調停人は被害者に情報を与えるべきだが、選択肢を提示したうえで、被害者が自分にとって最善の選択ができるように促さなくてはならないのである。ほとんどの人は、専門家や訓練されたボランティアなどに答えを求めてしまう。調停人は、参加者の選択、また自発性を守ることに細心の注意を払う必要がある。

許しや和解という言葉の使用を調停人が避けることも重要である。こうした言葉は被害者に圧力をかけ、行動の指示につながる。そのケースにおいて実現不可能なほどの期待を持たせないように努めることも、調停人にとっては重要な仕事である。たとえば、癒し、回復、完全なというような言葉を調停の結果生じる可能性という文脈で使うことは、被害者の希望を非現実的に高めてしまうかもしれない。被害者のなかには和解を体験する人もいるかもしれないが、それは自然に生じるものでなくてはならず、調停人によって方向づけられたものであってはならない。実際、調停人が方向づけないほうが、和解が生じる可能性が高い。許しも調停を通じて示されるかもしれないが、調停人が許すという言葉を何度も使ったとしたら、それは被害者を深く傷つける結果にもなりかねない。たとえば、被害者が本当に許せないと感じているのであれば、罪悪感を感じるかもしれない。彼らは許すという提案に憤慨し、被害について話すことが回復への過程の主要な構成部分であるのにもかかわらず、どれくらいその犯罪が自分たちに影響を与えたかについて話す機会を失ってしまうかもしれない。

ケースを注意深く選別すること

各調停プログラムには、犯罪の種類や犯罪者の年齢（少年か成人か）、犯罪歴などを含むケース選択の基準が設けられている。プログラムの基準に基づいて、スタッフや調停人は、個々のケースごとに、そのケースが良い方向に変化を遂げられるか、調停過程の各段階に進めるか、このケースは調停にふさわしいか、進めてよいかを、自問自答しながら慎重に検討していくことになろう。

一般的に、調停過程においては、加害者が犯罪に関わった責任を取れるかどうかが重要で、それが調停がより良い方向に進むかどうかを左右する。もし調停人が調停を進めることについて何らかの疑問を抱くのなら、被害者と話して状況を説明し、加害者の情報を（加害者の承諾を得て）共有すべきである。そして、そのうえで被害者が調停を進めたいかどうか尋ねるべきである。被害者は、たとえ加害者の罪悪感が不明瞭あるいはまったくなくても、調停を進めることを選択できる。単に自分の話を聞いてほしいときなどがこれにあたる。あるいは被害者は、そのような状況で調停を行うことを望まない場合もある。

調停人は、双方が調停に参加する準備ができているかどうかについて考えることが重要である。とりわけ、被害者の意思とニーズを表明する力には、細心の注意を払うとよい。

加害者との調停前の面接

調停人は、一般的には、被害者と接触する前にまず加害者に会うことが必要である。もし加害者が調停への参加を望むなら、そのあと被害者に連絡をとり、その要望に応じて面接を行う。もし、初めに調停人が被害者に会い、参加の意思を確認した場合、その後に加害者が不参加の意思表示をしたなら、被害者は再被害の感情を味わうことになるかもしれない。犯罪に何らかの解決の期待をかけた場合、その可能性を否定されてしまう。しかしながら、もし加害者と接触をすることで被害者をかなり待たせる場合には、調停人は被害者にその状況について話す必要がある。加害者が主体的に参加することが重要である点について説明をするべきである。

調停参加への加害者の選択

全調停過程を通して、調停への加害者の主体的な参加が重要である。参加するようにと司法制度から圧力を受けている場合であっても、加害者は断ることができるということは明示されなくてはならない。加害者の意思に反して調停に参加させることは適切ではないし、良い結果を生むとも思えない。加害者の不誠実な態度は、被害者に対するさらなる加害となるかもしれない。

広範囲にわたって注意の払われた加害者の準備

加害者との最初の面接時に、調停人は信頼性とラポールを構築することを努める。また、それと同時に三つの仕事もやり遂げなくてはならない。すなわち、加害者の体験を聞くこと、情報を提示し質問に答えること、そして加害者が調停を選択肢の一つとして考えるように促すことである。調停人は注意深い聞き手であり、犯罪につながる加害者の体験や感情を理解するよう努め、情報を提示し、加害者の質問に答える。加害者は調停プログラムと調停人について、またその過程と司法制度とのつながりについて、自分の権利や役に立つ社会資源について知る必要がある。彼らは被害者についても聞きたがるかもしれない。調停人は被害者が言ったことを話す前に、まず被害者の承諾を得る必要がある。調停人は自分が持っているすべての情報を元に、調停参加するか否かの決定ができるよう加害者を助ける。加害者が、自分にとっての調停に参加する利益と危険性について考えることは重要である。加害者に十分な情報が与えられ、彼らが進んで参加することは、調停セッションが参加者すべてに有益な結果をもたらす可能性を増大させる。

加害者が調停への参加を決定した後、調停人は加害者に参加に向けて準備させる必要がある。調停の日程を決める前に参加の準備をすることは重要である。加害者には犯罪やそれに対する自分の感情を思案する機会、被害者に伝えたい感情をまとめる機会が必要である。加害者が被害者の体験を理解する手助けとして、調停人は加害者に自分が被害者になった体験を思い起こさせ、被害者であったとき、自分がその犯罪をどう感じたか、そして加害者にどうしてほしいと思っていたかについて考えることを求めるのもよい。調停人は加害者に対して、自分が何を成し遂げたいかを尋ねると同時に、被害者のために何をしたいかを尋ねることもある。

加害者の期待の現実検討　加害者が、調停に対して現実的な期待を維持できるような援助が必要な場合もある。加害者のなかには、被害者の強い感情をやり過ごすために機械的に謝罪をしたり、また、調停は自分の犯した罪をなかったことにしてくれると考えている者もいる。そうした期待が満たされない場合、加害者の失望は被害者に罪悪感や怒りを体験させ、有害な結果となるかもしれない。

損失の査定と賠償の可能性　調停人は、被害者のニーズや被害者が体験したであろう損失の可能性——それが実際起こっていても起こっていなくても――について加害者が考えるのを手伝うべきである。そして準備として，加害者が被害者のニーズや損失を申し受ける方法，たとえばその損失を穴埋めするために何ができるかについて，ブレーンストーミングすることを促すとよい。調停人は，加害者が損失に対処する際に使える資源について加害者と話し合うべきである。そこには，現在の収入や仕事に追加が可能かどうかや，その他に被害者に提供できる何らかの技能があるかなども含まれる。調停の準備として，加害者に，賠償のアイデイアや資源について考え続けることを勧めるとよい。

加害者の支援　加害者は，友人や知人を伴って調停に行くことを選択するかもしれない。支援者の存在があると，加害者は調停過程に真剣に関わるであろう。加えて，将来的にもこれらの支援者は，加害者に自分が起こしたことの責任を思い起こさせ，また合意内容を完全に実行することに向けて加害者を励ます「コーチ」の役割を果たすかもしれない。加害者にとっても人間的な環境を作ることはより良い調停につながる。それは，被害者にも加害者にも地域社会にも利益があるといえる。

被害者との調停前の面接

調停人は，被害者の最も都合の良い時間や場所に合わせて被害者を訪ね，対面する。調停人は通常，被害者の家を訪れるが，被害者が他の設定を好んだ場合には代案を提供する（被害者が望んだ設定で行う）。訪問の目的は，被害者と信頼関係やラポールを確立し，以下の課題を成し遂げることである。すなわち，被害者の体験を聞くこと，情報を提示し質問に答えること，被害者が選択肢の一つとして調停を考えるのを手伝うことである。調停人は，先に自分が話したいか，あるいは調停プログラムの説明を聞きたいかを，被害者に尋ねるべきである。

調停人における最重要の任務は，被害者の体験を聞きたいという心からの希望を持って，注意深く，忍耐強く、共感的に話を聞きながら、被害者に付き添うことである。きちんと話を聞くことは、感情の発散や、そう感じても当然であると体験する機会を被害者に与えるであろう。注意深く聞くことは、調停人と被害者の信頼関係を形成し、被害者に、自分は優先されているのだというメッセージを送ることにつながる。調停人が状況に応じてわかりやすい言い換えや話の要約をすることは、話された内容に注意を払い価値を置いていることを被害者に伝えるであろう。

情報を与え質問に答える

調停人は、以下のような情報を提示する必要がある。

***調停プログラムについて**　調停人は（口頭および書面で）、プログラム全体、その目標、歴史、対象者、もしかかるとすれば費用についての、完全で正確な情報を与える必要がある。

***調停人自身について**　調停人は、調停人としての仕事、自分の受けたトレーニングや経験、自分自身の個人的なことについて、伝えることが適切だと考えられるときには簡潔に伝えるべきである。自分自身についての情報を提示することは、ラポールを作ることや信頼を得るために役立つ。

***調停過程とその目的について**　被害者は、調停過程がどのようなものか、参加者の役割は何か、全体としての目的は何かなど、いくつかの点についてより詳細に知っておく必要があろう。

***司法制度について**　一般的に被害者は、今までのところ加害者に何が起こっているのか、彼らが調停を始めたりあるいは断ったりしたら何が起こるのかについて知りたがる。調停人は調停が終わった後でも、投げかけられた質問には注意を払うべきである。

***被害者の権利について**　被害者に知らせると役に立つ情報は、その州で被害者に与えられている権利のまと

めである。

＊利用可能な資源について　調停人は被害者から示されたニーズに注意を払わねばならず、スタッフに連絡をとったり、資源を提供したり、要望に応じては地域や州、国の機関に照会する必要がある。

＊加害者について　被害者が調停についてどう決定するかを考え始めたとき、加害者の精神状態や状況について知ることが役に立つこともある。調停人は被害者に情報を伝える前に、まず加害者の承諾を得なくてはならない。

調停人は、被害者に必要な情報を与えたうえで、被害者がその特定の状況における調停の利益と危険性とを考える手助けをする必要がある。

広範囲にわたって注意の払われた被害者の準備

被害者が調停に参加することを決めた後に、調停人は被害者に今後の準備をさせる必要がある。これは、最初の面接やその後のセッションで行われる。被害者が準備ができたと感じるまで、調停セッションの日程を設定しないことが重要である。

被害者の期待の現実検討　この段階の準備において、現実検討は重要な構成要素である。ときに被害者は、調停過程へ過大な期待を膨らませてしまうかもしれない。たとえば、加害者との和解や、完全な癒し、あるいは心の平穏、加害者の社会復帰、損害の完全回復などである。一般に加害者と同様、被害者も、非常に肯定的な結果を体験するが、これらは約束はできない。調停人自ら、被害者に対して現実的になる必要があり、個々の調停はそれぞれ独特で予測は立てられないことを強く心に留めたうえで、考えられうる成果や最も典型的と思われる結果について正確な情報を提示すべきである。

損失とニーズの評価　犯罪時に体験した損失や、犯罪と関係した現在のニーズをはっきりと認識できるように手助けを受けることが、被害者にとって価値がある場合もある。損失のなかには、物質的、金銭的損失と同様に、より目に見えにくい安全感やつながりの感覚の喪失といったものも含まれる。

賠償の可能性　被害者は調停人に自分の損失とニーズがどのように対処されうるかについて、前もってブレーンストーミングしてもらうのもよい——たとえば、受けた損害を埋め合わせするにはどうしてもらえばよいかなど。これは、被害者が賠償の可能性について考えることを活性化し、実際の調停において合意事項を交渉するときに、被害者の決断として結実することを意図している。被害者は、犯罪被害を補償する公的基金や賠償合意に含まれる法的限界についても、情報を与えられるべきである。

被害者の支援　被害者は、家族や友人、知人、被害者代弁者、あるいはその他の支援的役割を果たす人びとの参加を求めることができる。しかし、対話の主たる焦点は、被害者と加害者に置かれる。被害者を支援する者の存在は、調停セッション後にその体験について話したり、フォローアップの支援を提供するのに非常に役に立ちうる。

人間的調停の原則に基づいてセッションを行う

調停セッションそのものは、第1章で述べたように、調停過程への人間的アプローチによって進められる。調停人は、裁かない態度と肯定的で希望に満ちた雰囲気をもって、誠実さや参加者のニーズに対する気遣いを伝える。調停人は、調停参加者ができる限り気楽にいられるように配慮する必要がある。事前につくった絆を新たにし、対話を促進し、建設的に問題を解決し、双方に利益をもたらすような、格式ばっていないが威厳のある雰囲気をつくる必要がある。穏やかに、しかし、集中してそこにいることが調停人の責任である。

セッションが進むにつれ、個別の話ばかりでなく、相互交流にも時間を多く割くことが重要である。沈黙は尊重されなくてはならない。合意に至らなくてはならないという時間的な圧力や焦点づけは、対話や質問とその答えを通して得られる利益を台無しにしてしまう。

調停人は、調停過程を支える指針について、参加者と話し合う必要がある。こうした指針は、安全で構造化された設定を確立し、相手を知り認めることを奨励する敬意ある会話を生じさせ、参加者の強さを引き出すのに役立つ。調停人が、進行を見守る非指示的な役割を引き受けることで、加害者も被害者も妨げられることなく話をする機会を保証される。

調停人は双方に対し、継続的に注意を払い続ける必要がある。直接的に意見を求めたり、必要であれば、さらなる情報を集めるために、いったん中断して双方に個別に話を聞くことは大切であるが、それと同様に、非言語的な手がかりを見落とさず、はっきり示されない感情を聞くこともまた必要である。調停過程前後の両者を照合することは、調停人にとって役に立つ。

調停人は、追加セッションの可能性について言及することも必要である。参加者のなかには、再び会うことが有益と考える者もいる。たとえば、会話をきちんと終結させるため、あとから生じた考えや感情や質問を話すため、賠償に関してさらに詳細な交渉をするため、合意内容が完遂されたのを認めるために、追加セッションを行うこともある。

調停セッション後のフォローアップ

調停人が関わりを続けること、調停後に生じてくる細々としたことも片づけることは大切である。頼りになる存在であることは、被害者にとっても加害者にとっても最も重要である。合意内容は注意深くチェックされる必要がある。調停人が加害者を周期的にチェックすることは、調停セッションで達成されたことを再強化するうえでも、また、実際生じてきた問題への対処を助けるうえでも役に立つ。合意内容が実行されたときには、被害者に報告されるべきである。合意内容を変えるなど状況が変わったときも、被害者に報告されるとよい。もし、加害者か被害者が、もう一度会うことを望むなら、調停人は双方と連絡をとり、追加セッションの交渉をするべきである。

調停セッションに続く一定期間は、合意内容の完遂の如何にかかわらず、調停人が双方と電話連絡を取り続けることが役に立つ。簡潔なチェックでよいかもしれない。調停人は、継続的な情報源や照会元としての役割を果たすこともある。調停されなかったケースにおいても、調停人や被害者支援スタッフが、六カ月後までは被害者と電話連絡を取り続けることは、有益であると思われる。

被害者加害者調停プログラムにとって、すべての調停を評価するための手続きを確立することは重要である。被害者と加害者に対し、調停過程とその結果に関する満足度の調査をすることは役に立つ。

被害者に配慮できるようになるための調停人研修

調停人の最初のトレーニングには、継続教育と同じく、犯罪被害者の体験、照会できる資源、調停人の適切なコミュニケーション技能、被害者の権利、被害者に配慮された調停の指針に関する情報が含まれるべきである。被害者代弁者や被害者自身から話を聞くことは、研修生にとって役に立つ。調停人の訓練については、第7章で詳細に取り上げる。

第3章 調停の過程——段階と課題

本章では、人間的な被害者加害者調停を行うために必要な段階と課題について、詳細に説明する。それは、導入、準備、対話、そしてフォローアップの各段階にわたる。各段階では、その目的、その課題や活動の構成要素、それらの課題を実行するためのさまざまな選択肢と、選択した場合の利点と欠点を論じる。新米の調停人と新プログラムが陥りやすい一般的な落とし穴を回避するための、すべきこととすべきではないことをいくつか提示する。

第1段階——受託

受託段階の目的は、刑事司法ケースから調停に適するものを受け入れることである。

ケース選定基準を決める

基準は調停の状況、たとえば、プログラムの必要性、委託元の性質などに適合する必要がある。通常、プログラムの監督者は、受理するのに適切なケースの決定を、委託元と一緒に行う。適する基準は、およそ次のようなものである。財産犯あるいは軽微な暴力事件であること，被害者の身元が確認できること，加害者が罪を認めていること，二，三以上の前科がないこと，加害者に大きな精神障害のないこと，そして加害者に重度の薬物乱用の問題がないことである。もし薬物乱用の問題があれば，それは調停より先に扱われなければならない。

効果的な受理システムの確立

受動的なケース受理手続きをとる調停プログラムもある。そうしたプログラムは，委託元にケース受理基準のリストを提供し，委託されてくるのを待つ。しかしこの方法では，委託されるケースがほとんどないことが多い。より積極的で前向きなケース受理手続きが有効な調停プログラムもある。ケースが委託されてくるのを待つのではなく，調停プログラムのスタッフが委託元のオフィスを定期的に訪れて，調停に適したケースを選べるよう交渉する。これであれば，委託元は，そのケースが調停に適しているどうかを決める労力を要さず，調停が有効なケースを蓄積しておけばよい。調停プログラムのスタッフがこれらのケースを詳細に調査し，調停に最も適切なものを選択し，必要な事務処理を行う。これによって，委託元は委託手続きがより簡単になり，業務に時間がかかることも少なくなる。

必要な情報を確保すること

調停人は，そのケースについて調停を始めるために，犯罪事実，加害者，そして被害者についての背景的情報を必要とする。当事者と手紙や電話で連絡を取るために必要な情報を得ることも重要である。

ケースを適切な調停人に割り当てること

どの調停人が個々のケースに最も適任かを検討することは重要である。ときには性別，年齢，人種などの要因が調停の成功に影響する。他の要因としては、調停のやり方や価値観、技術のレベルなどが考えられる。

最初の手紙

そのケースが調停プログラムに委託されたことについて、参加する当事者全員に委託元の名前を示して、手紙を送るべきである。手紙は、専門用語や脅すような言葉を使わずに、調停の過程を平易に簡潔に記すべきである。たとえば、「調停は、当事者たちが、何が起こったのか、それが人生にどう影響したのか、そして事態を正すためにはどうすればよいのかについて話し合う機会である」といったように。また、手紙には、調停に参加するかしないかは当事者の自由であること、それぞれの当事者と個別に事件や調停について話し合うための時間を決めたいので、調停人から一週間以内に電話をかけることを書く。さらに、当事者が調停人に接触する前に質問することのできるスタッフの名前と電話番号を記載する。

第2段階――調停の準備

調停の準備には、二つの重要な段階がある。一つ目は、当事者双方に会うために最初に電話をかけることである。二つ目は、実際に被害者と加害者の双方に会うことである。

加害者や被害者にかける最初の電話

最初の電話の目的は、すでに送った調停についての手紙の確認を行うことと、調停前の個別面接を被害者、加害者双方と調整することである。最初の電話はきわめて重要である。調停人は訪問を予定する際に、双方に対し説得力を持ち、敏感かつ協調的な態度で説明する必要がある。双方と直接会うことは重要である。直接会うことは被害者と加害者に、調停人および調停過程に対する信用を構築しやすくするからである。ただし、最初の電話であまりに多くの情報が与えられた場合、相手は訪問の必要を感じないかもしれない。また、同様に、調停について決断するように圧力を加えられたと感じる場合、相手は参加しませんと答えることが多い。調停人が最初の電話で調停前面接の時間を設定できなければ、そのケースが調停に進む可能性は低くなる。調停人のやるべきことは、以下のとおりである。

当事者全員へ電話をかける　調停人は、当事者が調停についての手紙を受け取ってから一週間以内に電話をかけるようにする。一般的には加害者に先にかける。被害者が調停に大きな期待を持っている場合は、被害者が加害者の参加拒絶を知った場合、また被害を受けたと感じるかもしれないからである。一週間以内に加害者と連絡をとることが困難であれば、被害者に対して、調停人の取り組み状況を知らせることが望ましい。

被害者か加害者が少年である場合、調停人は保護者に、最初にプログラムのことを簡潔に説明し、当該少年と話す同意を確実に得て、全員の都合のつく時間を打ち合わせなければならない。もし、保護者が面接できず、少年に単独で会う必要が明らかなときは、家ではなく公開の場所で会うことが重要である。

電話の目的を説明する　調停人は自分と組織について紹介し、委託元を示す必要がある。事件についてもっと知るための会合を設ける目的について話し、調停について説明することが必要である。

調停について簡潔に説明する　調停人は、調停が、被害者と加害者が会って何が起こったかについて話し、賠償を含む解決を目指す機会であることを説明する。被害者と加害者双方ともに、参加するかしないかは自由であることも話すべきである。また、調停人の面接を通じて、調停がどのように進むか、調停が被害者にとってどのように有益であるかをよく理解してから、調停への参加の可否を決めるよう促す。

面接について決める　会うのに都合のよい時間があるかどうか、支援者として面接に同席することを望む人がいるかを質問する。

必要に応じて説明を追加する　調停人は理由のある範囲内で，確実に約束するために必要な説明を追加する。調停人は決定をする権威者ではなく，中立で話し合いを促す役割であり，当事者が状況をどのように解決するか決定することを強調することになってもかまわない。また，すべての当事者が疑問を尋ね，何が起こったかについて説明し，事件について感じたことを話す良い機会になることも説明する。

約束を確認し，連絡先を教える　電話を終える前に，調停人は面会の日時を確認し，当事者たちがさらに質問がある場合に連絡できるよう，電話番号を教えるべきである。その際，調停人の自宅の電話番号を教えることは望ましくない。調停人は約束の数日前に，再確認の電話をしてもよいだろう。

調停前の被害者や加害者との面接

被害者や加害者との調停前の面接の目的は，彼らの犯罪をめぐる経験を知り，調停過程について詳細に説明し，調停に参加するべきかどうか決断するのを支援することである。これを遂行するために，第一に，調停人は面接のための適切な時間をとっておくことが必要である。せき立てないことは重要であり，通常，各当事者に会うために，少なくともそれぞれ一時間は用意するべきである。

次に，調停人は，両当事者の観点から，何が起こったか，またそれがどのように彼らに影響したかに焦点を当てた聞き方をする必要がある。面接により，背景の事情を集め，依頼者の準備が調停に適当かどうかを評価し，各人に調停（何が期待できるか，どのように進むか，必要であればコミュニケーション技術といった点）の事前指導を行う。調停人は，誠実な関心を示し共感的な聞き方をすることで，当事者たちとの信頼関係を作る機会を得る。調停前面接が十分に行われれば，当事者たちは調停過程を理解し，調停人を信頼し，自分の参加についての情報に通じたうえで決定を下すであろう。調停人の職務は，以下である。

面接を始める　調停人は当事者たちに自己と組織について紹介し，集まるために時間をとってくれたことについて感謝を述べることから始める。調停人は形式張らない会話をすることでリラックスした雰囲気を作るように努力し、当事者たちに少しだけ自身のことについて話してくれるよう促し（たとえば、その地域にどれくらい住んでいるのか、どこの出身か、何人の子どもがいるのかを尋ねる）、適切であれば自分自身についても同様のことを話す。

情報を集める　最初に重要なことは、被害者と加害者に何が起こったか、どのように感じたか、それによってどのように影響を受けたのかを話すように頼むことである。調停人は十分に注意深く聞くことが重要である。

この段階できわめて重要なのは、守秘義務とその限度について説明することである。調停人は、話の内容が秘密にされるということを、当事者たちに保証するべきである。守秘義務の例外は、通報義務のある場合である。すなわち、調停人が、子どもの虐待、高齢者や障害者の虐待、自殺企図、殺人計画のことを聞いたならば、それは通報しなければならないということを、当事者たちに知らせることは不可欠である。

また、調停に先立って、当事者たちの間で情報を共有することが有用なこともあるので、そのような場合には、特定の情報を共有するために、調停人は当事者たちから確実に許可を得なければならない。ときとして、相手の態度次第で参加するかどうかを決めるという者もいるので、当事者たちが調停過程に関して現実的な期待を持っていることが重要である。たいていは、調停前面接の最後に、情報を相手方と共有する許可を求めたほうがよく、そのときには、「ときには、相手は、起きたことに関するあなたの態度や見かけでさえ、知ることに興味を持っています。こうした情報をお知らせしてもよろしいでしょうか」と言う。さらに、調停人が調停セッションで取り上げたい調停前面接からの情報がある場合、それを共有する許可を得なければならない。

調停について説明する　この段階の最初に、調停人は自身が担当になった経緯、自身の経験を含め、調停過程の基本を簡潔に示す。調停人は普通の言葉を使い、十分かつ詳細に、時系列に沿って調停過程について説明するべきである。当事者たちは、調停で起こること、期待できることについて明確に知る必要がある。説明には以下の内容を含む。

＊当事者たちが自己紹介した後、調停人は、調停過程、調停人の中立の役割、守秘義務、基本ルール、たとえば人が話すのを遮らないこと、相手に敬意を持って話したり聞いたりすることなどについて説明し、開始する。

＊基本ルールが同意されれば、各人がそれぞれの観点から何が起こったのかを、遮られずに、その時と今の事件に対しての反応と感じたことを話す機会を持つ。被害者は、最初にあるいは次に話すかどうか決めることができる。

＊当事者それぞれが自分の話をした後、互いに質問をし、かつ追加の意見を述べる機会がある。

＊その後、両方の当事者は、状況を解決し、かつできるだけ被害を回復する方法を提案する。

＊当事者たちが互いに受け入れることが可能な解決案に同意したならば、それらは合意書に記入される（その後、合意書は読み上げられ、当事者たち双方によって署名される）。

ほとんどの調停人は、調停の概要を説明することが有効であると考えている。

被害者は、自分に被害を与えた人に会い、その犯罪がどのように自分の生活に影響したかを加害者に教え、質問して答えを得、問題を解決し、結果について直接発言する機会を持つでしょう。

加害者は、被害者に会い、考えていることや感じていることを直接表現し、質問や心配に答え、悪い状況を改善し、犯罪について償い、賠償を決める際に発言する機会を持つでしょう。

彼らが合意書に入れることを望むようなさまざまな選択肢について、被害者と加害者の双方で詳細に議論することは重要である。加害者が未成年のケースでは、保護者はその子が義務を果たす能力があるどうかを確認して、合意条件を承認する必要があることを説明するのも重要である。他の被害者や加害者が有益に感じたさまざまな解決策について話すことは、役に立つことが多い。

＊被害者の損失を超えない金銭賠償。
＊地域社会への奉仕活動。被害者が加害者に場所を選択させる場合を除いて、場所と時間は両当事者によって決められる（たとえば、賠償責任の一部または全部に充てる方法として、一時間につき五ドルに換算するといったように、労働奉仕に対して価値を決めるとよいかもしれない）。
＊個人への労働奉仕、たとえば芝生を刈ること、塀にペンキを塗ること、掃除をすること（無償労働が加害者によって被害者のためになされれば、同様に一時間あたり五ドルの価値があると換算してもよい）。
＊被害者の損失額を超えない慈善寄付。
＊口頭か書面による謝罪。
＊加害者が、教育、訓練、カウンセリングあるいは治療プログラムに参加すること。
＊被害者と加害者によって創造された賠償。たとえば、芸術品を作成したり、少年野球でライン引きをするなど、被害者と加害者の興味関心や可能性を増強するようなこと。
＊互いに公平で、安全で、合理的だと合意した、これらの組み合わせ。

どの方法が適切かを考慮するにあたっては、金銭賠償、地域社会への奉仕活動、個人への奉仕活動について、加害者が実行できるのかを加害者に尋ねること、また被害者が加害者に要求したいことを考えてもらうことが不可欠である。なお、被害者は自身が負った実際の損失について述べるべきで、損失の証拠書類は可能な限り提供されるべきである。損失を回復するためにかかる費用の概算を調停に先立って用意し、セッションに持ってくる必要がある。

面接を終える前に、調停人は、当事者に調停過程についての質問があるかを聞き、また調停への参加が任意であることを思い出させる必要がある。当事者たちが調停への参加を検討する際に、必要に応じ、調停人は以下のような質問をして、考えることを勧める。

＊相手とテーブルをはさんで座り、話を聞くのはどのようなものでしょうか。
＊あなたに会って、相手はどのように感じるかもしれないと思いますか。
＊相手に何を言いたいですか。
＊あなたにとって、調停のリスクと利点は何ですか。
＊（加害者に）被害経験がありますか。それはどのようなものでしたか。

調停人は、被害者と加害者の多くは、解決には会って取り組むことが役に立ったと言っているが、調停は皆がやらねばならないというものではなく個人の選択であると述べ、参加を勧めつつも、圧力や強制を加えたり、べき、ねばならないといった裁定的な言い方は避けるべきである。プログラムを過剰に評価しないことも重要である。

面接全体にわたって、調停人は、その事件が刑事司法制度ではどのように扱われているかについて、適切な情報を提供する必要がある。

決定を得ること　調停人は、当事者たちの調停への準備状態を評価する必要がある。最初に考慮すべきことは、加害者の態度である。ほとんどのプログラムは、犯罪あるいは少なくとも犯罪の一部分に対する個人的な責任をとることにより、犯罪者が罪を認めることを要する。もちろん反省が存在することは望ましい。断言することはできないが、反省は、しばしば調停過程を通じて引き出される。加害者が罪を悔いていないことは、被害者が調停を始めるかどうかを決める際の重要な手がかりとなる。加害者が反省していなくても、被害者にとっては、加害者に話す利点があるかもしれない。それは被害者が決めることである。調停人の責任は、情報共有のための許可を得たうえで、相手方についての正確な情報を提供することである。

他に考慮することは、被害者と加害者双方の、自分の考えや気持ちを話し合う能力、および攻撃的な言動を我慢できる能力である。怒りは、特に「私」を主語にして、「自身のもの」として扱われているときは、調停過程を破壊するものではない。憤怒や復讐心が攻撃的な言語によって表現されるときは、通常逆効果である。

調停人が準備状態について評価した後、当事者に調停を始めたいかどうか、追加の情報や決断するのに時間が必要かを尋ねるのが適当である。当事者が決心できないならば、電話をかけ直す日を決めなければならない。

この段階でしばしば生じうる障害は、片方の当事者だけが「参加しない」と言う可能性である。調停人が最初の接触の間努力することは、とても重要である。調停に委託されたケースのなかには、調停人には統制不能な理由で、話し合いには至らないものもある。被害者あるいは加害者は、相手に怯えていて会えないかもしれない。ときには当事者の居所が見つけられないこともある。また、一方の当事者は調停に同意するが、相手は同意しないかもしれない。犯罪によって影響されなかったと信じている被害者もいるかもしれないし、加害者から何も欲しくないし必要としない被害者もいるかもしれない。当事者は、状況はすでに解決されたと思っているかもしれない。

どんな理由であっても、調停をするという決定は当事者にあることを覚えておくことが重要である。これは調停について明確に説明し、かつそれが望ましいかどうか決定することを各人に勧める調停人の責任である。当事者が調停に同意しないことは、調停人の失敗ではない。被害者が、調停前面接で、特に感情を吐き出すことができ、関心と配慮を示す人に話すことができた場合、彼らが調停に参加しないことを決定しても、調停前の面接は多くの場合、被害者の役に立つことができたといえる。被害者にとって、調停人はほとんどの場合、被害者が受けた犯罪の衝撃についての話を注意深く聞くために時間をかけた、刑事司法制度に関わりのある最初の人である。当事者が調停に参加しないと決めた場合、調停人にとっての選択肢は以下のとおりである。

＊被害者が参加したくない場合、調停人は、被害者は出席せずに誰か代理人、たとえば、親戚、友人、牧師等を指名したいかどうか尋ねる。この場合、調停は被害者代理人で行うことができる。

＊間接調停を提示する。この場合、調停人は当事者のやり取りを仲介して、彼らが直接会わなくても、双方が公平で合理的だと信じる合意に達することを手伝う。この「往復外交」タイプの調停は、調停人が電話あるいは各当事者と再度個別に会うことで、調停を行う。

合意書は当事者双方によって署名されなければならない（郵送可）。その後、署名された合意書の写しが、被害者、加害者、加害者の保護者、委託元、他の関係機関職員に郵送される。加害者は、被害者へ転送される謝罪状を書くことを選んでもよいであろう。

＊もし当事者がこれらの選択肢も拒絶すれば、調停人は被害者の損失に関して質問し、裁判制度あるいは賠償委員会に対して賠償を要求することが可能な場合、被害者が関連する書類を作成する希望があるかどうか尋ねる。希望する場合は、地方裁判所の手続きにおいて、綿密にサポートする必要がある。

調停セッションの準備をする　当事者たちが調停を進める決断をした時点で、調停可能な日時、場所を聞くことが適切である。裁判所によって定められた期限があれば、それを明確にし、迅速に決断することの重要性も強調する。被害者は場所を決定する際に、優先権を持つ。それは、中立で安全で快適な環境であるべきである。適切な開催場所は、公立図書館、公民館、教会、調停プログラムの事務所が入っているビル内の会議室、あるいは双方の同意が得られれば、家などである。

当事者双方には、誰か支援者として調停に出席を希望する人がいるかどうかを尋ねる（たとえば、家族、友人、隣人、町会長、牧師、教師、保護観察官等）。ほとんどのプログラムでは、支援者は十八歳以上でなければならないとしている。支援者は、対話の当事者ではないが、当事者双方が話し終わった後に簡潔な陳述を行い、署名に先立って合意書の文言に関して意見を言うことが認められるということを明確にすることが重要である。少年の調停における議論を保護者が主導することを認めたりすると、自身の行為の責任をとるというメッセージが希薄になってしまう。

特殊な場合では、加害者か被害者が、調停に弁護士を出席させることを要求するかもしれない。弁護士は支援者と同等のオブザーバーとしての役割に同意しなければならない。すべてのケースで、当事者には、調停を進める決断をしたことを弁護士に知らせるよう促すべきである。

面接を終える　調停人は当事者に、時間を割いてくれたこと、快く経験を話してくれたことを感謝し、調停の計画を再確認する。そして、当事者に対して、疑問があれば電話するよう促す。また、他に活用できる地域の被害者サービスの一覧表を渡すことは、調停前面接の終え方として特に役に立つ方法である。

第3段階——調停

調停セッションの目的は、被害者と加害者が、犯罪をめぐる出来事とそれがいかに彼らの人生に影響したかをお互いに知ること、そして質問の答えを得て、感情を表現し、犯罪体験を過去のものにしつつあるという感覚を強め、犯罪による損失を話して、お互いに受け入れられる賠償案を作ることである。

実際に調停セッションを計画する際に考慮されるべき重要なことは、共同調停人を使うかどうかを決めることである。一人で調停を行うことは、スケジュールを決めるのが簡単で、信頼関係を作るのも複雑ではない。しかし、調停人が一人で行うことは、調停セッションにおいて何かを見落とす危険がより大きくなる。共同調停人がいれば、もう一組の目と耳で、感情、ニーズ、問題点の話し合いを促進できる。共同調停人は、途中で袋小路にはまったときに有効な資源となりうる。一人で調停をすることは、セッションが終わった後に、他の調停人からのフィードバックを得る好機を逃すことになる。共同調停人を使うかどうかは、そのケースの性質によるだろう。

共同調停人を準備するときには、それぞれの調停人が相手方にどの程度の参加を期待するか決めることが大切である。共同調停人を使った調停の多くは、一人の調停人が調停前段階から全体を指揮し、二人目の調停人は実際の調停セッションに参加し、通常は二次的な役割をこなす。調停は、調停人のチームで行うか、それとも調停人とオブザーバーで行うかということであろう。

調停人は、期待を明確にし、過程を円滑に運び、当事者たちが調停人の技能とリーダーシップに信頼を感じられるように、前もって役割を決めなければならない。責任分担の仕方はさまざまである。たとえば、一人が導入の説明をし、他方が当事者たちの語りを開始させて見守る。被害者と加害者が選択肢を作成しているときは、調停人は二人とも議論を促す。たとえば、「メアリー、ここからはどうぞ」あるいは「ジョン、ちょっといい？」といった言葉がけをするとよいだろう。被害者と加害者が、調停人の一人に同盟を求めているかもしれないことに気づくのは重要である。調停人は二人とも、完全な中立を維持することに注意を払う必要がある。

二人の調停人の間に信頼関係があることが、調停の成功の鍵となる。調停人の間に協力が欠けていると、調停過程への信頼がなくなる。調停人の緊張関係が強くなってきたら、お互いに話し合う必要があるだろう。

調停セッションは以下の六つの段階からなる。準備、セッションの開始、語りと対話、損失の話し合い、選択肢の考案、合意書の作成、そして終結である。

準　備

調停人は、調停を行う場所を最適な状態にするため、早めに行く。その場所は、静かで邪魔が入らず、親密な感じを醸し出して、話を聞きやすく、かつ閉塞感を持たせない広さが必要である。広い部屋の隅を、区切って使用することも可能である。

座る位置は大変重要であり、セッションの進行に大きく影響する。座る位置は、被害者がそのほうがより快適だと言ったような特別な状況を除いては、調停人が決定すべきである。当事者たちが勝手に座ったときは、移動させる。たいていの当事者はこうした指示を、すべてが統制下にあり、調停は安全だという感覚を強めるものと受け取る。ある配席がうまくいかなかったら、当事者たちに席を替わるよう勧める。こうした席替えは緊張感をゆるめ、どの人のニーズも重要であることを暗示し、全員がお互いの利益のために一緒に作業することを助長する。

一般的に、当事者たちの居心地を悪くさせない限り、被害者と加害者は、テーブルを挟んで座り、お互いに直接顔を合わせるようにする。ただし、調停人は、直接目を合わせるのを避けるような文化的伝統がある場合には注意が必要であり、そのような場合は、当事者たちを調停人に向かい合うように座らせる。無論、被害者と加害者が、互いを見ることができるように向かい合わせに座ることを選べば、そうすることが重要である。おそらく、調停が進むにつれて落ち着いた雰囲気になるだろう。保護者や支援者は、彼らが支援している人の側の後ろに座らせる。この配席は、焦点を保護者や支援者ではなく、現実の被害者と加害者に焦点を合わせることを保つ。

テーブルを挟むことは安全な境界を作ることにしばしば役立つ。テーブルなしで輪になって座ることも可能であるが、この場合、被害者と加害者は直接目を合わせることができるよう向かい合わせに座る。

物理的な空間の準備に加えて、調停人はケースを簡潔に再検討しておく必要がある。調停前面接で思い浮かんだ方策について思い出し、そのケースの独自性に応じた調停を考え、余計なことを考えずに気持ちを落ち着かせ、当事者たちにすべての注意を向けることができるよう準備する。

セッションの開始

導入は簡潔明瞭に行うべきである。当事者たちは緊張していることが多く、冗長な導入には集中できないかもしれない。調停人は、調停セッションに来たすべての人を歓迎し、自己紹介をし、当事者たちにも自己紹介するように頼む。彼らが身の安全のためにファーストネームのみを使いたいと望む場合には、そうさせることが賢明である。事件の当事者ではない人物にも、その関係を明確にすることを求める。

セッションの雰囲気を適切なものにするために、調停人は話や身振りで、冷静さ、目的を達する決意、真面目さ、共感する気持ちなどを伝える。静粛なひとときを構築し、居心地良くさせるためである。当事者たち全員が調停に進んで参加することを確認することは重要である。進んで参加することは、出席しているすべての人が調停の体験から得る希望と期待を正面から受け止め、分かち合おうとすることであり、かつ、すべての人が互いの問題を解決しようという気持ちを抱き、可能な限り心を開いて誠実になることを助長するものである。

導入に続き、もし事前の個別面接において、すでにほとんどの説明を終えていたとしても、調停セッションについてオリエンテーションすることが賢明である。

重要なことの一つは、全員が集うことの目的を明らかにすることである。それは、多くの人びとに悪影響を与えた出来事を直接取り扱い、可能な限りこの出来事を受け入れ、より良い解決を試みることである。調停人は、状況に応じた適切な言葉を選ぶ必要がある。調停の過程が、解決のための方法や当事者たちが次に進むための手助けになるという言い方をするケースもある。しかし、より深刻な犯罪や情緒的な傷つきが激しいケースでは、解決や次に進むことは現実的な目標ではないかもしれないし、何より調停人が課すべき目標では断じてない。このようなケースでは、当事者たちが、辛く悲劇的な出来事に真剣に取り組む長い過程のワンステップとして、犯罪を取り扱うことを援助することのみが、目的となるであろう。当事者たちが犯罪以前にも関係があった、あるいは今後も関係があるかもしれないと予想されるような場合には、調停人は、望ましい結果を述べる際に、過去と将来の両方に注意を払うことが重要である。

調停セッションでは、以下のように進むことを手短に説明することも重要である。

＊各自は、遮られることなく、起こった出来事について自身の視点から話し、そのときと現在の行動や感情を表現する機会を得る。
＊当事者たちは互いに質問し合い、コメントが付け加えられる。支援者は短い発言を求められるだろう。
＊当事者双方は、可能な限り状況を解決し、損失を修復する方法について検討する。
＊当事者たちが、相互受諾できるような解決方法に合意すると、合意書が作られ、双方による署名がなされる。

調停人は、被害者と加害者の間でなされた意見交換を、完全に明確にしなければならない。支援者は方向性を示すための短い発言をする以外は、発言を控える必要がある。

調停人は、誰もが、二、三分程度の小休憩、あるいは調停人その他の出席者を交えて打ち合わせる時間を要求できることを、説明するべきである。片方の当事者たちが調停人を交えた打合せを望んだ場合、他方の当事者た

ちにも同じ時間を与えることが大切である。調停人からも、双方の当事者たちとの個別の打合せを望むことがありうる。

調停人の役割、つまり、中立的な立場であること、双方の利益のために働くことを明らかにすることは、絶対必要なことである。報告義務のある事項以外は守秘義務を守ること（調停人が調停中にとるメモは、合意書を作成するために使うものである）、調停人は当事者たちに対して合意書のための決定や要求をするのではなく、その過程を導いたり容易にしたりすることによって、当事者自身が解決策を進展させるのを援助することも明確に述べる。

人びとが利益を見いだすための基本原則を検討し、方針を掲げることは賢明である。共通の方針には、次のようなことが含まれる。

＊互いに、相手に中断されることなく話すことを許容すること。当事者たちのための資料を提供したり、相手の話から感じた考えを記録することを習慣づけたりすることは有効であろう。

＊互いに敬意を払って、傾聴し、話すこと。

当事者たちに対して、彼らが重要とする基本ルールに追加があるかどうか、ついで、これに同意するかどうかを問う。

最後に、調停人は双方の当事者個々に、調停を開始する準備はよいか尋ねる。

語りと対話

このステップは、前に示したとおりである。すなわち、双方の当事者は一人ずつ、遭遇した事柄、そのとき何が起こりどう感じたか、今はどう思っているか、犯罪が人生にどのような悪影響を及ぼしたかについて、話すことを求められる。当事者たちが、事実の認識ではなく各自の経験に焦点を当て続けるようにする。双方が、事実関係の詳細について一致しないような場合、「われわれはこのケースについてすべての事実で一致しているわけではないけれども、それでもなおこの出来事を言葉にし、問題を改善するための一方策を見いだすことが課題です」と言って、現実を認識させることが大切であろう。

　被害者が、加害者が最初に述べることを望まない限り、通常、被害者が最初に話をする。加害者が先に話し始めることの危険性は、加害者の話と謝罪が被害者を「柔弱にさせる」かもしれないことにあり、これは、被害者が犯罪の衝撃について率直になることを困難にさせる。特に、加害者が若年者である場合にそうなりやすい。加害者は、被害者が犯罪事実のすべては知らないかもしれないと思って、被害者の話を聴いた後に話すほどには、すべてを話さないということもありうる。しかし、加害者の言葉の調子や文脈によって自分の対応を判断する機会を持てるという理由で、被害者が最初に加害者の思惑を知ることを望み、加害者に先に話すよう主張することもある。被害者の話を聴くことによって、加害者がより共感的、自責的になる場合もある。

　調停の〝語り〟の段階において、当事者たちにかえって話しにくくさせない限り、被害者と加害者の間の直接コミュニケーションを図らせることは適当である。たとえば、「スミスさん、あなたの見方でジェーンに起こったことや、それについてあなたがどのように感じているか話してくれませんか」というように。調停人は、この段階において、経過の観察を十分に行う。すべての注目が話し手の当事者に注がれている間、調停人は、他方の当事者のストレスや動揺のレベルを査定するために、彼らに意識を向け続ける。それは、注意深く介入するために、きわめて重要なことである。当事者たちは、何にも妨げられずに自身のことを話せる機会を持つことによって益を得るであろう。もし、感情や衝撃について伝えることを省く者がいたならば、たとえば、「そのときあなたが考えたこと、感じたことはどんなことですか」のように、優しく導く。そして、この段階では、沈黙を重んずることが重要である。

当事者双方が語り終えたら，さらに付け加えることはないか，コメントはないか，相手に聴きたい質問はないかといったことを尋ねるべきである。

語りが終結したら，支援者たちに対し，彼らが経験したことやそのときの衝撃について手短に話すことを望むかどうかを聞く。最初の語りと沈黙の後，質問やコメントのための十分な時間が必要である。損失についての検討や回復のための計画を作成する段階へ，性急に移らないことが大切である。

語りから損失についての検討に移ることは，語られた内容を要約し，認め，共通の基盤となりそうな点を指摘することによって，進められる。

損失についての検討と選択肢の考案

この段階は，なしうる最善の方法で解決された，損傷が修復された，良い方向に進んだと感じるために何をすればよいのかについて，当事者たちに考えてもらうことから始まる。

選択肢についての検討は，話された内容をまとめ，双方（の立場）にとって重要なこととその理由（関心・利益）を認識し，何か追加する必要があるか，またその損失を償う可能な方法について，双方に尋ねることで進められる。

もし，当事者たちが解決のための選択肢を見いだすことが困難なようであれば，調停人は彼らに，調停前面接で検討した可能性や，他の被害者と加害者が見いだした適切な方法について触れてもよい。さまざまな提案は，実際的か，現実的か，合理的か，といった点から吟味される。それは，当事者たちのニーズを満たすものなのか，ということである。

選択肢についての検討が終了に近づくころ，支援者は，彼らに考えていることがあるなら付け加えるように勧める。実際の合意書作成の交渉に移る前に、最初に被害者、次いで加害者に対し、相手にさらなる質問がないかどうか尋ねる。

合意書の作成

合意書作成のための一般的ガイドラインである。


*導入部分には、「当事者双方は問題点について検討し、以下の方法で解決することを決定した」ということを記載すべきである。

*記入は簡潔ではあるが、細部にわたる明確なものにすべきである。合意書は、具体的で、達成可能な、測定可能な内容にすべきである。「ジョンは、ジョーンズ氏のためのフェンスを作ることに同意した」というのではあいまいすぎる。より良い合意書とは、「ジョンは、ジョーンズ氏のデッキの周囲にフェンスを建設することに同意した。ジョーンズ氏は資材を提供し、工事を監督する。ジョンは、この工事の最終調整を行い、五月二十五日に氏に電話連絡する義務を負う。ジョーンズ氏は、ジョンに電話番号を教える。工事は、二〇〇二年六月十五日までに完成させる」というものである。

*被害者側の損失は、可能な限り決定され、立証される必要がある（被害者には、実際的な損失に見合う以上の埋め合わせは認められない）。

*謝罪がなされ、受け入れられたのであれば、それを合意書に反映させる必要がある。

*合意内容を完遂させる最終期限を設定することが必要である。

*合意書が当事者双方にとって十分に問題を解決できるものであるならば、合意書の結びには、たとえば「当事者双方は、問題が解決されたことに同意した」などと記載する。

＊個々の加害者は、個々の被害者ごとに合意書を作成しなければならない。調停人は合意書に、仲間の加害者についての情報を入れてはならない。少年加害者を含むようなケースでは、守秘義務に違反することになるからである。

＊当事者たちは、合意書に署名する前に、合意書の写しを渡される人（被害者、加害者、加害者の親、委託機関、保護観察官、裁判所）について、知らされる。

合意書は相互の同意に基づくものであり、両者ともに、それが公平で実行可能であると思えるものでなければならないことを、忘れてはならない。ここで調停人が行う方向づけは大切である。合意書の適正さについて深刻な懸念がある場合には、調停人はスタッフと相談するべきである。

実際の交渉では、最も簡単な問題から始めることが有効である。調停人は、相互の同意できる解決策を見つけ、詳細を起草して（いつ、どこで、誰が、何を、どうするか）、この過程を成し遂げ、次いでその他の残っている問題に移るのである。

交渉の間、加害者の合意事項を守る能力を、調整的かつ批判的ではない方法で評価することが重要である。少年が関係しているケースでは、加害者の保護者に、合意がその子にとって現実的だと思えるかどうか尋ねるべきである。

合意書の草案ができ上がったら、それが彼らの望みを反映していることを確かめるために、当事者双方によって項目ごとに再検討されるべきである。当事者たちは、適合しないと思われるどんな項目あるいは単語でも改めたり削除したりし、また関連があると思われる点は何でも付け加えるよう、促されるべきである。ときどき、被害者が加害者のために激励の言葉を含めようと努める。それは当事者双方が同意するならば、非常に適切なことである。調停人は、以前に論じられたけれども同意のなかった賠償についての考えを、当事者たちに思い出させたくなるかもしれない。

草案ができ上がったら、それを声に出して読むことは非常に重要である。当事者たちが上手に読めないこともある。声を出して合意書を読むことは、すべての人が、気後れすることなく十分に、当事者として関わり続けることである。音読に困難がある人が、その恐れから参加することを辞退することのないように、このことは調停前面接時に示されるべきである。

当事者が了承するならば、音読による確認から最終的な合意書への書き込みの間に、どんなことでも変更可能である。その後、合意書をもう一度声に出して読む。そして当事者双方がそれに署名する。少年のケースでは、保護者が同様に合意書にイニシャルで署名すべきである。

ときおり、すべての問題を一回のセッションでは処理できないこともある。当事者たちが行き詰まってしまうか、あるいはこの骨の折れる仕事に関心を維持することができなくなってしまうかもしれない。また、当事者たちがこれを継続する前に、損失に対する価値判断を得ることを求めたり、家族、弁護士と相談することを望むかもしれない。必要であるなら、一回以上の追加のセッションを予定してもよい。

合意書に署名された後、次に何が起きるかを注意深く説明することは重要である。

＊合意書の写しが被害者、加害者、加害者の親と裁判所職員に渡される。写しは可能な限り、その調停時に提供されるべきである。

＊当事者たちは、誰が合意書の遵守を監視するのか、たとえば調停人、プログラム・スタッフ、保護観察官などを知らされる必要がある。

＊当事者たちは、加害者がきちんと支払い、それが被害者に送金されることを再確認するべきである。加害者の現在の情報と同様、被害者の住所を再確認する（内密に）ことは重要である。

＊合意書に従わない場合の結果、たとえば、ケースは委託元の政府機関に戻され、裁判所に行くかもしれないということを何度も繰り返して言うべきである。少年のケースの取り扱いに影響を与える法律についても、この時点で概説する必要がある。

調停セッションの終結

ここでは、短いフォローアップの会合が、しばしば有益であることに言及する。当事者たちのなかには、合意書の進捗状況を再検討するため、起こるかもしれない小さな問題を処理するため、調停の影響を強化するため、賠償の直接の支払いを行うため、同意内容の完遂を祝うため、あるいは単に自身がより良く仕事を成し遂げるために、再び会うことを望む者もいる。当事者たちは、フォローアップ・セッションを予定することを望むかどうか尋ねられるべきである。

調停人は、何か言うべきことがある人がいるかどうか尋ね、当事者たちに参加してくれたことに対する感謝の意を表し、彼らが成し遂げた仕事に対して称賛し、セッションを終える。調停人は、しばしば当事者たちの健康を祈り、彼らが去るとき握手をする。当事者同士が握手するよう提案することはしない。これはまさに当事者たちによって始められなくてはならないからである。調停人は、それぞれの当事者が去るときに、「どんな調子だい？」「調停の経験はどうだった？」のような問いかけをしているかどうかチェックしたくなるかもしれない。

セッション後の調停人のデブリーフィングは、非常に重要である。これは、共同調停人あるいはスタッフと、「調停人として助けとなる何をしたか」「より効果的にするためには、どんな違うことができるか」のような質問に答えることでなされるだろう。デブリーフィングは、調停人に、何が起きたのかを振り返らせ、まだ内に残っているかもしれない感情や思考を解放して、セッションから離れることを可能にする。共同調停人は互いに、どれくらいうまく一緒に働いたか、各自のスタイルがどのように交わり補強し合ったかについて、フィードバックをすることができる。彼らはまた、それぞれの調停人の力量や成長について議論するかもしれず、そのことは新しい技能の習得を促進する。

第4段階——フォローアップ

フォローアップ段階の目的は、合意内容について監視すること、必要な期間を再交渉すること、調停の影響を強めること、その過程をより人間味のあるものにすること、終結に向かうこと、である。

合意書の写しを送る

個々のプログラムの手続きと方針に基づき、合意書の写しが、適時に関係者全員に郵送されることが必要である。

フォローアップ会合を招集する

フォローアップ会合は、典型的には最初の調停セッションより短く、堅苦しいものではない。調停人は、予定されているフォローアップ会合は短いもの、多くは三十分以下であると理解すべきである。ここでは会合の目的について、明らかにされる必要がある。たとえば、合意書に基づいてお互いにチェックし合い進捗状況を再検討すること、未解決の問題を処理すること、同意の内容にかかる期間を再交渉すること、同意内容の完遂を認めること、賠償の支払いを直接すること、などである。構造化しないこと、当事者たちによるより自然発生的な対話を心がけることによって非公式な感じが強まるだろう。それは、終結の感覚、相互の受け入れ、個人的な責任、和解の感情、といったものを強化するかもしれない。

監視の進捗と合意内容の完遂

フォローアップ会合が開催されないなら、調停人は、物事がどのように進んでいるか、特にその完遂に影響を与えるような問題があるかどうかを知るために、合意書の内容が実行されている間、加害者と連絡を取り続ける必要がある。もし問題が生じたら、調停人は、その期間を再交渉するための調停セッションを予定する必要が生じる。電話で再交渉してもよい。被害者は進捗状況について、定期的に知らされる必要があるだろう。合意内容が果たされたとき、調停人は完遂を通知するとともに、加害者には祝福を述べるため、当事者双方に連絡を取るべきである。

調停人のためのコツ

以下の〝すべきこと〟と〝してはいけないこと〟のリストは、多くの調停人の経験から発展したものであり、新しい調停のケースを始める前に再検討するべき有用なチェックリストである。

すべきこと

参加は自発的であることを覚えておく　調停は被害者と加害者のためになると調停人がどれだけ信じていようと、調停するかしないかの選択は彼らのものでなければならない。「押し売り」はやめなさい。穏やかに説得力を持って励ますことは適当である。しかし調停人は、調停することに同意するよう人びとを操ることに対しては、抑制しなくてはならない。加害者と会うようにさせるために被害者に罪悪感を与えようとすることは、被害者を再被害化する危険がある。

不確かなときには、個別相談を提案する　調停の過程が行き詰まったとき、たとえば当事者たちが口を閉じたり、口論したり、動きがなくなったり、戦闘的になったりしたとき、あるいは過程が効率的に進んでいないとき、調停人は、調停人同士で、あるいは被害者加害者それぞれと、必要な相談をするべきである。また、適切だと思われるなら、当事者たちが彼らの支援者と相談することを提案してもよい。一般的に、これらの個別相談は、回数的には限定され、時間も比較的短くするべきである。

行き詰まったときには、これまでのまとめをする　述べられたことを短くまとめたり、単に繰り返したりすることは、当事者たちが議論を進めるために述べることを考えるのに役立つ。まとめをやりすぎてはいけない。議論が自由に流れ、当事者がお互いに理解し合っているように見えるときには、まとめようとして議論に割り込んではいけない。もし誤解があるように思われるなら、述べられたことの理解をチェックするために介入しなさい。

当事者たちが示唆を必要としているかどうか尋ねる　もし彼らが必要だと言っても、具体的な解決を与えることは控えなさい。その代わりに、彼らがブレーンストーミングしたり、立場を変えてみることを提案しなさい（「もし私があなただったら〜をしたいかもしれない」あるいは「私は〜を申し出るであろう」）。あるいは、賛否両論を含めたリストを作りなさい。もしそれが、彼らが解決のための考えを生み出すのに役立たないなら、調停人は、一般的な選択肢について再度説明してほしいかどうか尋ねる。金銭的な賠償、社会奉仕活動、個人への奉仕活動、治療あるいはカウンセリング、慈善事業への寄付、学業成績を向上させること、あるいは他の独創的な解決方法などである。

当事者たちに対し、お互いに直接話をするよう勧める　当事者たちは、調停前面接やセッションの初めに調停人から得た情報により、お互いに話をする必要があることを知るだろう。最初は、彼らがこれをすることは難しいかもしれない。彼らは調停人を見ているほうがより心地良いかもしれない。調停人は、話している人が、それを聞いている人に注意を向けさせることによって，彼らにとって気の進まない，互いに見つめ合うということを克服するのを援助できる。もしそれがうまくいかなければ，調停人は話している人に対し，相手方の当事者に対して意見を述べるように頼むか，あるいは話し手とのアイコンタクトを避けるために少しテーブルから後退し，長い間メモ帳に視線を落とす。調停のような場面で，目を合わせるのを禁じているような文化的伝統についても，注意と敬意を払いなさい。

誰かが当惑しているように見えるときは明確化する　質問の形で話し手が述べたことを言い直すことは，優れた明確化の技法である。調停人は「～という意味ですか」，あるいは単に「もう少しあなたが意味したことを説明してくれませんか」と尋ねる。身振りやイントネーションを観察して，当事者は何を欲しているのか，感じているのかを，直接言い表すことができないと調停人が感じるならば，照らし返しが役に立つかもしれない。たとえば，「あなたは計画に賛成とおっしゃっているのですが，私は，あなたがそれに少ししっくりこない感じを持っているように感じるのですが，いかがですか」と問うことが助けとなるだろう。

激論を和らげるために，枠づけを変える　中立的に事実と問題を言い直すことは，価値観を帯びた言葉と激しい感情を取り除くのに役立つ。片方の当事者が他方を怒らせる発言をしたなら，調停人は「攻撃」のない言い方で言い直す。言い直すことは，聞き手が防衛的になることなく，話し手が情報提供するのを手伝う。たとえば「あなたが言っていることは～。これで合っていますか」などのように。陳述の枠づけを替えるとは，立場ではなく，話し手の根底にあるニーズと関心に焦点を向け返させることである。

もし基本ルールが守られないのなら，調停を終わらせる　基本ルールが破られてもチャンスを与えるが，もしルールが無視され続けるのなら介入して基本ルールを思い出させ，それでもルールが破られ続けるようであれば，セッションを終了する。テーブルについているすべての当事者たちは，尊重され，公平に扱われなくてはならない。

行き詰まったときには、スタッフと連絡を取る　スタッフや仲間の調停人たちは大切な資源である。調停人は、挑戦的な状態にある人びとと共に困難な状況のなかで働いている。調停を継続するためには、調停人はより多くの情報を得る必要があるかもしれない。スタッフと連絡を取れるまで、調停を終わらせるのを延期することはまったくかまわない。もしスタッフとそのときに連絡を取れないのなら、追加のミーティングを予定する。

してはいけないこと

当事者に代わって問題を解決しない　被害者と加害者双方が、議論と交渉の責任を持つ必要がある。彼らのための調停である。調停人は、もし当事者たちが本当に行き詰まっているのなら、彼らの許可を得てのみ、示唆によって援助することができる。

事実調査に入り込まない　語りの段階で出来事を再検討することは重要であるが、誰であっても詰問したり、ケースを再び尋問にかけるようなことをすることは無益である。調停を理解していない被害者が、加害者に対して尋問し始めるかもしれない。もしそうなったら、調停人は小休止を告げ、尋問することは調停の一部ではないと説明する必要がある。事実がすべて一致することもまた、不可欠なことではない。細かい点について意見が一致しなくても、当事者たちは状況が解決することを望んでいることもある。当事者たちに常に、調停を進めることを望むかどうか尋ねなさい。

当事者たちの口論を許さない　口論は非生産的であり、通常、事実調査になりやすい。その過程を中断し、起きたこととその影響を描写するなどの目前の作業を、何度も繰り返しなさい。もし口論が継続するなら、要点をまとめ、口論し続けることは非生産的であることを示唆しなさい。当事者たちの意見が合わないことに同意する必要があることを指摘しなさい。手続き、調停の目的、基本ルールを反復するために、当事者双方と別々に話し合いなさい。当事者たちが寛大になり、協力的な問題解決を推進するよう奨励しなさい。口論が継続するようなら、当事者たちに後日再び試みる選択を与えて、調停を終わらせなさい。もし当事者双方が再び会合を望むなら、席を立つ前に、次の調停セッションを予定しなさい。彼らが決められないなら、当事者双方と電話で話すための時間を一、二日内に設定しなさい。当事者の片方に、相手が出て行くまで席についたまま待つように頼んだほうがよいかもしれない。当事者双方に、駐車場で問題を解決しようとしないよう指示しなさい。そして状況をスタッフに知らせなさい。

哲学的、保護的、説諭的にならない　調停は当事者たちの時間である。調停人は調停技法の見本を示し、議論を容易にはするが講義や教示はしない。調停人は、相手を尊重するコミュニケーション技術や、当事者たちに期待されるような行動を、実演して説明しなくてはならない。批判的になることや、するべき、あるいはしなければならないといった言葉を使うことは避けなさい。

非当事者たちが当事者に取って代わることを許容しない　調停は、被害者と加害者の間でなされるものである。調停の最初にルールをおさらいすると、人びとがそれに従うのに役立つ。各人の役割を明言することは、被害者と加害者こそが、問題を解決するであろう唯一の人びとであるという約束をすることである。他の人たち（たとえば、保護者）が取って代わることを許容することは、被害者と加害者にした約束を破っている。結果的に、誰も調停セッションに安心感を感じないかもしれない。非当事者たちは、介入するときを慎重に定める必要がある。彼らは当事者たち双方の許可をもってのみ話をしてもよい。

隠語あるいは専門用語を使わない　専門用語が使われると、人びとが除外されたように感じ、コミュニケーションがとれなくなる。当事者たちが理解しない言葉を誰かが使ったら、質問をするよう勧めなさい。たとえば、賠償といった言葉は、特に少年にとっては不明確であるかもしれない。調停人の仕事はそれを説明することである。

痛みや苦しみを埋め合わせるような合意書を作成しない　被害者には、自費の損失分だけが支払われる。裁判所は、痛みと苦しみに対する支払いを許可しない。

当事者たちを沈黙させるほどしゃべりすぎない　調停人の最も効果的な技術は、注意深く聴くことである。当事者たちはしばしば、話をしたり質問に答えたりする前に、考えをまとめる時間を必要とする。急かしてはならない。

頻繁に介入しない　話し手を遮ることには十分注意しなさい。妥当な理由があるときのみそうしなさい。調停人がでしゃばりすぎると、被害者と加害者の間の会話を減らすことになる。

当事者たちに圧力をかけて従わせるような言葉を使わない　許しや和解といった言葉は、特定の結果を成し遂げるために過度の圧力を当事者たちにかけるかもしれない。調停の過程は、しばしば和解の感覚をもたらし、許しが生じることはあるが、誰もこのような結果を予測したり定めたりすることはできないし、それを強制することは被害者を再被害化するかもしれない。被害者には、怒る権利や賠償を受け取る権利がある。被害者が加害者を許すと決心してもよいが、それはあくまでも彼ら自身の主導権に基づくものでなければならない。同様に、加害者に謝罪することを提案してはいけない。強制された謝罪は、どちらの当事者にも役には立たない。被害者が謝罪を求めたら、調停人は加害者に、要求に応じる前によく考えること、述べることが心からの偽りでないものにすることを促す。もし被害者が自身の気持ちや考えを話したのに、加害者がそれに応答しなかったならば、調停人は、たとえば「それを聞いて、何か言いたいことはありますか」といったように、丁寧に聞くことを考慮してもよい。親はしばしば子どもたちに謝るよう指示するが、調停人がそれをしてはならない。

本章では、調停人が犯罪被害者と加害者の間において、人間的で、被害者に配慮した調停セッションを行うときに実行しなければならない具体的なステップを、詳細にわたって記述した。ここで挙げたそれぞれの段階と作業は、第1章で示された信念、価値観、人間的調停の原則に由来するものである。その目的は、常に、権限を与え、安全性を供給し、偽りのない人間の出会いによる治癒の可能性が高まるような、環境や状況を創ることである。ここに記述された仕事を実行できるようになるために、調停人に必要な訓練は大規模なものであり、これは第7章で十分に探求する。

第4章

被害者加害者調停の多文化的意味

「なに言ってやがる。我慢ならん！」「軽く済むと思うなよ！」。拳でテーブルを叩きながら黒人の商店主は叫んだ。先住アメリカ人の十代の万引き少女は黙って縮こまっていた。彼女は唇の震えを抑えながら忙しく体を動かし、目は右側の壁にかかっている古い絵を見つめていた。胃をさすりながらアングロサクソン系の調停人は、商店主の怒りの爆発で調停は完全に挫折したと思った。彼は表面だけでも丁重な形で会合を中断させる方法を考えようとした。黒人は不満気に、嫌悪を込めてテーブルの二人を眺めた。彼は反応を期待し望んだが、二人とも死んだようにしおれていた。会合は、この寄り合い所帯の混乱から、どのように抜け出せるだろうか。

この章の目的は、文化的背景を異にする人びとに関わるときの枠組みに関する、修復的司法実施者の関心に応えることである。世界的にみて司法に関する理解やコミュニケーションのあり方は、それぞれの文化的環境によって大いに影響される（Myers & Filner, 1993）。異文化の人びととの協働は、特に紛争解決の試みの場合には、潜在的な危険と落とし穴に満ちた挑戦になることがある。当事者がみな善意に満ち、通常の話し方や態度で臨んだ場合ですら、誤解が、最善の努力と関係の修復や回復の希望を破壊することがあるのだから。

まず、異文化間で行われる修復的司法の努力を妨げる、種々の落とし穴や危険を考察しよう。そして次に、異文化的背景を持つ人びとと協働するときに、良き相互作用の可能性を増す方法を探し出すことにしよう。

異文化間の潜在的な落とし穴と危険

修復的司法の枠組みの適応への動きが続いているが、このような動向は、プログラムの実施や司法に関する考え方自体にも影響を及ぼす異文化間の問題や動きに関して、実施者や唱道者、政策立案者が、ますます敏感かつ豊富な知識を持つようになってこそ、強められるのである。被害者、加害者およびプログラムのスタッフ・メンバーの文化的背景はしばしば異なっており、このことがコミュニケーションの齟齬や誤解や、最悪の場合には再被害の危険さえ生み出す。この章の冒頭の話は、各人の感情が満たされないまま疲れきるような、異文化の人びとの間のやり取りを示したものである。誰しもこのような経験を切り抜け、司法システムを「人間的なものにする」努力に向かうことを望むであろう。

異文化間の事柄について語るときに危険なのは、過度の一般化ということである。文化間に大きな差異があるように、文化内でも多くの差異がある。たとえば重要な習慣、コミュニケーション・スタイル、共有する価値観が、田舎の白人と都会の白人の間で異なったり、上層の黒人と下層の黒人でも異なり、メキシコ系ラテン人とプエルトリコ系ラテン人とでも、また居留地に住む先住アメリカ人と非居留地の先住アメリカ人との間でも異なったりする。この文化内の差異の問題には、後に立ち帰ることにしよう。文化間の差異を考察するにあたっては、まずは、このような差異が存在するということに注意を促すだけで十分であろう。

さまざまな文化のなかで育ち、また生活する人びとの間の差異は、コミュニケーション・スタイルに反映されがちである。これらの差異は、伝えられるメッセージだけでなく観点の伝え方でも明白である。しばらくは他人の非言語的供述の理解に関する、落とし穴をいくつかを考察しよう。次の論考は、スーとスー（Sue & Sue, 1990）の『異文化カウンセリング』で報告された研究結果に依拠している。

近接性

文化的経験によって、顔と顔を接するように話すか、距離を置くかも違っている。一般的に、ラテン系アメリカ人、アフリカ系アメリカ人、アフリカ人、インドネシア人、アラブ人、フランス人は、アングロサクソン系よりも対話者間の距離を少なく取って話したがる。調停や対話において、アングロサクソン系のスタッフは、敵対または攻撃されるかのように後ろへ下がる傾向がある。ラテン系アメリカ人の被害者は、調停人がよそよそしいと思い込み、「彼は自分が私に好意的すぎると信じている」と思って、部屋を横切って調停人を追いかけているように見える。両当事者は暗示を読み違え、誤解を強いるだけの行動をする。空間の使い方の例をもう一つ挙げると、白人のアメリカ人の多くは、彼らと援助者との間に机を置くことが多い。対照的に、イヌイットは、親密な事柄を話すとき、向かい合うよりも同じ向きに並ぶのが好きである。

身体の動き

身体の動きは、言語以上に雄弁に語ることがしばしばある。姿勢、微笑、アイ・コンタクト、笑い、ジェスチャー、その他多くの挙動がコミュニケーションを行う。われわれが見たり聞いたりすることが、文化の差異によって非常に異なったものになるということを、どのように説明すればいいだろうか。アジア人は、しかめ面や微笑によって自己の好悪を表現したがる白人の調停人に、困惑したり感情を害したりする。白人の調停人は、情緒をピシッと引き締めているように教えられてきたアジア人を、感情を持たないかのように捉えるかもしれない。情緒的コントロールを評価するよう教えられてきた人には、心のなかでは悔いていても、侵入盗をしたことへの後悔の涙を流すことを期待するのは不適当である。

自信のなさ、従順さ、罪悪感や恥の感情を避けるために視線を避けていると、精神保健の専門家は何度説明してきただろうか。先住アメリカ人の伝統的文化では、多くの場合、年上の人に視線を合わせることは失礼なことである。先住アメリカ人学生は教室で、教授が話しているときに見つめることはしないのが普通である。そもそも話すことが好きではない。黒人は、聞くときよりも話すときに視線を合わすことが多い。聞くときに視線を合わさないので、実務家のなかには、黒人のクライアントが抵抗または興味のなさを示していると受け止める人もいる。白人は反対に、話すときよりも聞くときに視線を合わす傾向がある。視線の合わせ方がこのように対照的であるということが、正義の達成の手続きを侵害する誤解の原因になることが、どれほど多いかをよく考えてみなければならない。

副言語

躊躇、抑揚、沈黙、声の大きさ、話の速さなどの音声的な手がかり刺激も、文化間で誤解のもとになることが多い。田舎のアメリカ人は都会のアメリカ人よりもゆっくりと話す傾向がある。ミネソタ北部の農民は、ニューヨークのタクシー運転手と同じ部屋に入れられたら、会話が困難と感じるかもしれない。それは共通点がないからとかお互いのことに関心がないからとかいうのではなく、お互いにコミュニケーションを行うことへの忍耐を持たないからである。ニューヨーカーは、ミネソタ人が考えをまとめるまでに永遠の時間が過ぎ去ったと感じることだろう。ミネソタ人は、ニューヨーカーの矢継ぎ早の言葉についていくのが難しいかもしれない。

先住アメリカ人の文化においては、沈黙は神聖なものと評価される。各人は、熟考し、考えを言葉にし、話す前だけでなく話す間も言葉を選ぶ機会を持たなければならない。白人のアメリカ人は、沈黙を不快に感じることが多い。フランス人は沈黙を賛成のしるしとみる。アジア人にとっては、沈黙は尊敬または丁寧さのしるしと考えられるかもしれない。

話の速さや沈黙と関連するものに、躊躇がある。話が早く、沈黙に不快を感じる人にとっては、相手側の躊躇は話し始めるきっかけである。躊躇した側にとっては、このような行動は、割り込みと感じるよりも意図的でひどい侮辱と感じられる。

アジア人は、あたかも立ち聞きを恐れるかのように静かに話すことに意を注ぐ。アジア人の多くは、アングロサクソン系アメリカ人が性急で声高に話すと感じる。アラブ人は対照的に、アングロサクソン系アメリカ人が静かに話すと感じるかもしれない。アラブ人は声高を好む。

同様に、アジア系の人びとは、アングロサクソン系アメリカ人があまりにも率直、単刀直入であからさまだと感じるかもしれない。アジア人は、感情を傷つけないよう大いに気を使うが、アングロサクソン系アメリカ人は、感情が傷つけられているときに気づかないことが多い。

言語の密度

言語の密度も話し手の文化的背景によって異なる。黒人は希薄かつ簡潔である傾向がある。彼らはしばしば、それ以上の情報をあまり要求しない掟を共有することを楽しんでいる。単なる「うん、うん」でさえも、状況によっては、意味が込められている。外部の人にとっては、黒人は簡潔すぎで冷淡に見えるかもしれない。アジア人や先住アメリカ人は、白人よりも、同じことを言うのに多くの語を用いることが多い。話の詩情が内容よりも重要で、ときにはすべてである。先住アメリカ人やアジア人と会話するときに、黒人や白人は、何が話されているかを聞くのに忍耐が要求される。このように対照的なコミュニケーション・パターンを持つ人びとの調停の仕事をするためには、潜在的な問題があることに容易に気づくであろう。

いくぶん違ったレンズを通してこれらのコミュニケーション・スタイルをみるため、スーとスー（1990）は、次のようにいう。先住アメリカ人、アジア系アメリカ人、およびヒスパニックの表現方式は、控えめで間接的であり、白人は、客観的、課題志向的であり、黒人は、感情的、情緒的、相互関係的である。黒人は可能ならば話に割り込み、または話したい合図を送る。白人は、聴いているということを示し、または賛意を表すためにうなずく。先住アメリカ人やアジア人は、話し手を促すために合図を与えることはめったにしない。彼らは非言語的交流をあまり用いないで聴く。

これらコミュニケーション・スタイルの違いに基づく誤解の可能性に加えて、他の背景事実が、異文化間の人びとの修復的司法の試みに大きく浮かび上がってくる。たとえば、個人主義、競争、行動、合理的で直線的な思考、「キリスト教的原則」や「プロテスタント的労働倫理」等を強調することは、支配的な米国白人文化の価値を大いに反映するものではあるが、白人でもすべての人に共有されているわけではなく、ましてや他の文化のなかで育った人びとに共有される価値ではない。アジア人やヒスパニックや先住アメリカ人は、個人を具象化するよりも、コミュニティや血族関係ネットワークに重点を置く傾向がある。先住アメリカ人などのなかには、自然界全体における個人の位置を大切にすることによって、コミュニティの価値が一歩前進すると受け止めている人びともいる。自然なくしては、個人は価値を持たないのである。

個人の「救い」を強調するキリスト教とは違った宗教的観点からは、人はすべての生き物と同等のもの、個的完成への途上と見られ、あるいは、全事象のなかでは重要でないものと見られることとすらある。

われわれは、どれか一つの世界観を正しいとするものではない。われわれはただ、異なった世界観は衝突することがあり（文字通り戦争に至ることもしばしばだった）、犯罪の結果として経験された悪い状況を修復しようとする試みを、侵害しかねないということに注意を促したいだけである。

本書の範囲を超えることになるが、正義の概念自体が文化間でいかに異なるかを検討することも、価値あることであろう。たとえば、伝統的な先住アメリカ人の文化では、犯行後に修復されなければならないものは、傷つけられた人間関係以上のものであるということは想像に難くない。より重要なのは、共同体または部族の関係が修復されることであり、おそらくは個人と全宇宙との関係でさえも、部族的文脈のなかでの侵害にとっては、あらゆるものを維持している糸を切り裂くこととみられるかもしれないのである。結局のところ、紛争の当事者がどのように正義を理解し評価しているかを知ることなしに、どうして正義を行うことができるであろうか。

同一文化内の差異

前述のように、異文化間の差異を論じることに伴う大きな危険は、文化間の差異を過度に一般化し、同一文化内の差異を見逃すことである。このことを検討するもう一つの方法は、大きな文化圏内に存在する下位文化を認識することである。多くの白人に共有される文化的特徴はいくつか存在するだろうが、アパラチアの貧しい農村で育った白人は、価値観や伝統の遵守、コミュニケーションの型などの点で、サンフランシスコで育った白人とはかなり異なっている。同様にロサンジェルスの中流や上流の黒人は、南部ロサンジェルスの衰退地域で育った黒人とは、価値観や伝統の遵守、コミュニケーションの型はかなり異なっている。同様の差異は、都心部の人口密集地域で育ったアジア人と、アメリカの田舎町で育ったアジア人との比較や、都市地域から遠く離れた居留地で育った先住民と、大都市圏の速いペースのなかで育った先住民との比較でも見ることができる。

人種、社会経済的地位、民族性、性別、宗教、性志向、都市化の程度等々、他の多くの特徴が、個人の世界観やそのなかでの彼らの境遇やチャンスを形成する。これらの要因が、犯罪に関して、加害者、被害者、コミュニティを非難するかどうかにも影響する。それらの要因は、参加者たちが司法プログラムに復讐を求めてやってくるのか関係修復を求めてやってくるのか、影響を及ぼすことを望んでか影響されることを望んでか、成功を期待してか失敗を予想してかをも特徴づける。

正義を回復する機会は、司法プログラムで働く個人が、文化的な理解と誤解に関してより良く理解するために、時間を作り、エネルギーを費やし、危険を引き受けるときにのみ高められるのである。

文化的葛藤の集合としての人種差別主義

人種と文化は絡み合っているが同じ事柄ではない。前述のような話し方、コミュニケーション強度、非言語的動作の意味理解、その他多くの相互作用のニュアンスは、人種と文化の混合によって影響される。たとえば、異なった階層や文化的に異なった地域の黒人が、同じやり方でコミュニケーションを行い、紛争を処理すると考えることは誤りであるにしても、黒人であるということは、彼らが世界をどう受け止めるかについても、他人が彼らをどう受け止めるかについても、唯一の決定要因でないまでも一つの決定要因なのである。

皮膚の色ゆえの偏見や差別に、公然または隠然と支配されていることに気づけば気づくほど、この認識が、他の人種の人びととのコミュニケーションや紛争解決に影響を及ぼしやすくなる。警戒心を持つか、率直さを欠くか、受動的か攻撃的か、相互作用のなかでどのような役割を演じることを選ぶかは、個人的または制度的な人種主義についての各人の経験に影響される。

人種差別主義の影響は、参加者が異なった人種に属する修復的司法プログラムにおいては、常に文脈上の変数となる。政治的力の不均衡が人種と関係しているところでは、学校、レクリエーション、警察、その他の市民的便益のための資源が、最も政治力の大きな集団のために重点を置かれていることがわかると思うかもしれない。これは、アメリカでは、しばしば白人がより多くの資源を持ち、アメリカの人種集団の代表として、最も多く政治権力の座にいるということを意味する。しかし、たとえば黒人がヒスパニックよりも、ヒスパニックが先住アメリカ人よりも、アジア系アメリカ人が白人よりも政治的力が大きいような地方では、人種差別主義の影響が感じられないと考えることは誤りである。人種差別主義は特定の皮膚の色を持つ人の特権ではない。

スタッフは、有給のスタッフもボランティアも、被害者と加害者についての仮定や非言語的行動のなかに、人種差別主義の要素が微妙に現れているかを明らかにするため、自分自身の行動を詳細に検討しなければならない。たとえば、腕組み、椅子を後ろへ引く、書類をあちこちに動かすなどの非言語的動作は、居心地の悪さやどこかへ行ってしまいたい気持ちを表現しているのではないだろうか。そのような行動は、コミュニケーションの流れのなかで許容的なこともあれば、偏見の表明であることもある。目の前に座っている先住アメリカ人少年犯罪者が、アルコール中毒の崩壊家庭出身で、働く意欲がなく目標を持たないなどと推測していないだろうか。このように述べる者は、特定の若者について言っているのであろう。しかし、彼らがその少年の人種だけで推測しているとすれば、それは、彼らの人種差別主義的な姿勢の表れである。少年が怠惰であるとの理由で教育サービスを提供しなかったり、「正常でない」との理由で現に存在する強固な家族構造を見落としたりするなど、上記のような仮定に基づいて行為するとき、われわれは、人種に基づく偏見的で誤った想定に起因する差別を行うことになる。

プログラム・スタッフは、自分の信念や挙動を検討しなければならないだけでなく、加害者や被害者に埋め込まれている人種的偏見にも敏感でなければならない。人種差別主義は、加害者によって犯行を正当化するために使われることがある。人種差別主義は、被害者が「一オンスの肉」ではなく「一ポンドの肉」を望む理由にも関与していることがある。人種差別主義的な偏見や非難が加害者被害者間にありそうなときには、調停人は、調停の場でも、コミュニティ委員会の場でも、他の修復的司法プログラムの場でも、準備面接中や実際の対面中に、説明者または緩衝者として行動する姿勢を持たなければならない。

要するに、人種は文化と同一のものではないが、コミュニケーションや相互作用のパターンにとって非常に強力な決定因子なので、文化的差異と片づけて無視するようなことをしてはならない。

修復的司法の実施者のための文化的力量

『異文化カウンセリング』のなかでスーとスー（1990）は、文化面で技能の高いカウンセラーの特徴を五つ挙

表4-1　文化的に練達した修復的司法実施者の特徴

1.文化的に練達した修復的司法実施者は，自身の文化的背景に気づいていて敏感であり，文化的違いを尊重する。
2.文化的に練達した修復的司法実施者は，自分自身の価値観や偏見に気づいている。
3.文化的に練達した修復的司法実施者は，人種や信念に関して自分自身とクライエントとの間に存する差異を嫌がらない。
4.文化的に練達した修復的司法実施者は，状況（個人的偏見，人種的同一性の程度，社会的政治的影響力等々）に敏感なので，少数派のクライエントを，彼ら自身と人種的・文化的に同一集団のメンバーや他の実施者に引き継ごうとするかもしれない。
5.文化的に練達した修復的司法実施者は，自分自身の人種主義的態度・信念・感情の存在を認め，気づいている。

(Sue & Sue, 1990, pp. 167-168.)

げている。それらは修復的司法実施者にとっても，まったく同様に必要と信じる。それらの特徴は表4-1に要約し，そのなかの「カウンセラー」を「修復的司法実施者」に置き換えた。

危険と落とし穴を避けること

異文化間の誤解を減少させるために行うことは何であれ，コミュニケーションの不調や明らかに偏見のある動作を敏感に停止することも含めて，誤解やその結果のすべてを除去することはできない。異文化間の落とし穴や危険を避ける試みは，せいぜいそれ以上の紛糾や破綻の可能性を減らすことに役立つだけである。人間の相互作用のなかには，注意深さを増し行動が改善されても，事態がこじれる余地は数多く存在する。たとえば，何世代もの間に積もり積もった紛争によって，敵対関係が激化しているところでは，理解と改善への短時間の努力では，克服しがたい不和に打ち勝つことは容易ではない。しかし，このような極端なケースがあるからといって，より調和した関係へ向けて，人びとの関係修復を援助する支持的役割を学び，伝え，設計し，探求する歩みから引き下がってはならない。

司法分野で仕事をするわれわれは特に，このような偏見や差別の可能性を減少させるためのあらゆる努力をしなければならないと信じる。次に述べるのは、努力項目のリストの示唆にすぎない。このリストへ自由に付け加えることをお勧めしたい。

自分自身をよく知れ

自分自身が出発点である。自分自身の行動やコミュニケーション・スタイルについて反省し、学ばなければならない。沈黙を好むタイプか。頻繁に人の話に口を挟むか。話をするときに、自分自身の話し方よりも接近して話したり、離れて話したりすることに我慢できるか。また、それを快く耐えているか。視線を逸らすことに大きな意味をみすぎていないか。話をするときに、直接凝視することが敵対的だとわかったら、それを避けることができるか。皮膚の色が自分と異なる人に対して、深く刻み込まれた、または学習された偏見を持っていないか。皮膚の色は同じでも、自分よりも教育程度の高い人や低い人に対してどうだろうか。都市内の一定の地域に住む人を、法違反者と考えてはいないだろうか。

人との相互作用を日誌につけることは有益と思われる。自分と相手の話し方のパターン、事柄の快・不快、自分のジェスチャーの使い方や相手のジェスチャーに対する対応、会話の強度、その他、相互のコミュニケーションがどの程度明確に行われるかの評価に関する種々の事柄を、記録にとどめるとよい。対話の相手が同一文化の人か異文化の人かに応じて、何度も型を変えてみるとよい。

隠れた偏見を確認するための、鉛筆書きの目録を作るよう心がけたいものである。偏見は人生の一部であり、常に存在するものである。ある人はロック・ミュージックが好きで、ある人はブルース、ある人はラップで、ある人はクラシック、またある人はカントリーが好き、といった具合である。偏見を持つことは、好き嫌いは別として問題ではない（Duryea, 1994）。問題は、このような偏見が、意図的にせよ非意図的にせよ、差別的な運用に結びつくことである。偏見が他の人を傷つけたり自分を傷つけたりしないように、各人が自分の偏見を発見することに率直でなければならない。

参加者たちをよく知ること

他人のことを即断してはならない。自分自身について十分に知ることは難しいが、他人についてすべてを知ることは不可能である。ぼろをまとい、鮮やかなピンク色の髪を逆立てた若い女性が、鍵のかかっていない車から数個の物を盗んだ件で、保守的な服装の年配の夫婦との調停に現れた。調停人としては、「何てことだ。なんで今日が在宅日じゃないんだろう」と思うべきだろうか。それとも、非常に異なった身なりをし、盗みをめぐってすでに葛藤を経験してきたこの人たちが、コミュニケーションを行い、理解にも到達し、補償など何らかの正義に到達するための何らかの共通の基盤を見いだすことを援助することができると考えて、率先して動くべきだろうか。

もし事前に参加者と話をせず、このケースを興味がわかないものと捉えていたとしたら、何らかの可能性があることに驚かされるだろう。その若い女性は非常に協力的であるかもしれない。結局、彼女は、その外観が他人に影響を与えるかもしれないと気づいているのである。「外見に気を使わない」同性を避けるのは、多分年配の婦人であろう。年配の男性はその若い女性を魅力的と感じ、心を揺り動かされるかもしれない。事態は円滑に進行するかもしれない（そういうことも時として起こるものだ）。いずれにしても、事前の情報や接触なしに外観に基づいて仮想することは、頼りにならない固定観念的な予測や結果に至ることになりがちである。

他人の目を通して世界を見よう

各参加者はみな独自の存在である。文化的差異は非常にはっきりしているにしても、各個人はその文化的継承を幾分か違ったふうに反映している。われわれはクライエントを、文化的文脈内での個別的な存在と理解しなければならない（Ridley, 1995)。修復的司法の枠内でクライエントと共同作業をしようとすれば，クライエントと会い，クライエントが世界をどのように見ているかを聴き，学ばなければならない。独り暮らしの女性にとって，侵入窃盗に入られることはどのような意味を持つだろうか。記念品の喪失か，プライバシーの侵害か，コミュニティ意識の侵食か，恐怖の種を植え付けることか。彼女は加害者をどのように見ているだろうか。人間のくずか，堕落者か，可能性を持っている者か。彼女は何を正義と考えているか。加害者から肉一ポンドを取ることか，盗んだ物を返させることか，加害者がコミュニティに対して償いをすることか，加害者が将来犯罪に手を染める可能性を減らすために援助を受けることか，等々。

加害者に対しても同じ質問をすることができる。被害者をどう見るか，悔いているか，正義をどう見ているか，変化への動機づけはどうか，コミュニティとのよりを戻すことに協力的か，悪かったと感じているか，責任を取ろうとしているか。

同様に，和解サークル（先住アメリカ人やカナダの先住民族の伝統に深く根ざしている）のように，他のコミュニティ・メンバーも参加するのであれば，この人たちは自分たち自身と比較して，被害者や加害者をどのように見ているのか，彼らの正義や修復についての考え方，個人やコミュニティ全体を巻き込んできた紛争の解決を，彼らは受け入れる気があるのか拒否するかを知りたいと思う。

これらの種類の質問への答えを求める過程で，コミュニケーション・スタイルにも注意を払いたい。被害者は考えをまとめ，表現を考えながら，ゆっくりとためらいがちに話しているか。加害者は，途切れ途切れに言葉数少なく話しているか。長老は物語風に話し，聞き手双方に理解させているか。加害者は視線を避けて話しているか。もしそうであるなら，それは恥ずかしさの表現か，調停人たちとは異なる直接の凝視を避ける彼らの文化の特徴なのか。われわれは多少とも権限を持つ側にいる者として，多くのことに敏感であるべきだということを忘れないことが大切である。参加者はテーブルを囲んで座るのを好むか，それともオープン・スペースでのコミュニケーションのほうがよいと感じるか。被害者が声高に，ときどき叫んでいるように話すのは，彼女の怒りを意味するのか，彼女の文化に広く見られるコミュニケーション・スタイルなのか。彼女の大声が他の参加者を萎縮させるだろうか。

司法的な決定をされるときと同じくらい，隔てているくいが高い人びとの相互作用の過程では，われわれは，視点の違いやコミュニケーション・スタイルの違いが最初に現れたがために妥当な解決が遅れることのないよう，中心となる参加者を可能な限りよく知らなければならない。そのような知識を得るためには，各参加者と十分に時間を費やして，適切な質問をし，十分に聴取し，彼ら独自のコミュニケーション・スタイルがどのようなものであれ，それに対応することが必要である。たとえば，沈黙が被害者のコミュニケーション様式の重要な一部であるならば，満足な解決に到達するためには，沈黙を受容することを学ばなければならない。

もしわれわれが，彼らの視点や，文化的に習得された非言語的，言語的コミュニケーション方法について理解しそこなったり，鈍感であったりすれば，どうして人びとの関係の修復や正義感情の回復を援助することができようか，想像するも困難である。気づきと敏感さを獲得するためには，そのために時間とエネルギーを費やすことが必要である。他の多くの手続きと同様に，望ましい結果――ここでは修復されたという意識――を得るには，最初が肝心である。正義が回復されたという意識は，加害者や被害者の態度と並んで，われわれの相互作用のやり方によって高められるものである。つまるところ，修復的司法の推進力の一つは，司法システムの人間化である。このプログラムで，われわれは司法（正義）システムを拡大しようとしている。われわれの行為は，個別の結果を形成したり影響したりするだけでなく，システムが責任と思いやりに満ち，公正で正義にかなっているという意識を促進（または減少）するものである。

鍵となる情報提供者に聴け

精通していないコミュニティや文化を持つ個人との関係を育成することは、その人たちが彼らのコミュニティや文化のなかでどのように紛争を解決し、他の人びとと交流するかについて、われわれの仮説を検討するのに役立つことが多い。このことは、文化人類学と文化社会学との質的フィールド研究に含まれる共通の実践であった。鍵となる情報提供者は、豊富な情報を提供することができ、それらは、おろかな過ちや加害をしでかすのを防いでくれる。これら鍵となる情報提供者は、司法の専門家集団以外のところにいることが多い。彼らは、家の外で非公式の非行予防機関を運営する黒人の母親であったり、伝統文化を大切に維持しながらより大きな文化に孫たちを溶け込ませようとするアジア人の長老であったり、われわれがいることについて好奇心を示し、少なくともわれわれの誠実さを試すことに熱心なラテン系のティーンエイジャーであったりする。

この人たちとの関係で得られる利点の一つは、各人が共有すべき物語を持っていることを知ることである。われわれが本当に熱心に聴こうとするならば、学べることの深さに驚くこともあるだろう。彼らの物語を聞く時間を持つ人は非常に少ない。それを伝えようとするわれわれの話についても同様である。他の人の話を聴こうとすることは、相互の絆の始まりである。

しかし相互関係はある程度までしか進まない。誠実で尊敬に満ちた聞き方をもってしても、完全な相互関係に入ることを認められたと考えるほど、愚かであってはならない。また、他人や他の文化を完全に理解することができるなどと考えてはならない。

同様に、これらの鍵となる情報提供者は、文化的な価値や慣習に関する潜在的な情報を豊富に提供するが、この人たちは、ときとして物事のやり方について非常に堅い信念を持っているので、一歩ひいて物事を見ることができず、価値が実際にどのように形成され押しつけられるのか、または、どのようにコミュニケーション・スタイルの微妙な違いが日常生活のなかで表されるかについて共有することができない。それでも彼らは、彼らのコミュニティに対して良い影響を及ぼすことを探す部外者に、多くの可能性を提供するのである。

参加者たちに準備させよ

すでに述べたように、複数の人を、揉め事をめぐる相互作用へ導く仕事の多くは、対面が行われる前になされる必要がある。これまで学んできたように、種々の可能性を持つ参加者たちの価値や行動様式を知れば、関係修復に向けた動きを失敗させかねない相互作用の障害を、予見することができるかもしれない。

そうであるならば、参加者たちがお互いに会ったときに遭遇するであろう、異なった視点やコミュニケーション・スタイルについて、理解するのを援助することが必要である。このことについてお互いに知り、感受性を養っておくことは、あまり大きな影響を持たないこともありうるが、大きな違いをもたらすかもしれないのである。少なくとも参加者たちは、普通ならば侮辱的または下品な行動と見られるような行動に向けて心構えをし、圧倒されないよう、それに役立つ情報を与えられることになる。また、各参加者たちは自覚を促され、それによって、他人に敵対的と映るような行動を控えることになるかもしれない。

われわれが楽観的すぎるかもしれないことはわかっている。人は自分の行動を実際に変えるよりも、他人がどのように語り行動するかについてはるかに敏感であるということは、容易に予想されることであるし、特に緊張が支配し、敵対的な状況のなかでは、そのように予想される。われわれの働きによって、参加者たちの異なった文化的価値やコミュニケーション・スタイルに対する知識や感受性が増すことは利益であり、参加者たちの側に良い変化をもたらすことができれば、それは追加的利益（ボーナス）である。

事例研究

参加者に、他の参加者がどのように考え話すかについて気づかせるための、実行できる準備を示すために、本章冒頭の簡単なシナリオに戻るとしよう。黒人男性の商店主と、先住アメリカ人少女の万引き犯と、アングロサクソン系調停人との例である。あの例では、調停人は彼自身の宿題もせず、他の参加者にもさせていない。

ここで、調停人が商店主とかなりの時間をすごしたと仮定してみよう。調停人は、侵入と損失に関する経営的感覚を知った。商店主は、万引きが累犯ではないし過酷な処罰を見たくもないので、十代の万引き犯を店で働かせることを望んでいることを、調停人は知っている。商店主はこの街で育ち、ここで育つことがいかに困難なことかを知っていると語った。彼の気取らない語りは、身振りによって途切れ途切れになる。彼は特に、制度一般が、いかに子どもや有色人種をはみ出し者にしているかを話すとき、声を張り上げる。彼は経済的損失が回復されることと、万引き少女が援助されるべきことを望んでいる。彼は基本的に、自分と十代の万引き犯の利益のために、その少女と会うことに賛成しており、そうならないなら「忙しいスケジュールのなかで時間を割きたくない」という。

調停人は十代の先住民と会ったときに、コミュニケーションの仕方が非常に違うことに気づく。彼女は必要以上に卑屈である。彼女は直接の質問にだけ答える。話の合間に多くの空白が入る。まだ付け加えたいことがありそうなのに、話を終えてしまうことがある。視線を合わすことはめったにない。調停人はその少女に当惑したままで、この二人の対面の準備は整っていないと感じる。

共通の友人を通じて、調停人は少女が属する部族の長老を見つけ、コンタクトが取れる。彼が質問をする。直接の答えを聴けることは稀だが、必要な情報は得られる。調停人は、少女が気難しくもなく、非協力的でもないと理解するに至る。彼女は視線を合わさないことで、尊敬の意思を示していたのである。彼女が質問をしなかったのは、そんな侮辱的なことをしたら、調停人が彼女のために力を尽くしてくれないと思ったからである。彼女のゆっくりした話し方は、まさに彼女の育てられ方や文化的背景に一致する。気になった沈黙は、できる限りうまく答えることが彼女にとってどれほど重要なことであったかを示していたのだ。

こうして参加者たちに関する必要な認識が得られ、手続きを始める準備ができた。彼は参加者それぞれのところへ順々に行った。少女には、黒人があまりにも強く迫ってくると感じるかもしれないと言った。彼は早口でしゃべり、にらみつけ、声を荒げるかもしれないが、それは彼女に対して怒っていたり圧倒しようとしているのではないと話した。それは、彼にとって重要なことについて話し合う普通のやり方なのだと伝えた。

調停人は、少女には、商店主のそのようなやり方を変えるよう期待することはできないので、彼女を縮こませそうなその話し方や癖よりも、話している内容に焦点を合わせて聞くべきだと助言した。

黒人の商店主に対しては、先住民少女が彼に視線を合わすことを期待すべきでないが、それを弱さや興味のなさ、あるいは反抗の印ととることはよくないと伝えた。彼女の文化では、それは尊敬や権威に対する敬意の印なのだから。調停人は黒人に対して、少女の話を途中でさえぎらないで、考えを言い尽くし、思いを語るまで我慢するよう要請した。ゆっくり話すこともまた、学力のなさや弱さの表現ではなく、まさに彼女の文化の話し方の反映にすぎないのだと伝えた。

被害者と加害者とを行き来する間に、調停人は、文化間の違いというものが、いかにこの二人に対する自らの努力に影響を及ぼすかということに気づいていった。新しい情報によって、彼自身の対応の仕方を開発していった。最初は、黒人のとげとげしい態度や、先住民少女の過度の謙虚さや明瞭な発音のできないことに不快を感じ、スタイルと世界観において正反対のこの二人の調停を行う自分自身の能力に疑問を感じていたのだが、それが変化していった。

新たに気づいたことによって目を開かれ、安心して、いまや調停人は二人の参加者を同席させる用意ができた。宿題をし終えて、彼は、このような出会いがもたらす通常は予見できない方向性に対して、快適でより良い準備ができて、ある一つの状況の対立する側にいるという以外にほとんど共通点のない二人の間で、良い解決が合意されるだろうという希望に満ちていた。

犯罪や非行によって傷つけられた関係の修復や回復は、個人的なものであれ、共同体的なものであれ、どのような状況のなかでも挑戦的な目標である。参加者たち、たとえば、被害者、加害者、支援者、プログラム・スタッフが、異なる文化に属し、コミュニケーションの典型的パターンや価値の表現方法が異なる場合には、完全な決裂まではいかない場合でも、混乱に至る可能性はある。正義に到達するには、全参加者の観点が考慮されることが必要と考えるのが合理的である。関係の修復や回復は、参加する個人のコミュニケーション・スタイルや世界観の違いを知り、理解するために費やす時間に左右されるというのが、われわれの信念である。修復的司法に向けられたプログラムが、文化の相違についての知識や感受性によって高められるだけでなく、多様性についての開かれた心が、参加者すべての生活を豊かにするであろうことが期待される。

第5章　事例研究

本章では、さまざまな状況における被害者加害者調停の人間的なモデルの適用を説明するために、三つの事例を挙げる。事例1の加害者は成人であり、その他の事例の加害者は少年である。事例の一つはダイバージョン（判決前代替措置）であり、二つは判決後のものである。それぞれの事例の詳細を示した後に、三つの事例における共通のテーマと個々の違いについての論考を述べる。

事例1――侵入盗

ノースラップ夫妻（ボブとアン）は、長年にわたって熱心に働いてきた。四十代半ばに彼らの家が泥棒に押し入られたとき、彼らはようやく少しだけ人より良い暮らしをするようになっていた。盗まれた物を記録し、警察の捜査に協力するのに費やした時間は、思った以上に長かった。こうした彼らの努力にもかかわらず、犯人はまったく見つからなかった。それで、彼らは刑事司法システム一般と、特に地元の警察組織について偏見を持つようになった。

彼らは保険に入っていなかったので、盗まれた物を買い揃えるためのお金を蓄えるのに、一年近くかかった。

それが達成できたこととボブの新たな昇進を、週末に近くのリゾートホテルで祝い、帰宅して車をガレージに入れたとき、彼らは目を疑った。裏口が開いていて、ちょうつがいに半分引っかかっていた。彼らはまたも襲われたのだ！

彼らは怒り狂った。二人とも暴行を受けたように、まるで直接襲われたかのように感じた。多くの疑問が心をよぎった。なぜ自分たちの家が選ばれたのか。以前に押し入った犯人と同一人物か。自分たちの動きが監視されているのか。誰か自分たちに対して個人的な恨みを持っているのか。彼らは何が盗まれたのかを確認し、警察に知らせ、家の被害を修復し、そして日常生活に戻すという、今やおなじみの動きを、またしても経験する羽目になった。

委　託

ジム・オルブライトが、この二回目の侵入盗から数週間のうちに逮捕された。彼は二十歳で、少年のときに未成年者触法行為を数回犯していたが、成人として有罪判決を受けた前科はなかった。二カ月前に、ジムは工場の生産ラインの仕事を失っていた。彼はその侵入盗の罪を認めた。裁判所の量刑聴聞の間、保護観察の一条件として、彼は地元の被害者加害者調停プログラムに委託された。

加害者との事前面接

調停プログラムを最初に持ちかけられたとき、ジムはあまり乗り気ではなかった。ジムとの個別の面接の間、主任調停人は侵入盗についての彼の話を注意深く聞いた。そしてジムに、被害者との対面はいくつかの理由から有益だろうと説明した。第一に、何が被害者に起こったのかを話し合う機会を持てる。第二に、双方にとって公平だと考えられる賠償案について交渉することができる。第三に、このように犯罪行為に対して直接責任を取ることで、それを裁判所が命じた刑罰の一部にすることもできる。

調停人は、裁判所は彼が調停プログラムに参加することを望むだろうが、彼にそうする義務はないことを告げた。もし、これはまったく自分にはふさわしくないと感じるなら、通常の手続きを通じて損害賠償の調停をするために裁判所に送り返せると。最終的にジムは、被害者に会って賠償金を支払う方法を一生懸命考えるつもりだと述べた。調停人は、加害者と被害者が会ったとき、実際にどのように進むのかについて説明を続けた。

被害者との事前面接

調停に対するジムの同意を確実に得た後、調停人はボブとアンに彼らの家で会った。調停人は最初に、何が起こったのかに関する彼らの話に耳を傾けた。ボブとアンの話は、この出来事に対してどんなに憤っているかについて話すことが、二人にとっていかに必要であったかを示すものであった。彼らを襲った犯人への怒りの感情に加えて、二人は自分たちを証拠の一部として扱うように感じられる刑事司法制度に対する怒りを表した。その制度が彼らの関心やニーズに見向きもしないようにみえることが、彼らの被害感情をますます強めた。

調停プログラムについて説明したとき、ボブとアンは最初は関心を示さなかった。彼らには、加害者との対面に何の価値も見いだすことができなかった。調停人はいくつかの可能な利益を指摘した。彼らは加害者にどんなに怒っているか、また、この犯罪によってどんなに影響を受けたかをわからせることができる。さきほどボブとアンが調停人に尋ねた多くの質問は、事実を知っているただ一人の人物である加害者にしか直接答えられない。また、ほとんどの被害者のように、司法過程の傍観者として座っているのではなく、直接関わることができ、裁判所によって加害者が負わされる罰則の一部を決めるのに貢献できる。最後に、当事者全員にとって公平だと考えられる、相互に容認できる賠償案を交渉する機会を持つことができる。

よく考えた後、ボブとアンは調停を試みることに同意した。二人は、そのような対面に価値があると確信しているわけではないが、どんなに怒っているかを「ちんぴらにわからせる」機会として受け取ると言った。調停人は、調停セッションにおいて典型的なこと、すなわち、どのようにセッションが開かれるか、調停人の役割、セッションの一般的な流れについて具体的に説明した。

合同セッション

この事例では、怒りの水準が高いため、ソーシャルワーカーとして訓練された二人の調停人が任命された。調停セッションは、中立的な立場のコミュニティーセンターで行われた。

主任調停人は、導入のためのあいさつと説明からセッションを始めた。彼女はまず、参加者たちに、来てくれたこと、このプロセスを試みようとしてくれたことを感謝した。そして、セッションの目的、すなわち、まず侵入盗とそれに関係した人びとがどのように感じているかを話し合い、次に、失ったものとその賠償案の交渉の可能性について話し合う時間を持つことを明確にした。調停人の役割が説明された。彼らは裁判所の公的代理人ではないし、どちらの当事者にも和解を押しつけることはできない。調停人の役割は、双方の当事者に何が起こったかについて話し合う機会を提供することと、和解に到達できるかどうかを見届けることである。合意されたことは何であっても、双方の当事者にとって公平だと認められなければならないと彼らは強調した。当事者たちは、まず中断されずに話をする時間を持つことができる。

主任調停人は、まずボブに、彼の目から見て何が起こったのか、そしてそれがどんなに自分に影響を与えたのかをジムに話すことによって、対話のプロセスを始めるように頼んだ。調停人は手の動きで、ボブが直接ジムに話しかけなければならないことを示した。このとき、ボブは両腕を胸の前で堅く組んでいた。彼は、この種の「くだらない」ことに対してどんなに怒り狂っているかを早口で話し始めた。彼は、他人の財産を奪う「ガキども」にうんざりしていると言った。アンは、このときは話さないことを選択した。

ボブが怒りをあらわにしたので，調停人はジムに対する直接的な言語攻撃を防ぐための介入をしようとした。しかし，介入しようとした直前，想定外のことが起こった。ジムが椅子から飛び上がって，「おれはこれ以上こんなくだらないことに我慢できない。もうたくさんだ。おれは帰る」と言った。そのとき共同調停人は，「ボブの怒りに耳を傾けるのが難しいことはわかります。でも，彼が和解に関心があることは確かです。もう十分だけ時間をくれませんか。そうしたら，私たちは今夜うまくやることができると思います。もしあなたが十分後に帰りたいと望むなら，それはあなた次第です」とジムに言って介入した。ジムはためらい，そして座った。

この共同調停人のコメントは，ジムが「投げ捨て」ようとした調停に対する関心を，確認したようにも見えた。調停人とジムの間のやり取りは，ボブにも明らかに肯定的な影響を与えた。このときから，ジムに対するボブのコミュニケーションはずっと感情的ではなくなり，胸の前で堅く組まれた腕はだんだんとゆるみ始めた。

ボブが最初の話を終え，アンがまだ話したいとは思っていないことが明らかになったとき，調停人はジムのほうを向いて，彼の立場から何が起こったのか話せるかどうか尋ねた。ジムは，仲間と飲みに出かけていて，お金が余分に必要になったことを説明した。近所を走って，灯りのついていない留守と思われる家を見つけた。表玄関をノックしても誰も返事をしなかったので，家の周りを歩いて裏口から押し入った。家の中に入るとすぐに，テレビ，ビデオ，ステレオセット，現金百ドルを盗った。ジムは，最初からボブとアンの家に押し入ろうと考えていたわけではないことを説明した。押し入ったとき，彼はできるだけ早くその家から出て行こうと，ひどくびくびくして不安な気持ちになった。ジムは話に出た物を盗ったことを認めた。

ジムが何が起こったのか説明し終えると，ボブとアンはジムにたくさんの質問をした。なぜ私たちなのか，私たちの動きを監視していたのか。ジムは彼らを監視していたわけではないことを再び説明した。アンは，ジムに娘のキャロルを知っているかどうか尋ねた。ジムは知っていると答えた。アンは，キャロルが薬物治療センターに行くまでこの通りに住んでいたと述べた。ジムはそれも知っていると言った。ボブは，ジムが再びキャロルを見かけたときは、ママとパパが彼女を愛しており、もし戻ってくるつもりなら歓迎すると伝えてほしいと頼んだ。

この時点で、対立が再構築されたのは明らかだった。すなわち、被害者と加害者というステレオタイプな役割のなかでの相互作用というより、参加者たちは今やより人間的なレベルで、その犯罪事件を越えた問題についての関心を持って互いに影響し合っていた。

事件のあった夕方に何が起こったか、そしてすべての当事者たちがどのように感じたかについての議論は、一時間近く続いた。共同調停人が損害賠償について話し合うよう提案する前に、よく考え、追加の質問をする機会を両当事者に与えるために、短い沈黙が設けられた。

それから共同調停人は、もし可能なら、ボブとアンがこうむった損失をよく吟味し、賠償案交渉のプロセスを始めるときだと述べた。調停人はアンのほうを向き、できるだけ証拠資料を示して、彼らが失ったものを明らかにするよう頼んだ。アンは盗まれた物の長いリストを示した。そして、ジムにこのリストとコメントをよく吟味するよう求めた。

ジムには、いくつかの物と特にそれらの代替価値について、たくさんの疑問があった。アンとボブとさらに話し合った後、彼はようやく自分のしたことのすべての衝撃を理解し、「事を正す」計画について話す準備ができたと述べた。

ボブ、アン、そしてジムは、来月から向こう十カ月間にわたって、ジムに毎月五十ドルの支払いを要求するという損害賠償計画に到達した。賠償計画の条件は、両当事者に繰り返し読み返され、公的な合意書に記載された。両当事者がサインし、写しがそれぞれに渡された。写しは一部、ジムの保護観察官にも送られた。

共同調停人は、「このような事例において合意に達したとき、私たちは両当事者に、契約がどのように遂行されているかを確認するために、今から数カ月後に短時間会うことを提案しています。それについてどう思われますか」と尋ねた。ジムは、ボブとアンのほうを向いて言った。「おれは本当にそうさせてもらいたい。おれの家でも構わないだろうか」。彼は「あなた方に妻と赤ん坊に会ってほしい……おれは根っからの犯罪者というわけじゃないんだ」と付け加えた。会合は、調停人が同席して、二カ月後にジムの家で行われることに決まった。ジムはラザニアを作ることを申し出た。ボブとアンはその申し出を好意的に受け止めた。

事例2――自動車盗

十月の深夜、トム・ホールは半地下のアパートの居間のソファで眠り込んでいた。彼は居間の窓ガラスに何かが衝突した音で、午前三時前に突然起こされた。ぼーっとした目を開けたとき、カーテン越しにかすかに赤、白、青のライトが光ったのが見え、人の叫び声と犬の吠える声を聞いた。

ゆっくりと起き上がって窓のほうへ歩いて行き、地面の高さから外を見た。カーテンをわきに引いたとき、彼にはまるで超現実的な場面を見ているように思われた。警官が十代の少年をうつぶせにして地面に押さえつけ、右腕を背中に固く押しつけていた。警官と取っ組み合って地面にねじ伏せられたときに、少年がアパートの側面と窓にぶつかったに違いなかった。トムは、少年が全体重をかけて窓にぶつからなかったのは幸運だったと考えたことを覚えている。少年の後頭部が窓に向いていたので、少年はトムを見なかったし、トムは少年の顔を見ることができなかった。警官が少年の手首に手錠をカチャッとかけたとき、トムは少年が叫ぶのを聞いた。「オーケー、オーケー、悪かったよ。お巡りさん。もう何もしやしないよ。頼むよ。乱暴しないでくれよ！」ちょっと離れたところに目を向けると、警官が彼の真新しいトラックを隅々まで捜索し、写真まで撮っているのが見え、トムは衝撃を受けた！

ジーンズとTシャツを着て、トムはドアから飛び出し、警官に何が起こったのか尋ねた。「トーマス・ランドルフ・ホールさんですか」と警官は尋ねた。「そうです。ここで何か問題があったんですか。なぜ警官が私のトラックの周りにいるんですか」「ああ、ホールさん、向こうにいる若い男が、あなたの車を直結してエンジンをかけようとしていたようです。あと一分かそこらあったら、彼はうまくやっていたでしょうよ。われわれは、帰宅したときにトラックのドアが開いていて車内に明かりがついていることに気づいた、あなたの隣人から電話をもらったんです。少しばかり損傷を受けたように見えますね。その子どもがダッシュボードの部品を取り去って配線を見つけ、ハンドルを回そうとしたんです。ひどすぎる。良いトラックなのに」。それからちらりと笑顔を向けて付け加えた。「プロの仕事とは言えませんけどね」。

トムがおそるおそるトラックに近づいていくと、シートにプラスチックの部品、ねじ、小さな道具がめちゃくちゃにちらばっているのが見えた。ダッシュボードがこじ開けられ、配線が目に見えるほど突き出ていた。トムは胃が痛むのを感じた。四年間、トムはこのトラックのために生活を切り詰めて貯金してきた。工場に特別に注文し、手に入れるために五カ月間待ち、そしてたった二週間、運転しただけだった。

肩越しにトムは、二人の警官が少年を警察署に連行するため、パトカーに連れていくのを見た。そして思った。「なぜだ、この少年は運転免許を取るのに十分な年齢にさえ見えないのに！」

委　託

郡の矯正保護局の保護観察スタッフは、このケースを調停サービスに委託した。調停サービスとは、住民や裁判所向けに、ほんのわずかな料金かもしくは無料で、被害者加害者調停プログラムに加え、離婚後の訪問権などの地域社会のほとんどの種類の紛争を解決する手助けをするサービスメニューを提供する、小規模の私的非営利機関である。矯正保護局は、被害者のニーズに応え、必要であれば損害賠償を決めるために、判決前の司法代替措置（初犯者）か判決後のどちらかの時点で、平均して年に二百件を被害者加害者調停プログラムにゆだねている。

委託は、事件が起こってから四カ月後に受理された。その少年、ジョシュア・ライアン・ジェンキンス、十六歳は、起訴され判決を受けて、郡立の少年拘禁センターで長期間（約九カ月間）、拘禁状態に置かれていた。捜査の間に、警官は別の三件の自動車盗でも、ジョシュを起訴するために十分な証拠を揃えることができた（後にジョシュは、約三年間にわたって四十一台の自動車を盗んだことを自白した）。

拘禁センターにいる間に、ジョシュは、他人に与えた犯罪の短期的・長期的な影響を知るのを助けるために計画された、集団または個人のさまざまなプログラムに参加した。ジョシュは、何が彼に犯罪行為をさせたのかを理解した。しかし、彼は被害者の誰とも会う必要がなかったために、どんなに彼の振る舞いが被害者を傷つけたかを理解するのは難しかった。カウンセリング・セッションのなかで、被害者の誰かと直接会うことは可能なのか調べてみようというのは、彼のアイディアだった。

調停サービスはこの事例を受理した。スタッフは、三人の被害者全員、拘禁センターにいるジョシュ、そして彼の母親に手紙を送った。

加害者との事前面接

プログラムマネージャーは、このケースに彼女自身ともう一人のファシリテーターを割り当てて、拘禁センターでジョシュと会う約束をした。ここのスタッフは非常に役立ってくれ、このプロセスの間ずっと調停人とともに働いた。面会は、拘禁センター内の広いメインルームにある小さなブースで行われた。このブースは防音だったが、四方をガラス窓で囲まれていて、そこでの活気のある活動を、室外の見晴らしのきく場所のどこからでも容易に観ることができた。

当初はためらっていたが、ジョシュは調停人と打ち解け、進んで話をした。彼は今回逮捕されるまでの自分の過去について語った。親せきの成人男性が、非常に小さいときから「どうやって車を盗むかや麻薬を売るかを教えてくれた」と彼は言った。両親はずいぶん前に離婚していて、彼は母親と住み、めったに父親には会えなかった。彼はいつも他の子どもたちとは違っていると感じていたため、学校では一匹狼みたいになり、授業をさぼったり騒いだりするようになった。高校に入ってすぐ、近所のギャングに入った。ギャングのメンバーは銃を運んだり、ドラッグを売ったり、車を盗んだりしたが、彼の子どもの頃の訓練は十分その準備となっていた！彼は、青春時代のほとんどをトラブルに巻き込まれて過ごし、犯罪は徐々にエスカレートした。

彼はこの面会のちょうど数週間前に、親友のアレンが盗んだ車を運転中、逮捕を免れようとしてパトカーから高速で逃げ回って死んだともらした。ジョシュは、事故の詳細が載っている新聞の切り抜きをポケットから取り出した。「もし拘禁センターにいなかったら、その夜アレンと一緒にいただろう……自分も死んだだろう」と話したとき、彼は明らかに動揺していた。彼は、友達の死を意味あるものにしたい、彼のように終わりたくないとはっきりと調停人に述べた。

調停人は、彼の率直さ、知性、そして、多くの障害にもかかわらず人生を変えたいという、非常に真摯な願いのようにみえるものに感銘を受けた。彼は、自分が盗みを働いた人びとに会いたいと願っているのは、ともかくも以前の習慣に滑り落ちるのをこらえる助けになるだろうからと言った。彼がこれまでの人生のほとんどの時間、監督を受けずにきており、いつも「犯罪をうまくやりおおせていた」のは明らかだった。また、望んでいる変化を、しかも独力で成し遂げる自分の能力を疑っていて、それが彼を恐れさせていることも明白だった。

被害者との事前面接

ジョシュがすでに判決を受けた犯罪の三人の被害者と最初に電話で話したとき、全員が、加害者と会う前に被害者同士が会うことに興味を示した。それゆえ、調停人は、調停サービスの会議室で彼らが会えるように設定した。三人のうち一人は、当初喜んで会うとしていたにもかかわらず、その会合に現れなかった。スタッフが後から彼に電話をかけると、彼は詫びて、「よく考えたら、私にはこんな状況に関わる時間も忍耐もないと思うようになったんです。まず、修理中の二週間、車を使えませんでしたし、そのうえあなた方や、その後はその子どもに会いに行くために時間を費やさなければならないなんて。非常に申し訳ないとは思いますが、そんなことはできません」。スタッフは彼に手間をとらせたことを詫び、彼が謝る必要は何もないことを請け合った。

この会合に最初に到着したのは、タミー・エリクソンと同棲中のボーイフレンドのフレッドで、それに別の事例の被害者であるトム・ホールがすぐに加わった。全員が座って紹介が行われ、調停人は会合のプロセスについて説明し、質問に答えてから、話し合いを始めた。全員がそのプロセス――この会合における自分たちの中心的な役割と修復としての話し合いの目的――を理解すると、彼らは安心して話ができるようになった。タミーが最初に話し始めた。

タミーは、その事件についてまだひどく動揺していた。彼女が事件にあった朝について述べたところによると、その日彼女は仕事に出かける準備が遅れていた。彼女はアパートの階段を駆け降りて、外に出て駐車場に行った。彼女は、自分が車を停めたと思った場所を見たが、そこにはなかった。「いいえ」と彼女は自分に言い聞かせた。「車はここのどこかにあるに違いない。ただどこに停めたのか忘れただけに違いないわ」。彼女は車を探して、何度も何度も行ったり来たりした。最後には、彼女の車が盗まれたという明白な事実は避けようもなかった。彼女は衝撃とそれから怒りを覚えた。車は新車ではなかったし高価でもなかったが、それは彼女が公に所有している唯一のもので、仕事をするためのたった一つの手段だった。たぶんどこかの子どもが面白半分に持ち出したのだと彼女は思った。そして、おそらく警察はアパートのある地域内で車を見つけるだろうと。

タミーはその日、仕事をすることができなかった。事件が起こってから丸一カ月間、警察はタミーの車を見つけることができなかった。その結果、彼女は働けなかった期間の給料を失った。

車がついに彼女の元に戻ってきたとき、「それはがらくたでした。子どもが中に何カ月も住んでいたように見えました。ファーストフードの空き袋、毛布、服、炭酸飲料やビールの缶、タバコの吸いがら、キャンディーとコンドームの包み紙がありました。それに、スターターがもぎ取られていました。そのスターターを修理するだけのお金がなかったので、車に乗るときはいまだに毎回スクリュードライバーでエンジンをかけなくちゃいけません。それが絶えず何が起こったのかを思い出させるものになっています。私は決して忘れることができないんです。車が戻ってきたとき、掃除機をかけてブラシでごしごし洗ったけど、乗るたびにいつも汚れていると感じます。私は暴行されたように感じます！　スターターを直すのにかかる七百ドルも必要です。彼がその賠償金をどのように得るかは知りません。彼はとにかく払わなければならないわ！」とタミーは言った。

調停人はタミーが怒りをあらわに語ったことに耳を傾けた。彼女は、自分がジョシュと会うことに神経質になっているのと同じくらい、今でも非常に怒っていることがわかっていた。彼女は、自分の右向かいに座るジョシュに対してひどく腹を立てるだろうと不安だったが、多くの答えられていない疑問がまだあり、ジョシュと直接会いたいと願っていた。調停人は、そのセッションの間に、もし彼女がコントロールを失ったと感じたらどうすればいいだろうと、彼女がブレーンストーミングするのを助けた。フレッドが彼女の支援者として出席することを希望した。彼はもし彼女が興奮しているように見えたら、彼女を助けることを請け合った。調停人も、会合日の前にもう一度彼女にどのように過ごしていたかを確認することを約束した。これらはすべて、彼女を手助けすることのように思われ、彼女はその会合にためらわずに進めると感じた。

トム・ホールは自分に起こったことと、そのときそれについてどのように感じたかを語った。彼は自分のトラックにされたことを見て、最初は怒ったけれども、地面の上の少年の姿が心に突き刺さって、「その子どもをいくらか気の毒に感じた」と述べた。損害に対しては、少々の控除を除いて保険が支払われており、彼が後で支払ったお金はさほど多くはなかった。それで、彼は少年のために調停を行うことに、より関心を持っていた。もし、何としてでも少年を助けるつもりであるとまで言うことができるなら、少年に会うことは意義深いものとなるだろう。

合同セッション

合同セッションが行われたとき、ジョシュはまだ拘禁センターに収容されていた。被害者たちは拘禁センターでは会いたがらなかったので、会合は調停センターで予定され、そこにジョシュを送迎するために保護観察官が配置された。

トム、タミー、そしてフレッドが先に到着し、会議室に座っていた。当初彼らはみんな、特にタミーが、少々神経質になっていた。彼女は大丈夫だと言ったけれども、とても緊張しているように見えた。共同調停人がみんなと座っている間、主任調停人がジョシュを待っていた。事前面接の際、ジョシュは被害者たちと一人で会いたい、家族やセラピスト、保護観察官などの援助なしにやり遂げたいと述べた。これは典型的なことではないが、彼が望んでいたことだった。

ジョシュが到着し、彼と調停人は一緒に会議室に入った。タミーはジョシュを見た瞬間、肩が約二インチ下がった。若くておびえた、すきだらけの少年である実物のジョシュをただ見ることが、どんな言葉よりも彼女の緊張をほぐすのに大いに役に立った。

主任調停人による簡単な開会の言葉の後、トムとタミーが自分たちの経験したことをジョシュに話すことによって会合が始まった。彼らは詳細に語ったけれども、驚くほど抑制的だった。特にタミーは、最初の面接の際に腹を立てていた様子とは程遠かった。彼らは、誠実で心がこもっていて、かつ物柔らかな態度で、彼らの感情とその犯罪の衝撃を分かち合った。

ジョシュの話で、被害者たちは彼の過去の大部分とその犯罪に至る環境を理解した。ジョシュは、拘禁がどんなものだったかということや学んだことを説明した。彼はうなだれて自責の念を語った。そして、彼は友達の死について語った。

話し合いがすらすら流れ始め、みんなでどうやってジョシュがギャングに戻るための誘惑を避けられるだろうかと話し合うようになった。彼は今や自分の決意は固いけれども、拘禁センターの保護的環境から離れたら、本当に強くなければならないことがわかったと述べた。タミー、フレッド、そしてトムは、みんなとてもジョシュを心配した。トムはジョシュに家の電話番号を教え、もしジョシュが話したいと思うなら、援助が必要か、あるいは他の理由でも何でも、昼夜かまわずいつでもかけてくるようにと言った。一人ひとりに感謝の気持ちを述べるとき、ジョシュの目から涙があふれた。彼は、自分があんなことをした後でも、彼らがこんなにも自分を気遣ってくれるなんて信じられないと言った。

誰かがジョシュに母親のことと、なぜ彼女が彼と一緒に来なかったのかを尋ね、ジョシュがいったん家に戻ったら、どのくらい支援を受けられるのか気遣った。ジョシュが釈放されて家に戻った後、彼と母親と一緒にもう一度会うことで互いに一致した。その日のうちに、次の会合の日取りが決められた。タミーは金銭的な損害賠償を追及しないことに決めた。

セッション・デブリーフィング

デブリーフィングのなかで、トムは「一から十までの段階で、このセッションは九・五の段階だと思うよ！非常に興味深かったのは、私はあなた方（調停人たち）がもっと私たち側にいるんだろうと思っていたけど、そうじゃなかったことだ」と言った。タミーはこのセッションがうまく進んだと思い、こうコメントした。「私は彼にもっとひどい仕打ちをすると思っていました。でも、私の人間としてのあわれみがそれを吹き飛ばしたと思います」。フレッドはタミーをとても誇りに思うと言った。ジョシュは、自分の行動が彼らにどんなに悪影響を及ぼしたかを思えば、彼らはみんなもっと自分につらく当たるだろうと思っていたのに、こんなに「すばらしい人たち」だったことに驚いたと言った。

二回目の合同セッション

ジョシュが釈放された後、調停人は予定されていたとおり、ジョシュ、彼の母親のマーシャ・ジェンキンス、そしてトム・ホールが出席する二回目のセッションを開いた。タミーとフレッドは引越しの最中だったし、前回のセッションが十分な討論終結をもたらしたと感じていた。今回はマーシャが多く話した。彼女は一人親の子育ての苦労と経済的な困難について語った。彼らの住んでいるところは「子どもにとって良い環境とはいえなかった」ので、彼女は家を売って、ジョシュや彼の幼い兄弟にとってより良い地域に移ろうとできる限り試みた。トムは静かに、そして深い気遣いを示して耳を傾けた。

ジョシュは、釈放後に抱えることになった問題をみんなと分かち合った。ギャングのメンバーは、簡単に彼にまとわりつくのをあきらめるつもりはなく、彼らに抵抗することは、ジョシュにとってとてもやりがいのあることだった。母親とトムは、ギャングを避け、ジョシュの安全を守る方法を一緒にブレーンストームした。ジョシュの母親がそうした援助にとても感謝しているのは明らかだった。

セッションの終わりに、マーシャは息子のための努力に対してトムに、何度も礼を述べた。彼女は、これまでの家族以外の人びととの経験のほとんどは、非常に否定的なものだったと言った。彼女は、誰かが、特に見知らぬ人が、こんなにも労をとってくれ、そして心配してくれることに非常に感動した。トムはジョシュに、いつでも自分に電話をかけてきてもかまわないと念を押した。彼らが別れるとき、二人の関係は非常に建設的なものになっていた。

事例3――器物損壊

逮捕後の犯人からの説明を聞けば、その場の様子を再構成するのは簡単である。学年末に近いある暖かい金曜日の夕方、十四歳のドイル・アンダーウッドと、十二歳のリッキー・アンダーソン、十一歳のノア・ロング、十二歳のアンバー・ジュサップは、いつもの溜まり場――十エーカーあるアンバーの家の農場にある木の下の、木で作った小さな一部屋の要塞――に集まっていた。彼らは退屈していたので、ドイルは、近くの建築現場に行って、あのおっさんがあたりにいるかどうか見てみようと持ちかけた。

彼らは探しに行ったが〝おっさん〟はいなかった。するとドイルは大胆になって、ブルドーザーの一つに登り始めた。「ねえ、見てよこれ。すっごいかっこいい機械がたくさんあるよ！」。誰かがレンガを拾い上げて窓を割り、それに乗り込んだ。「来いよ」ギアチェンジやエンジン音を真似して彼は言った「おもしろいぜ！」。「ねえってば！」アンバーが呼んだ「もう出ようよー。つかまっちゃうよ！」。リッキーは「平気、平気」と笑い、大きなキャタピラーの足元でジャンプしながら、「あのおっさんが僕らを見つけてもさ、あんなのろまにつかまりっこないよ」と言った。このようにして事態は雪だるま式に進行し、子どもたちはすぐに建築機材の中も外も打ち壊し、へこませ、引っかき、引き裂けるものは手当たり次第に壊していった。アンバーが地面にあった鉛のパイプを持ってショベルカーの横に来たとき、影から男の声が鳴り響いた。「それを置きなさいぼくちゃんたち！」「今すぐ置くんだ！」。それは警官だった。四千ドルもの損害を与えた三十分ほどの馬鹿騒ぎのあと、四人の子どもたちはパトカーに乗せられ、警察署に向かった。

委　託

この依頼は、郡の矯正ダイバージョン局から被害者加害者調停プログラムに来た。検察は、子どもたちの年齢や全員が初犯であることを考慮し、もし彼らがそれを望むならば、このケースは被害者との話し合いの機会を設けて取り扱うことが最善であると考えたのだった。やったことは重罪に値することではあったが、被害者と会わせることが、子どもたちの人生のこの時期に大きなインパクトを与え、家族が賠償の約束をするのにも役に立つと、担当者は期待していた。

加害者との事前面接

調停スタッフは、加害者とその家族にまとめて一緒に会った。ノアとドイルを除いては、みんなかなり暗い表情をしていた。最も年長者のドイルは、この事件によるショックが最も少ないように見えた。彼は、「かっこいい」ティーンエイジャーの雰囲気を醸し出していて、やってしまったことよりも、つかまってしまったことについて狼狽しているように見えた。彼の母親は別の州に住んでいたので、父親であるジョージ・アンダーウッドが参加した。ジョージは基本的に「男の子なんて小さいときはやんちゃをするものさ」という考えの持ち主で、会合が終わることだけを望んでいるように見えた。ノアは三歳年上のドイルを尊敬していた。ノアはドイルの言葉に注目し、神経質に笑い、質問に答える前に彼のほうを見るのだった。

会合ではめざましい進展はほとんどなく、子どもたちは、事件に関して責任は感じていたけれども、自分たちが何をしたかについてはほとんど忘れていた。そして、彼らが「おっさん」と呼んでいた会社を経営しているのろまな年配の男性についてからかって、それを聞いている者に嫌な気分を味わわせた。保護者の何人かはそれを聞いて不快感を示し、その他の者も再び憂うつになった。

被害者との事前面接

スタッフは最初、建設会社の持ち主である、ネッドとアイリーン・ラムゼイに連絡を取るのにかなり手こずった。彼らの娘であるバーバラ・マンスキイが最終的に電話に出てくれ、両親の代わりに調停人と会ってくれることになった。比較的落ち着いた時間帯に、近くの喫茶店で彼らは会った。バーバラは、父親である八十四歳のネッドは、ガンで闘病生活を送っていると教えてくれた。母親であるアイリーンは父親の看病をしていて、調停人に会うために出かけることはできないこともわかった。事件の二日後にネッドの建築機材はオークションにかける予定で、かなりの月日をセールの念入りな準備にかけていた。しかし、三十五年から四十年、もしくはそれ以上古い機械の部品を保険会社が見つけてくるのは難しく、現在そのオークションは無期限延期の状態になっていた。彼女の父親は、自分が死ぬ前に父親とともに作ったその会社を売り、自分の妻が十分暮らしていけるほどのお金を手に入れることができるのを見届けたがっていた。バーバラと他の家族は、その日まで彼が生きながらえないのではないかと心配していた。

店を売るのを見届ける満足感は、父にとって大きな意味があるだけに、この犯罪は、私たち家族から病気以上に多くのものを取り上げた、とバーバラは述べた。また、彼女は調停人に、この破壊行為が起こった後、父はまるで赤ちゃんのようにベッドで泣き伏したとも話した。調停人は大部分の時間、バーバラの話をただ聞いていた。明らかに、彼女はこのことを誰かに話せることに感謝していた。それは、彼女の家族全員にとってつらく困難な時間であり、「誰も自分の気持ちを語ろうとしなかった」と彼女は言った。

彼女は、加害者たちと話をすることに対して、複雑な気持ちでいた。そのときの彼女の感情は非常に生々しく、耐えられる確信はなかったが、自分の家族にとってそれをすることは非常に重要であるとの思いから、参加することを決意した。彼女は、「保険免責分を彼らに支払ってもらいたい」と言い、犯罪に対して地域社会に報いるために、彼らに何をしてもらうよう要請すればよいかということについて興味を持っていると述べていた。彼女は、彼らがしてくれることが、自分たちの家族にとって意味のあるものであってほしいと思ったし、それを話し合い、彼らと決める機会を持ちたいと思っていた。話し合いの日は、彼女がよく考える時間を持てるよう、二週間後に設定された。

合同セッション

調停セッションが行われた日は暑くてじめじめしており、雷雨が来そうな天気だった。子どもたちとその家族は時間ちょうどに調停センターに到着し、奥にある快適でくつろげる会議室に案内された。しかし時間が来ても、バーバラからは何の連絡もなかった。調停人は彼女の家に電話したが、誰も出なかった。子どもたちはだんだんいらいらしてきて立ち上がり、トイレに行ったりジュースを買いに行ったりし始めた。

ついにバーバラが息を切らせて顔を紅潮させ、雨に濡れた姿でやってきた。調停人はみんなに会わせる前に、すばやくこっそり彼女に会った。彼女は大変だった事情を子細に述べた。調停人はキャンセルするのか、他の日に改めてセッションをするのかを選択してもらおうとした。しかし、彼女はミーティングには参加すると前以上に固く決めていたので、会議室に一緒に入ることになった。

少年たちとアンバーは長方形のテーブルの片側に全員座り、両親たちは彼らの後ろに座った。バーバラは一人っきりでやってきたので、調停人の一人が、少年たちの反対側のバーバラの側に一緒に座ろうかと申し出たが、彼女は「いいえ結構です。私は大丈夫」と答えた。そこで、調停人たちはテーブルの両端に座り、紹介と開始の言葉を述べ始めた。その言葉は準備段階においてすでに聞き、プログラムですでに読んだものの繰り返しだった。すなわち、調停人はボランティアであること、調停人の役割と進行の仕方、調停人の中立性についての注意、ミーティングの内容を漏らさないこと、いつでもタイムアウトを取り、出て行く権利があること、そして二つの標準的な基本ルール、一度に一人の人が話すようにすること、すべての参加者に敬意を示すようにすること、というものである。それを全員が理解したことを確かめた後に、調停人は実際の調停セッションを始めた。バーバラは少年たちに話し始めてほしいと思って黙っていると、ドイルが自発的に口火を切った。

子どもたちがそれぞれの視点で、その日に何が起こり、そのとき何を感じていたのか、そして考える時間が与えられた後の現在、どのように感じているかを一人ずつ話した。バーバラは、自分とその家族に与えられた打撃について話すための自分の順番が回ってくるまで、彼らに質問をするだけだった。彼女の質問は、子どもたちにしゃべらせ、「まわりくどくなる余地」を与えずに、問題の核心に達することができるようなやり方だった。

バーバラは彼らに尋ねた。「その夜、その建設現場に行こうと言ったのは、誰のアイデアなの」。三人の少年は神経質に互いに目を見合わせ、アンバーが甲高い声で、「えーっと、ドイルのアイデアでした」と言った。「へぇ、ドイルなの」とバーバラは言った。「あなたは他の子よりも年上のように見えるけど、みんないくつなの」。子どもたちはそれぞれに年齢を答え、またバーバラは続けた。「まあ、みんな年が違うのね。じゃあ、あなたは年下の子と一緒にいつも何をしているの。ドイル、なぜあなたは同じ年の子たちと遊ばないの」。この質問はドイルとその父から、家での彼らの生活を話させるよう促すことになった。前の年、ドイルの母親は別の男と一緒に街を出てしまった、ドイルを見捨てて。おそらく彼は、その傷と痛みを隠すために、学校で周囲の人にその苛立ちをぶちまけていたのだろう。それゆえに、そのときから、友達はほとんどいなくなってしまった。ドイルはそのことを話しながら下を向いて手を見つめていた。彼にとってそのことを話すことは難しかった。

バーバラはドイルが苦しんでいるのを見て、ありありと動揺した様子を見せた。「ある意味では、親を失ったも同然であるということなのね」。ドイルはうなずいた。長い沈黙の時間が流れた。「誰でもいいから話してみてちょうだい。私がわからないのは、あなたたちはなぜ、捕まることを恐れなかったかということなの。どう？」。ノアが割って入った。「あのおじいさん、持ち主が、えっと、その前に彼を見たことがあって、そうだよね？

で、あの人はのろまだったから、もし、壊している音を聞かれたとしても、逃げられるって思っていたんだ」。「いいわ、その『おじいさん』っていう人のことを私に話させてもらえるかしら」。彼女は静かに始めた。「その人は、私の愛する父のネッドなんだけど、あそこにあった、あなたたちが考えもなく壊してしまった『おかしな機械』は、私が大学に行ったりするためのお金を稼いでいてくれたものなの。あなたたちがのろまといった人は、今は病院で死ぬかもしれない病気と闘って……」彼女は泣き始めた。「ごめんなさいね、泣いてはいけないわね……えっと、私の父は四年前からガンを患っていて、今にも命がなくなりそうなの……それはあ、あ、あ、あ、い、い、い、いせいではないわ。彼は今日の午後に入院したんだけど、もう出られるとは思えないから、とりわけ今日は悲しい気分なの。それがここに来るのが遅れてしまった理由。私は家族や父親と一緒に病院にいたの。私は遅刻してあなたたちの気を悪くさせるつもりじゃなかったのよ。そう、彼は元々のろまなんじゃなくて、三年前には私よりも早く走ることができたから、彼が遅かったのはただ、調子の本当によくない病人だったからなんだということをあなたたちにわかってもらいたいだけなの。そして、彼が病気だったという事実は、彼を愛する私たちにとっても、本当に、本当につらいことだった。それはわかってもらえるかしら？」

アンバーとリッキーは泣いていたし、ノアは頭を抱え込み、ドイルは顔を赤らめ、赤い目をしていた。全員が彼女の言葉にうなずいた。アンバーはテーブルの上にあるティッシュを取り、バーバラのほうにそっと動かした。「お父さんに申し訳ないことをしました」とアンバーはすすり泣きをしながら言った。「ありがとう」と、バーバラはティッシュボックスが手元に来たときに言った。保護者たちはティッシュを後ろにも回し、ドイルの父親もそれを使った。

バーバラは競売のこと、機材の修理に関する問題、家族から彼女が話すように頼まれてきたことに加えて、調停人と話し合ったその他の事柄について話し続けた。話が終わりに近づいたころ、ドイルが手を挙げ、みんなを驚かせた。「ただ、自分がしてしまったことに関して謝りたいだけなんだ」と、彼は言った。「僕はもう、こんな馬鹿なことは二度としないよ」。たちまち、他の人たちからも「ごめんなさい」という言葉が次々に出た。そして、保護者もまた謝罪を申し出て、自責の念と、自分たちの子どもがこのようなことに関わったことにショックを感じていることを話した。「みなさんありがとう」とバーバラは涙を拭きながら言った。「これは私たち家族にとって、本当に意味あることになるでしょう」。

話は、損害をどう償うかということに変わっていった。バーバラは、彼女の家族が最も望んでいることは、子どもたちがもう二度と同じようなことに加担しないでいてくれて、他の子にそれを話し、同じような行動をとらないように思いとどまらせることだ、と話した。四人の子どもたちはすぐに承諾した。彼女はまた、彼女の家族は、保険でカバーできなかった免責分の費用を出してもらうことを望んでいること、そして彼女は子どもたちに、それを自分たち自身で働いて返すことを望んでいることを付け加えた。最後に、話しながらまた涙を流しつつ、彼女の家族は、それぞれの子どもにがん協会で奉仕活動をし、そこで得たお金を自分で決めた額だけ、彼女の父のためにがん協会に寄付してくれることを望んでいることを伝えた。子どもたちはみな、それを非常に正当だと感じ、そのやり方で援助することを承諾した。保護者もまた感謝し、その合意をやり通すことができるよう、子どもたちを積極的に援助すると述べた。調停人がセッションを終了させたとき、ほとんどの保護者と少年が、バーバラのところに来て抱き合い、励ましの言葉を述べた。

フォローアップ・セッション

調停人は、話し合いが終わった直後にそれぞれの参加者から報告を受けることはできなかったが、二日以内に別の場所でそれを行った。子どもたちは、自分たちが被害者に対して申し訳ない気持ちを持っていることや、自分たちがしたことに罪の意識を感じていると述べたが、バーバラの気持ちを少しでも良くするために、何かできることがあることを喜んでいた。保護者は、自分たちの子どもが裁判にかけられる代わりにこのような機会をもらえたことを感謝し、約束を「忠実に守っていくだろう」と確信していた。

バーバラは調停人に、話し合いの後、気分が楽になったと述べた。彼女は、「すごく辛かったけれど、自分の家族のためにこういうことができて、本当にうれしい。たぶんこの件に関わった人たちみんなに、いくらかの心の平穏をもたらす役に立てたと思うわ。そのことがうれしい」と述べた。そしてこうも付け加えた。「これをどう説明すればよいのかわからないけれど、つま先で歩いているときみたいに、足取りが軽くなった感じがするわ」。

金銭的賠償はすべて遂行された。四人のうち二人は地域奉仕活動を完遂したが、がん協会が一年にわたってやっていた戸別キャンペーンがちょうど終了してしまっていて、ボランティアをほとんど必要としていなかったこともあって、残りの二人は奉仕活動を完遂することはできずに終わった。

事例研究を振り返って

ここでみてきた事例は、数多くある人間的な被害者加害者調停のやり方の典型例である。参加者の自発性、被害者と加害者双方への丁寧な導入の準備、調停人が控えめな役割でいること、賠償と改善更生の相互作用、そして、被害者と加害者の相互作用を、役割と対立に基づいたものから人間性の共有に基づいたものに変換すること、これらはすべて、さまざまなやり方の被害者加害者調停を行うなかで共通する特徴である。

文　脈

これらの共通特徴が介入としての被害者加害者調停のパワーであるにもかかわらず、細かい点においては、ある意味でそれが違いにもなる。事例1では、被害者も加害者も、多くの住民が生活と苦闘し、権利を奪われたように感じ、しばしば互いに仲が悪いといった労働者階級の小さな地域社会に住んでいた。しかしボブとアンが、彼らが失ってしまった娘をジムが知っていたということを調停中に知ったとき、参加者たちの相対的な孤立と隔絶の経験が粉砕された。このようなレベルで被害者と加害者が特別な関係を持つことはかなり稀であるが、それは、しばしば被害者加害者調停過程の基盤となる、共通の人間性というものを強調している。

事例2においては、加害者のこれまでの人生の話が、説得的な要素を生み出した。自動車盗は生命を脅かす犯罪ではないが、ジョシュは十六歳で親族からそれを学び、そして十代でのギャングとのつながりによって補強されるという形で、そのパターンがすでに体にしみついていた。このパターンが死に至る可能性があるということは、彼の親友の死を通してくっきりと劇的に明らかになった。そして彼は、別の生き方をすることを切望するようになった。被害者が、彼の要請に応じて彼に会うことを選んだのには、人生そのものへの最も基本的な願望から生じている人間の共通の体験として、彼の状況や傷つきやすさが心に触れたからだった。

事例3の調停人たちは、当初、ありきたりの財産被害の事例だと思っていたために、その事情を聞いてショックを受けた。調停人の一人はこのように述べている。「この仕事をしていて、驚きが絶えないのは、人びとに個性があるのと同じように、事件にも個性があるということです。どの事例も、それぞれが特徴的なダイナミクスを持っていました。犯罪が起きた人びとの生活状況（文脈）は、書類では、はっきりとはわかりません。犯罪は常に何らかの種々の影響を及ぼしますが、われわれは多くの場合、犯罪の前にあったこと、犯罪の後で起きたことを知りません。しかし、被害者にとっては、これこそが、単なる傷つき体験になるのか、あるいは外傷的・危機的体験となるかを分けるのです」。

委　託

委託する機関とその委託手順は、事例1が標準的といえる。つまり、罪を犯した成人が保護観察の条件として委託されてくるが、加害者はそれを拒否し、裁判によって賠償額と賠償計画を決めるという選択肢を選ぶこともできる。事例3の子どもたちもまた、若年であることと初犯であることを考慮して、裁判手続きから代替措置として回されてくるという、かなり典型的なものだった。

事例2は、調停が当初、犯罪者のほうから持ちかけられたという点においては、通常とは異なる。犯罪者のほうから要請されて行った調停は、被害者が再被害に遭う可能性を避けるために、特別な注意を払う必要が出てくる。この特別な事例においては、被害者が完全に任意で、自発的に参加したことによって成り立っている。事実、三人の被害者のうち一人は参加しないことに決め、それをプログラムのスタッフも支持した。

参加者の選択と理由

これら三つの事例は、参加者が調停に来ることを選んだ理由という意味で、かなり典型的なものといえる。被害者にとっては、賠償してもらいたい、加害者に犯罪の衝撃を教えたい、加害者に説明をさせたい、そして将来の犯行を防ぎたいといったことが、しばしば参加の理由となる。加害者の改善更生への投資の意味合いは、事例2で最もよく現れている。それはトムにとっては参加に同意した主な理由であったし、最初は賠償を求めていたタミーも、ジョシュの話を聞き始めるとすぐに、それが関心の的になった。

事例3のように、賠償と改善更生が分かちがたい場合もある。保険は、建設機械の損壊に関する経済的損失のほとんどをカバーしてくれたはずである。しかし、会社の持ち主とその娘は、非行少年たちが自分のやったことに責任を持ち、犯行の衝撃を感じ、理解することが重要であると感じた。娘が、父の入院というより切迫した家族の危機であるにもかかわらず、時間を取って少年たちに会い、償いに参加するよう要請したことは、少年たちの生活を変えることに被害者の家族が重きを置いたことを証明している。

調停人の役割

三つの調停セッションすべてにおいて、調停人の役割は、最初の導入と説明、基本ルールの説明を行った後は、控えめなものであった。しかし事例1では、調停人は過程の三つの時点で、より積極的に発言した。彼らは、ボブの怒りの爆発が加害者の防衛を引き出したとき、すぐに反応した。ジムに留まることを要求するのではなく、調停人はボブの肯定的な意図を解説し、ジムにもう少しそれを聞くようにさせたのだった。この介入は直接的にはジムに向けられていたが、間接的にはボブに口にした意図を思い出させ、怒りの表出を調整させることにもなった。セッションの半ばには、何が起こり、それぞれがどう感じたかを話すことから賠償の要求を話し合うことに移る、はっきりとした転換点が必要であった。そのときには、調停人はさまざまな選択肢を示し、うまく機能する合意を当事者たちが作り出すのを助けるために、より積極的になる必要があった。

成　果

賠償計画の合意とその完遂という点において、実質的成果が上がることが普通である。三つの事例のうち二つで賠償の合意が得られ、両方とも完遂された。既述のように、事例3の地域奉仕活動という合意は、一部しか行われなかった。

しばしばそうであるように、「過程そのもの」が被害者加害者調停の成果であることが典型的であるが、それは決して決まりきったものではない。個々のテーマの多様性と人間のつながりの可能性は、ほとんど無限であるように思われる。事例1と事例2において、当初被害者が加害者に抱いていた怒りと敵意は、後には互いの人間的理解に代わり、「事を正す」ための特定のプランになった。この転換は、調停人による（最低限の）情報と助言にはほとんど関係がない。むしろ、この和解の過程は、調停人により提供される安全構造とはるかに関係している。その安全な構造が、参加者たちに互いに直接関わることを可能にさせ、人間の絆を表に出させる余地を提供する。

事例1で、ボブは何回か加害者に会った後の会話で以下のように述べた。「公平な感じを持ったのはこれが初めてだよ。裁判所は、前はいつも俺を無視したんだ。やつらは俺の関心には気にも留めてなかった。それに、ジムも結局はそんなに悪い子じゃなかった。そうだろう？」。ジムも調停の後では気分が良くなり、侵入盗がボブとアンに与えた衝撃に気づいたと言った。

これら三つの事例では、人間的対話志向の原則が三つの異なる方法で行われ、実際の解決という点で幾分異なる結果を得ている。しかし、三つの調停はすべて、参加した被害者と加害者の両方に高い満足を与えた。

第6章

被害者加害者調停プログラムに関する全米調査

第I部のこれまでの章では、人間的な被害者加害者調停の一般的な原理を紹介し、また、被害者に敏感なやり方で具体的にどのように調停をしていくかについて詳細に述べてきた。本章では、そのような調停が生じてきた背景についての考察を述べる。その際、アメリカの地域社会で発展している被害者加害者調停プログラムの数や特徴を知るために行われた広範な全米調査の結果を紹介する。アメリカで行われている現存のサービス、そのあり方、多様なプログラムと解決法についての情報は、第7章においてプログラムを作る際の問題を検討するための経験的な基礎を提供するであろう。

この調査は、アメリカ司法省の犯罪被害者救援機構（The Office for Victims of Crime：OVC）の許可を得て、ミネソタ大学社会福祉学部の修復的司法および和平センター（Center for Restorative Justice & Peacemaking）によって一九九六年に始められた。犯罪被害者救援機構は、被害者加害者調停が発展し、被害者に対してより敏感に対応できる手続きや方針によって、より広範囲の被害者にサービスを提供できる可能性があることに、次第に関心を持つようになってきている。

方　法

この調査を行うための方法論には、現存し、あるいは将来実現する可能性のあるプログラムについて、国際被害者加害者調停協会（International Victim Offender Mediation Association）、メノナイト中央委員会（Mennonite Central Committee）、全米地域調停協会（National Association for Community Mediation）などの組織から、どうやって確かなリストを手に入れるかという課題があった。いわゆる「雪だるま式標本抽出法」においては、現存するプログラムのスタッフやその他の関係者に対し、それぞれの分野において、これまでどんな組織的なリストにも挙がっていそうにない、新しいプログラムを知っているかという質問がなされた。その結果、全部で二百八十九もの被害者加害者調停プログラムが確認された。これらのなかには、長年実施され、すでに十分に確立された大きなプログラムから、まだ最初のケースを受けていないと思われるまったく新しいプログラムまで揃っていた。この調査によって確認された二百八十九のプログラムのうち、三十五のプログラムは、聞き取り調査をするほどの経験を有していなかった。アメリカの百十六のプログラムについて、広範な電話調査が実施された。

以下ではまず、特定の変数に焦点を当てて、調査の量的結果を紹介することから始める。次に、オープンエンドの質問や自由回答から発展させられたいくつかのテーマについて論ずることとする。

機関の種類

調査に加わったプログラムの大多数は、公的機関によるものではなかった。最も大きな割合を占めたプログラ

表 6-1　被害者加害者調停プログラムのスポンサー機関の種類

機関の種類	プログラム数	全プログラムのなかで占める割合(%)
民間の地域社会基盤	49	43
教会基盤	26	23
保護観察所	18	16
矯正施設	9	8
検察局	5	4
被害者サービス機関	4	3
警　察	2	2
全寮制の施設	2	2
その他	1	0
合　計	116	100*

＊合計が 100% になっていないのは，四捨五入したことによる。

ム（四三%）は、地域社会を基盤とする民間組織によるものだった。二番目に大きな割合を占めたプログラム（二三%）は、教会を基盤とするプログラムだった。表6-1が示しているように、被害者加害者調停プログラムは現在、保護観察所、被害者サービス機関、検察局、矯正施設において開発されつつある。

プログラムの第一の財源は、州政府か地方自治体であることが最も多かった。財団は、三番目に多い財源である。教会、個人の寄付金、連邦政府が二番目に多い財源である。

電話調査に加わった百十六のプログラムにおける平均運営費は、五万五千七十七ドル（約六百万円）であり、一ドル（完全なボランティア）から四十一万三千六百七十一ドル（約四千五百万円）までの幅があった。プログラムにおける平均のスタッフ数は常勤換算で二・三人であり、一人から十三人までの幅があった。プログラムにおけるボランティアの人数は、平均三十七人だった。

ケース受託

被害者加害者調停プログラムに照会された実際のケース数に

は、大きな開きがある。照会された少年ケースの一年間の平均数は百三十六件であり、一件から九百件までの開きがあった。受託された成人ケースの一年間の平均数は七十四件で、一件から千六百七十二件までの開きがあった。調査した被害者加害者調停プログラムに照会されたケース総数のうち、約三分の二が軽犯罪で、約三分の一が重罪だった。主たる受託元は、保護観察所、刑務所および検察であった。

調査したプログラム全体の八一％を占める九十四のプログラムは、少年加害者とその被害者を対象とするプログラムだった。調査したプログラム全体の四九％を占める五十七のプログラムは、成人を対象とするプログラムだった。これらの数字は互いに排斥するものではない。というのも、多くのプログラムは、少年にも成人にもどちらにも機能するプログラムだからである。回答のあった百三のプログラムのうち、四十六のプログラム（四五％）は、少年加害者およびその被害者のみを対象とし、九のプログラム（九％）は、成人加害者およびその被害者のみを対象とし、四十八のプログラム（四六％）は、両方を対象としていた。

被害者加害者調停プログラムに照会された犯罪のうち、共通して最も多い犯罪三つとしては、頻度の多い順に、器物損壊、暴行、窃盗だった。これらに続いて多いのが、強盗だった。これら四つの犯罪は、被害者加害者調停に照会された犯罪のうちの大多数を占めているが、その他に、窃盗・強盗以外の財産犯や、いくつかのかなりひどい暴力犯罪の存在が、少数だが確認されている。

よりひどい暴力があったケースについて、これまでに調停セッションをしたことがあるかという質問をしたところ、驚くほど多数の回答者から、殺傷能力のある凶器を用いての激しい暴行、身体を傷つける激しい暴行、性暴力、ドメスティック・バイオレンス、過失致死、殺人未遂、殺人といったケースについても時には扱っている、との回答を得た。

調査の対象となった被害者加害者調停プログラムに一年間で照会されたケースのうち、一つのプログラムに対し平均百六ケース、あるいは照会された全ケースのうちの約半数は、実際の調停セッションに参加しており、一つのプログラムに対する調停セッション数については、一ケースから七百七十一ケースまでのばらつきがあった。調停がなされたこれらのケースのうち、一つのプログラムにつき平均九十二ケースが合意書を作成するに至っており（八七％）、一つのプログラムにつき合意書を作成するに至ったケース数については、一ケースから七百二十ケースまでのばらつきがあった。これらの合意書のうち、九九％は円満解決として作成された。

調査されたすべてのプログラムで、被害者が調停プログラムに参加するかどうかは、完全に自由な意思に基づくものであることが説明されており、また、ほとんどのプログラムには、被害者はいつでも調停プログラムから離脱できることが説明されていた。しかし、調停に参加する加害者については、すべてのプログラムにおいて、完全に自由な意思に基づくものであるというわけではなかった。七九％のプログラムにおいては、加害者は被害者との調停手続きに、完全に自由な意思に基づいて参加していた。残り二一％においては、被害者が希望しているときには、加害者は被害者と会わなければならなかった。

調査されたプログラムの六五％は、被害者加害者調停プログラムに参加する可能性のあるその犯罪において、加害者が調停に参加する必要条件として、加害者に対し、自分の罪を認めることを要請していた。

調停過程

アメリカにおける二十年間の被害者加害者調停の発展を通じて、かなり力点が置かれてきたのは、調停に向けて当事者間を調整することだった。これについては前の章で述べたように、調停人が、被害者と加害者とを同席させてミーティングするのに先立って、被害者加害者とそれぞれ別々に会うこともたいてい含んでいる。調査されたほとんどすべて（九九％）のプログラムにおいて、加害者被害者の双方に対し、調停セッションに先立って、電話によるコンタクトが取られていた。それは、調停人によるものがプログラムの五一％、四九％はプログラム・スタッフによってなされていた。加害者と被害者とを同席させて調停セッションを行う前に、被害者加害者にそれぞれ別々に会うことは、七八％のプログラムにおいて実施されていた。このような準備的なミーティングの八〇％は調停人によってなされ、二〇％は採用された受理スタッフによってなされていた。

裁判手続きにおいて被害者加害者調停セッションが行われるときに、最もよくある目的としては、正式に有罪と判定されるのに先立ってなされる代替措置としてであると判明した（三四％）。裁判所の裁定後ではあるが最終的な処分の決まる前段階、あるいは最終的な処分としてなされる調停後は、調査したプログラムのうちの二八％となることが判明した。一〇％のプログラムにおいては、調停はさまざまな目的で行われているとされており、もっと少数のプログラムにおいては、裁判に組み込まれるのに先立って行われている。

最も多く調停がなされる場所は、プログラム・オフィス、たとえば公民館、図書館の会議室、礼拝堂であった。調査されたプログラムの九四％においては、被害者と加害者は調停セッションの間、向かい合って座っており、直接アイ・コンタクトをとることができる状態だった。

調停人の専門的な役割として最も重要な三点としては、順に、被害者加害者間の対話を助長・促進すること、関係当事者に心地良さと安全感を与えること、被害者の回復のためのプランとして関係当事者が互いに受け入れやすいプランを話し合うように支援すること、とされている。調停人としての重要な役割としては、他にも多数判明している。これらは、表6-2に示されている。

複数の調停人による調停（共同調停）は、被害者加害者調停の分野では広く使われている。調査に参加した人たちは、複数で調停することは多くの利益があると認めていた。ここでいう多くの利益には、地域のボランティアを巻き込んでいくうえでよりすばらしい機会となること、質の維持、ある特別のケースにおける特異な多様性のある問題に対する対応、ケースの進行と報告、安全面、共同作業、を含んでいる。プログラムの九三％においては、日常的に、あるいは適宜に、共同調停の手法を使っている。

表 6-2　最も重要な調停人の仕事

調停人の仕事	回答数	全回答に占める割合（%）
・被害者・加害者間の対話の促進	90	28
・関係当事者に心地良さと安全感を与える	75	24
・被害者回復プランを関係当事者間で話し合いをするのを支援する	39	12
・両当事者の話を熱心に聴く	36	11
・両当事者が，互いに直接話せるように徐々に導いていく	20	6
・関係当事者に，合意書を作成するよう（そういう気持ちになるよう）に誘導する	19	6
・関係当事者の主張を，わかりやすくまとめる	14	4
・指導力を示す	12	4
・関係当事者からのコメントをわかりやすい言葉に換えて説明する	6	2
・その他	9	3
合　計	320*	100

＊116のプログラムの指導者を対象に，複数回答可としてインタビューしたものに基づいている。

調停人による最初の短い説明の後は、典型的な被害者加害者調停セッションにおいては、関係当事者が自分たちの話を始める。つまり、何が起き、それによって自分たちの生活にどんな影響を受けたかについて、詳細に話し始める。調査されたプログラムの多数（五三％）は、調停における語りの局面で、どちらの当事者が話を始めるかどうかについては、調停人が決めていた。他方、残りのプログラムにおいては、プログラム・スタッフか、被害者か、あるいは被害者と加害者のそれぞれが、どちらから話を始めるかを決めていた。過半数のプログラムにおいて（五三％）、被害者のほうが先に話を始めていた。加害者のほうが先に話をしていたのは、プログラムの三分の一の割合だった。プログラムの一四％は、ケースごとの特徴に応じてさまざまだった。

少年について被害者加害者調停プログラ

ムを行うときに、そのごく少数において（八％）は、調停セッションの間、両親を一切同席させていない。調査したプログラムの多くは（五二％）、常に両親を同席させており、その他の二七％は、時々に応じて両親を同席させたりさせなかったりしている。

調停人の研修

被害者加害者調停プログラムにおいては、地域社会のボランティアに対し、調停人となるための研修を頻繁に行っている。スタッフやボランティアの調停人になるための研修に要する平均時間は、三十一時間であり、調査したプログラムのなかには、八十九時間にも及ぶ研修をしているものもあった。研修のなかで、調停手続きのロールプレイに費やされた平均時間数は、十一時間である。教室での研修に加え、研修受講者は基礎研修の仕上げとして、研修期間中に経験豊かな調停人と一緒に、実際のケースに参加することが義務づけられているが、その平均ケース数は四ケースだった。

被害者加害者調停の調停人（の資格として）は、研修のために法定された時間数を完了したことの正式な証明を義務づけられるべきか、という質問に対し、回答の多くは（六一％）は、義務づけられるべきではないと回答した。義務づけられるべきだと回答した三九％において、（法定されるべき）研修の平均時間数は三十五時間だった。にもかかわらず、ひどい暴力ケースに対して被害者加害者調停手続きを適用していくためには、上級研修が義務づけられるべきであるかどうかという質問に対しては、すべての回答者がそのような研修は必要であると回答している。研修のなかで最も高い頻度で確認された要素としては、調停能力（仲介・調整能力）、コミュニケーション能力、被害者加害者調停の概念と手続き、対立している争点を理解すること、被害者および加害者に事前準備として調停に必要な能力をつけさせること、調停の危険性と利益、修復的司法の概念や原理だった。

プログラム・スタッフとのインタビューから明らかになったテーマ

スタッフとのインタビューを通じて、多数の重要な議題が明らかになった（いくつかは、プログラムの発展的な問題と関連させて、第7章で再度取り上げる）。

プログラムの背景が与える大きな影響

被害者加害者調停プログラムにおける進行、実践、プログラムの構想、実現可能性は、すべて地域社会の情況に大いに影響を受ける。一般大衆における一般的な態度・姿勢、被害者サービス提供者の感受性、少年や刑事の裁判システムの人員は、資金調達、調停へのアクセス、調停人に従事するボランティアの活用度に影響を与える。インタビューの回答者の多くが、地域の応報的で「保守的な」態度に触れ、それが被害者加害者プログラムの発展や有効活用に悪影響を及ぼしているとコメントしていた。回答者は、好意的でない判事、弁護士、被害者支援者と一緒に働くことの難しさや、繊細で情熱のある調停人の中核となる人を育てることの難しさを嘆いている。

回答者は、政府からの支援なしには、効果的なプログラムを発展させていくことは難しいということを、特に挙げている。裁判所の人員が、修復司法的な裁判原理や被害者加害者プログラムの手続きを理解していないときには、特定の成果に向けて、あるいはただ単に「さっさと修復する」ことに向けて、強制する傾向に陥りやすい。「大きく心構えを変える必要がある！」とコメントする者もいた。ボランティアの調停人の熱意が不十分であれば、プログラムから調停研修が省略されたり、時間を要する個人の心の準備段階を省略することで、手順が簡略されることすらなされる可能性がある。そして、主催者は、プログラムの開始を認めるかどうかを決めるためにケースを選別するとき、犯罪の重大なものを制限することも考えられる。

プログラムのなかには、住民の移動が激しいために困難に遭遇することもある。被害者や加害者と同様に、ボランティアの調停人も絶えず変動しており、そのことによって、各種サービスを提供していくという面や、質や継続性を維持していくという面で、プログラムの能力を制限することになる。地方で実施されるプログラムからは、地域社会との接近度によって、調停セッションのゴールが決まることがありうることに気づく。いつも「全員が全員に出会う」地域では、秘密性の問題は特に重要であり、課題となる。「悪事は一生続く」と言われるような地域では、参加者は和解せざるを得なくなる。

活用できる資金やケース数に応じて、また地域社会のニーズが変化するにつれて、プログラムの多くは、たとえば被害者加害者手続き等については、変化しつつあるニーズに適合する形で新しい利用法を作り上げていく。主として万引きのケースを扱うプログラムもあれば、家出少年とその両親のための調停を主に行うプログラムもあり、また処遇後に家へ帰る少年のための調停を専門的に行うプログラムもある。

プログラムとスタッフの孤立

被害者加害者調停プログラムは、他のプログラムから比較的分離されて実施されることがしばしばあり、調停人は、他の調停人やスタッフと最低限の接触しかないということが起きる。多くの回答者はこの孤立への懸念を表明していた。プログラム・ディレクターの多くは、他のプログラムはどんなことをしているかわからないし、その分野において重要な問題について議論したり、プログラムの発展、手続き、あるいは最善の実践のための戦略について議論するような同僚はいない、ということに着目していた。回答者は、この孤立は、あるケースでは地理的な距離、あるいは資源不足、特にスタッフの時間不足によるものであるとした。ある回答者にとっては、今回の調査インタビューは、自分たちのプログラムや業績や被害者加害者調停の分野において利害のある問題について、深く議論する最初の機会を提供することを意味していた。

この孤立は、調停人がケースを比較的独立して取り扱っているなかで繰り返されてきた。「私は、調停の前に話し合える人がいたらなあと思う」と、自分自身もケースを調停しているあるプログラム・ディレクターが嘆いていた。ずば抜けて素晴らしい――かなり稀な――プログラムにおいては、調停の前に調停人に対し、スタッフと共にブレーンストーミングしたり（各自が思いつくままにアイディアを出し合って最善策を決定すること）、教えたりして準備しており、かつ、全ケースについて、事後にスタッフにデブリーフ（報告することによって整理すること）を求めている。すべてのボランティア調停人のために、四半期ごとのケースの復習セッションをしているプログラムもあるが、調停人が求めたときだけ非公式のデブリーフを提供しているプログラムがほとんどである。

より暴力的な犯罪における調停

被害者加害者調停プログラムは、より深刻で複雑な犯罪を調停することを求められつつある。多くのプログラムから、より「高度な犯罪」を対象とする傾向が読み取れる。裁判所は、より深刻でより複雑なケースを、被害者加害者調停プログラムに委託するようになってきている。重大な有罪判決の前歴がある加害者が、より重大な暴力を行ったケースもある。関係当事者がこれまでより多いケースや、被害者と加害者の立場が少々曖昧なケース、たとえば当事者の幾人かは、加害行為に加担すると同時に被害者でもあるなどのケースもある。

プログラム・ディレクターは、どの段階にまでくれば、現在の手続きや調停人研修では、このような深刻なケースへのニーズに応えるためには不十分であるとの判断ができるのかを知りたいと考えている。さらに、もしプログラム・ディレクターがこれらのケースに調停を活用することに異議を唱えたとしたら、被害者加害者調停プログラムへの委託が減り、財源の基盤を揺るがすことになるのかということも、彼らは知りたがっている。

準備段階手続きに関する問い

あるプログラムにとっては、被害者加害者調停手続きの準備段階、つまり、たいていのプログラムにおける基本的要素が、ずっと問題になり続ける。個人に対する準備が、被害者加害者調停手続きを効果的にするための中核にあると認識しているプログラム・ディレクターは、効果的な調停セッションの基礎を準備するために、すべての関係当事者と十分に質の高い時間を過ごす重要性について言及している。多くの調査参加者によれば、熱意を持って本気で「ケースを機能的に動かす」ことは、必要不可欠なことである。インタビューを受けた者のなかには、当事者が調停の手続きを取らないとしても、事前の調停セッションそれ自体が高度に価値のあるサービスであり、調停に匹敵すると述べる者もいる。

プログラム・ディレクターのなかには、財産犯、特に比較的軽微な財産犯の被害者については、トラウマを抱えていることはほとんどないから、事前の調停は必要ないように思われると述べる者もいる。しかし、ディレクターのなかにはそれに賛成せず、財産犯によって私的領域を犯されたと感じる人は多いと言及する者もいる。

被害者加害者調停とより一般的な調停との違いは、地域社会の調停プログラムのなかに新しく被害者加害者のプログラムを加えるべきであると主張する、数名の回答者がいることによって明らかである。彼らは調停人の中立性についての懸念として、調停セッションのための関係当事者の事前準備は、調停の利益を述べ、関係当事者の心配を和らげるときに、中立性という一線を超えかねないと述べている。ディレクターのなかには、調停人による準備はどういう形式になろうとも、調停人が中立であるという資質を脅かすことになるとの意見を述べる者もいる。

事前の調停が行われないいくつかのプログラムにおいては、プログラム・ディレクターは、被害感情の激しさと、その結果として調停人がより攻撃的、積極的に介入するスタイルをとることが必然となることへの懸念を述べていた。対面しての事前準備を行わないと、被害者が調停セッションで不安定になり、調停人が裁定者あるいは仲裁人の役割をとらざるを得なくなることを心配するプログラム・ディレクターもいた。

調停の大きな肯定的影響についての見解

被害者加害者調停プログラムのスタッフは、調停が、参加者や地域社会に対して大きな肯定的影響を及ぼすということを述べている。調停に対する情熱や意気込みは、プログラム・ディレクターの圧倒的多数の間では明らかである。被害者加害者調停の実践や運営により多く関われば関わるほど、より多くのプログラム・スタッフがそう信じるようになる。プログラム・ディレクターは、評価尺度や非公式のコメントから情報を集め、参加者が高水準で満足していると報告している。回答者は、加えて、地域社会も同様に利益を得ているとしている。というのも、調停は、地域社会の孤立や分断を減らす機能をしているからである。

以下に、何人かのプログラム・ディレクターから寄せられたコメントを例に挙げる。

> 調停セッションに入ってきたときには、彼らは、互いに信頼せず、大切さを理解せず、何の共通項も持っていない。それから一時間半が経過した後には、彼らは、自分たちが共有しているものを理解して部屋から立ち去る……それは、彼らに起きた何かのためにある種の魂の清浄——彼らの魂を、不信感、無理解、非共通性から解き放すのである。それは、まさに彼らにとって意外な新発見である。彼らは、自分たちの日常生活からいったん離れ、またそこに戻って暮らしていく……謝罪できることはとても素晴らしいことである。
>
> 保護観察が終了する際に、保護観察官は犯罪者たちに、再犯をしないで済むのに最も役立つことは何だろうかと尋ねる。調停を経験してきた犯罪者たちは、「調停は最もしんどいことだったが、自分は今はそれを

やり遂げた――調停によって，自分は被害者について考えさせられた」と述べることはよくある。

参加者たちとちょっと連絡をとるだけでも，彼らが「毎日の生活」とは異なった経験をしているということがわかる……話を聞かれるという体験によって見知らぬ人に支援されるという機会は，これまでの生活においてはどこにもなかった。彼らが調停を終えると，「本当によかった――すべての人にこのような経験が与えられるとよいのに」と言う。

もし，十分にこのプロセスをたどったなら，私たちにはわからなくても，人は変わるだろう……私たちはダメージをなくして元に戻したり，痛みを取り除くことはできないが，私たちは，彼らが将来の見通しを持ったり，そこから少し離れたり，あるいはそれを使うことを助けることができ，そして前進することで，彼らは自分自身を被害者としてだけ位置づける必要がなくなる。

プログラム・スタッフの個人的な献身は，特筆すべきことである。プログラムの多くは，事実上少額な資金で運営されている――ディレクター個人の年金だけ，という例すらある。調停人やプログラム・スタッフの情熱や献身は，多くの司法制度において修復的司法についての関心を増やすのに貢献していることは疑いない。たとえば回答者は，被害者加害者調停は，実際に多くの州において刑法のなかの一つの手法として認められつつあると述べている。

さまざまな実践を越えた目標の類似性

被害者加害者調停プログラムは，地域が異なれば実践も異なるかもしれないが，受け入れられ，達成された目標は比較的類似しており、概して解決というよりは、（いろいろな意味での）変容として表現される。たとえば、あるプログラムは、被害者加害者双方がそれぞれのニーズを互いに話せる手続きにする目的で、非行少年の親を調停セッションに参加するよう働きかけ、自分の子どもに役立つサポートをさせるが、それは、セッション後に合意に従った履行をするよう子どもを励ます役割を含む。他のあるプログラムでは、当事者双方にとって意味のある対話をすることの重要性を同様に目的とするが、少年の親がでしゃばって少年をコントロールして、少年の対話の経験を損なうおそれがあることから、親はプログラムに参加しないよう働きかける。また、あるプログラムでは、直接対話するという個人的で私的な面で高い質を維持したいという目的から、調停セッションへの参加者数を限定しようとするが、他のプログラムでは、被害者に対しより広範な精神面での支援をし、加害者に対し責任感を持ち続けさせることは、調停セッションをより意義深いものにし、また、フォローアップの局面での効果を強化することにつながるという目的から、参加者を増やそうとする。

調停セッションにおいて最初に誰が話すかということも、手法は異なるが目標の類似性が存在する。あるプログラムでは、被害者が最初に話し始めるよう勧められる必要があるとするが、それは、被害者は、自分の話を、加害者により申し出されたどんな悔恨や謝罪によっても減じられることなく、十分に聞いてもらえる権利を持つべきだからである。また、別のプログラムでは、加害者のほうから最初に話をするよう勧めるべきだとされているが、それは、被害者が最初に話すことによって、不快感や危険性を感じることのないようにするためである。さらに他のプログラムでは、両当事者に聞いて決めるが、それは両当事者に平等の機会を保障するためである。インタビューでのある回答者は、加害者が自発的に話し始め、被害者の批判によって引き出されたのではない悔恨の言葉を述べることによって、被害者は心を動かされるということがよくある、とコメントした。

似たようなことは座る位置についても存在する。あるプログラムでは長方形のテーブルを用い、他のプログラムでは丸いテーブルを用い、さらに他のプログラムではテーブルをまったく使わない。あるインタビューの回答者は、丸いテーブルは権力的な視点あるいは「テーブルの上座」という位置を消し去る、とコメントした。回答者が一致して賛同していたことは、両当事者が安心感を高め、互いに直接対話できる方法で座り、いつでも対話の準備ができていると感じられるような時空間にすべきである、ということである。

多くのプログラムにおいては、すべてのケースに適用できるルールを決めるのではなく、ケースごとを基本として詳細を決めていくことが重要であると考えているが、一方、サービスの質を標準化し、調停人の責任を単純化するために、決まった実践を確立しているプログラムもある。

しかし、実際の一連の手続きがプログラムごとにいくら多種多様であっても、その根底にある目的は比較的一致している。たとえば、被害者の反応がすべてのプログラムの実質的な関心事であることは、さまざまの実践の領域において明白である。だから、ある構造やある手続きのほうが、他よりも被害者に対してより敏感であるという議論はありうるが、すべての実践は被害者の反応に敏感であるべきこと、また、被害者の反応に敏感であるということについて最も重要な要素は、調停人の品格と態度――たとえば辛抱強く傾聴すること、感情移入すること、強制することなく、強く主張することもなく、十分な時間を許すこと――である、ということも当然のこととされるに違いない。

研修の課題についての一致点

さまざまな被害者加害者調停プログラムにおいて、ロールプレイの重要性や、研修の間討論される必要のある、調停人にとって興味深い論点といった研修の構成に関して、注目に値する一致がみられる。被害者加害者調停プログラム間には、研修は、さまざまな違った学習スタイルが許容される多様な構成によって、相互影響的で参加型で体験的なものであるときに最も効果的であるということは、比較的意見の一致をみている。したがって、研修には一般的に、ビデオ、読本、短い講話、討論、具体的なケースの話、演習、スキル練習や、さまざまなスキルや手続きのモデルを見ることが含まれている。多くのプログラムにおいては、研修の受講者に対し、対立の特徴や被害者と加害者の経験を理解するために、受講者自身の個人的な経験に引き寄せるよう勧める。

熟練した調停人と一緒に行う見習期間は、調停人の研修に不可欠である。このような体験的なやり方によって、研修は、各受講者の個別ニーズに合わせたものにすることができる。それによって初心者（受講者）は、熟練した調停人が実際に活動するのを傍聴し、新しく取得したスキルを試し、一対一の指導を受けることができる。

ロールプレイは、調停研修を効果的なものにするうえで重要である。多くのプログラムでは、ロールプレイを受講者のニーズに合わせて作り、重要な諸問題あるいは争点、たとえば異文化間での難題、あるいはよくある難局の根源といったものを引き出すために、ロールプレイにさまざまな工夫を加えている。熟練した調停人に被害者や加害者の役をさせたり、あるいは単にコーチをさせたり、調停人役をする受講者をビデオに撮ったり、実際の加害者や被害者を招待して適当な役を演じてもらったりすることを含め、さまざまな応用をすることによってロールプレイの効果を強めることができる。

通常調停研修に組み込まれるのは、中立を維持すること、多様性を尊重すること、多様な参加者たちと効果的に関わること、難しい人びとに対処すること、対立や激しい感情、特に怒りの感情表現とうまく付き合うことである。少年である加害者との関わり方や加害者に対する感情移入を育成することもまた、多数のプログラム・ディレクターが大事な問題であると言及している。「受講者は、加害者が法廷で自尊心を傷つけられるという体験をどうすれば心情的に理解することができるのか。私たちはみな、想像力が乏しいし、気持ちをコントロールできなくなることがこわい」と、ある回答者はコメントした。

フォローアップについて

調停セッションのフォローアップは、日々ほとんど注意を払われないことが多いが、被害者加害者調停プログラムを実質的で創造的な熟したものにするための一つの分野である。プログラム・ディレクターはよく、自分たちのフォローアップ手続きが不十分であることを嘆いている。たとえば、調停セッションの評価や被害者加害者が調停に従い合意を完全に履行するよう監視、勧告することはなされるべきである、と多くのディレクターは指摘する。回答者のなかには、いったん合意書に署名押印されると、その後は他の部署において履行の完了を監視していないことについて残念に思うと述べた。その意味で、支援者がいないために合意が遵守されないこともあるだろうし、合意が完全に履行されたときでさえ、その結果について調停事業者あるいは被害者自身には伝達されないこともあろう。

たくさんの（調停）事業において、フォローアップ段階について多様な方法が試されている。あるプログラムでは、調停終了後、調停セッションに役に立つ情報を参加者から収集するため、たとえばボランティアを使って参加者に対し個別面談を実施するなど、新しい方法を試みている。他のあるプログラムでは、調停人に対し、定例会議において、共同調停人やスタッフや他のボランティア調停人へ、調停について定期的に報告することを要請している。

被害者と連絡を取り続けることは、たくさんのプログラムにおいて標準的な特徴である。このサービスは、ほとんどはスタッフメンバーによってなされている。被害者には繰り返し電話をかけ、連絡を続けるよう勧める。受託はニーズが起こったときになされる。ときには被害者宅へ訪問がなされ、あるいは被害者支援者が、継続的な支援やさまざまなサービスや委託をする。

あるプログラムでは、合意の遵守は調停人によって監視されており、調停人は合意後、参加者全員との連絡を継続的に取り続け、合意の要件について再度話し合う必要があれば、さらなる会合を調整して設定する。

加害者の支援については、多様な方法があった。あるプログラムでは、少年加害者に対し、ときにはその親に対し、対立の解決法、怒りの調整法、生活スキルを提供している。ある調停人は、加害者の良き助言者となって、賠償金が支払えるように彼らの仕事探しを手伝ったり、仕事を教えることを申し出たりしている。ある他のプログラムは、選りすぐった加害者を調停人として訓練し、少年加害者の処遇において、対立を解決する能力を教えられるようにしたり、あるいは研修担当者として訓練し、その後、実際のケースで共同調停を行うようにしている。あるプログラムでは、少年加害者にワーカーを割り当てる。そのワーカーは、少年加害者の地域奉仕活動を監督し、彼らとの関係を進展させ、ときにはレクリエーション活動を組織化したりする。このプログラムは現在、施設内処遇後に家に戻れない少年加害者に対し、住み込み施設を建てるため発展しつつある計画である。時として被害者は、面識のある近隣の加害者とは連絡を取り続けることを選ぶだろう。被害者は自分自身を、潜在的な教育者、あるいは親や祖父母の代わりと考え、他人の人生に影響を与えることができ、その過程において被害者としての自分自身の辛い経験に何らかの意味づけをするのであろう。

挑戦すべき共通の課題

多くの被害者加害者調停プログラムにおいて、共通の課題に直面していることが報告されている。揺るぎない確実な助成金やケース受託、地域社会や刑事手続きのなかでの支援体制を築くこと、被害者の参加を促すことである。

頻繁に言われている不満は、被害者加害者調停のための資金源が全般的に不足していることである。被害者加害者調停が、その過程を通じて全般的に有益な効果が認められ、参加者に高レベルでの満足感を与えているにもかかわらず、私的・公的資金源のいずれによっても、助成金を揺るぎなく確実なものにすることは困難である。

その他の課題としては、ケース委託の定期的供給を適度に確保することが挙げられる。多くのプログラムにおいて、被害者加害者調停の希望者の委託量には、かなりの変動があることが報告されている。委託がわずかになるのは、委託元機関に新しい職員が配属されることと重なっているように思われることもある。新しい職員は、被害者加害者調停をよく知らないために、ケースを委託することを躊躇するのである。委託元に対しては、調停プログラムが役立ち効果があるということを、いつでも思い出させるような働きかけをする必要がある。

受託や助成金について声の上がった課題は、調停プログラムが外部との連携を発展させていくことに時間や労力を費やすことによって、はじめてよく機能することになるということを示している。そのような時間や労力を費やすことは、地域社会や司法制度の態度を、より修復的な手法に向けて変化させることに寄与することにもなる。

さらなる課題としては、被害者の参加がある。「どうすれば、被害者が調停に対して拒まず選択自由となるように援助することができるのか」と複数の回答者が課題として挙げた。たくさんの調停ディレクターが、被害者からの調停に対するかなりの抵抗に遭遇し、しかもそれは容易には覆せないために苦悩する、と嘆いている。被害者の怒りや被害者が時にみせる「独り善がり」に、苦痛を表明した者もいた。ある回答者は、ある高校の校長から調停への参加を断られたが、その理由が「その若造に対して、私の残りの人生をかけて怒り続けたい。私はとても怒っている」というものであったという話をし、続けて「どうやって、抵抗し、頑として動かない被害者と一緒にやっていけるのか。どうやって被害者の立場を正当なものと認めつつも、調停に対する関心をより大きくなるように援助し続けることができるのか。特に、文化として、怒り続け、加害者を咎めることが正当であるとされているときには、どうすればそんなことができるのか」と質問した。

より長期的な課題

被害者加害者調停の分野での実践者は、多様な課題に対し全力を尽くして苦闘し続けており、手続きや実践が長期的にみて適切なものであるかということについて、さまざまな問いを提起し続けている。インタビューを受けた者はたくさんの課題を述べたが、それは、被害者加害者調停の分野において成長している領域を示しているのだろう。次は、インタビューで出された、長く答えの出ていない問いについて示す。

調停人の資格認定　もし、調停人の資格認定が法的に義務づけられたときは、調停人はプロ志向となり、ボランティア精神が失われることになるだろうか。「一般大衆運動」というパラダイムから離れ、市民参加という豊富な供給源を失い、あるいは、修復的司法の目的や調停手続きの持つ効果そのものを補強している、地域社会を巻き込めなくなってしまうのではないか。調停人の資格認定は、高い質の調停人を確保することにつながるのか。この分野において、どうすれば質の水準を維持することができるのか。

調停の手続き　どうすれば、被害者と加害者のニーズの均衡をとることができるだろうか。個別面談によって各当事者について対話の準備をすることは、被害者加害者調停の潜在能力を最大限にするためには不可欠なものなのか。加害者は、著しく処罰的で恥をかかされるような被害者加害者調停手続きによって、被害者になる可能性はないか。

親や他の支援者の調停への参加　被害者と加害者の調停に、さまざまな支援者が参加することは有益だろうか。あまりに多くの支援者の参加は、二人の当事者の間の個々の話し合いがなされるはずのものが、「見られながら話す」話し合いへと変わってしまい、調停の質を損なう可能性があるのではないか。非行少年の親が、調停において担うべき、適切で有益な役割とはどのようなものか。非行少年の親に対し、そのような役割を設定すること自体、本来的に問題を含んでいるのではないか、あるいは、非行少年の親は、合意を遵守するよう支援する可能性のある人として不可欠であるといえるだろうか。

プログラムの手続き　どういう状況のときに、共同調停の方法が実践されるべきなのか。資源が限られているために違う方法を取らざるを得ない場合を除いては、共同調停の方法は、常に取られることが望ましいことなのか、それとも、原則的には多様な当事者が参加するケースにおいてふさわしいものなのか。どのようにすれば、調停の効果を危うくすることなく、調停人に安全を提供し、その他の責任についての訴訟を避けることができるだろうか。被害者加害者調停が、被害者支援団体によってあるいは保護や矯正機関によって主催されることになれば、参加者からみて、プログラムの中立性が危ぶまれることになるのではないか。被害者加害者調停は、司法手続きや矯正処遇や拘禁の代替措置として最も有用なものなのだろうか、あるいは、通常の裁判手続きを補完するものなのだろうか。

司法制度やその他のサービス提供者との関係　被害者加害者調停プログラムは、どのようにすれば、被害者サービスの提供者と、健全で対等で敵対することのない関係を確立できるだろうか。どのようにすれば、早期解決などの特定の結果を求める裁判制度からの圧力に動じることなく対応していくことができるだろうか。どのようにすれば、被害者加害者調停手続きの廉潔性を完全に維持しつつ、照会先と確立した関係を維持していくことができるだろうか。どのようにすれば、照会先に対し、被害者加害者調停が労働集約的な特質があることへの理解を促進させ、合意に達しない場合であっても重要なサービスを提供しているといったような成功した調停や成功しているプログラムを構成しているものを、自力で再構成させることができるだろうか。

ケースのスクリーニング　犯罪後、被害体験のどの時点で調停が行われるのが最も有益なのであろうか。被害者の怒りがピークに達した後で無視やあきらめの気持ちが起きる前の段階でなされる調停は、最も有効であるといえるだろうか。調停手続きを進めるには、加害者が有罪であると明確に自白していることが絶対に必要なのだろうか。被害者加害者調停は、加害者がその犯罪の一部についてのみ、あるいはその犯罪の責任の一部のみ認めているとしても、効果が期待できるものだろうか。加害者が有罪であると認めていないとしても、このような特別な状況においては、調停手続きを先に進めていくかどうかは、単に被害者の判断によるべきなのだろうか。

研修　教室では何が教えられるべきであり、また、見習い期間あるいは継続研修において教えられたほうがよいのはどのようなことであろうか。コミュニケーション技術が、自然の流れや真に自然に湧き起こるコミュニケーション・スタイルに逆らうように機能していると思われるようなときに、それを教えることはどれだけ有益なのだろうか。調停のロールプレイは、研修を受ける者にとって十分現実的で真に有益なものといえるか。人を、ただ単に「被害者」あるいは「加害者」とだけ識別し、レッテルを貼るような危険を冒すことなく、被害者および加害者双方の無二の経験についてそれぞれ感情移入できるような調停人を、どのようにすれば養成することができるのか。養成にあたっては、調停の被害者加害者モデルに合わせることが必要だろうか、あるいは、もっと一般的な調停モデルに焦点を当てた研修は可能だろうか。被害者加害者モデルは、他の調停モデルとはどのように違うのだろうか。調停人に対し、被害者加害者ケースに取り組む前に、地域での争いごとといった異なる種類のケースについて調停する経験をさせることは、賢明なことだろうか。

まとめ

知られていた以上に、かなり多くの被害者加害者調停プログラムが、アメリカには存在している。被害者と加害者の紛争を調停する手続きは、二十年間の発展の後、司法制度の主流になりつつある地域社会の数が増加する一方、他の多くの地域社会では明らかにいまだに司法制度のなかでかなり周辺的な存在である。全米調査によって、調査前に認識されていたよりも多様な方向で被害者加害者調停が実施されることがわかった。被害者加害者調停という分野がアメリカ全土で拡大し続けていくにつれて、相互にネットワークを組む実践家たちが相互にネットワークを組み、他の成功や失敗から学び、高い質の調停研修や技術的な支援を供給し、新しいプログラムを創設し、国じゅうの少年や成人の裁判において、幅広い被害者や加害者にとってより使いやすい手続きを作り続けることが、重要になっていくだろう。

第7章

プログラムを作るときの課題

新たな被害者加害者調停プログラムを立ち上げる際、あるいは現存のプログラムを拡張する際には、さまざまな課題が取り上げられなければならない。目標の明確化、地域社会と司法制度による支援、財源、対象者、プログラムのデザイン、プログラムの評価、プログラムの発展、情報管理システム、調停人の研修といった課題である。

目標の明確化

調停の過程は、加害者と被害者の両者にとって、またより広く地域社会にとって明らかに有益であるために、地域でプログラムを組織化する人びとは、自分たちの努力を向ける目標を明確にしておくことが重要である。被害者加害者調停の過程は、その定義からして、被害者と加害者の双方に、またその家族や関わったすべての支援者に公正と見なされるような、葛藤を修復的に解決しようとする手続きを提供することを第一の目標とすることが基盤である。しかし、それぞれの地域のプログラムは、その地域社会にとって重要な第二の目標を定める必要がある。

被害者加害者調停の過程は、さまざまな利益の可能性を持っている。被害者は、司法過程に直接関わることができる。彼らは加害者に対し、その犯行が被害者の生活に与えた衝撃について知らしめることができ、かつ湧き上がってきた疑問についての答えを得ることができる。被害者は、お互いに受け入れ可能な合意を交渉することによって、加害者に責任を負わせる方法に直接影響を与えることができる。

調停によって、加害者はとても個人的なやり方で責任をとることを許される。彼らは、自身が原因となった損害を修復し、自身の行動の責任を引き受け、自身の性格のうちのより人間的側面を示す機会を持つ。自身が被害を与えた人に直接謝罪する機会もある。調停に参加する加害者は、より厳しい処罰を受けずにすむかもしれない。

調停に参加しうる家族やその他の支援者も、彼らが巻き込まれた犯罪の衝撃について、より十分に学ぶ機会を得る。彼らも、自身の気がかりを表明し、疑問への答えを得ることができる。

地域社会全体も、地域に被害者加害者調停プログラムが存在することによって、非暴力的な紛争解決スキルを磨くことができ、利益を得る。地域社会の人びとはボランティアの調停人になることができ、より安全で思いやりのある地域を作ることに直接関わることができる。調停セッションに参加した犯罪者の多くは、再犯する危険性がずっと低くなる。裁判制度から特定のケースを調停に回すことによって、血税も節約できる。

加えて、被害者加害者調停の第二の目標としてはさまざまな可能性がある。犯罪予防、犯罪者の更生、被害者支援、地域社会の紛争解決、被害者のエンパワーメント、被害者と加害者の和解、特定のケースに関して高価な拘禁に代わる措置となるといったことである。これらの第二の目標は相互排斥的というわけではないが、効果的なプログラムを計画するためには、地域のまとめ役は、自分たちの管轄内で最も重要な目標を最初に明確にしておかなければならない。

地域社会と司法制度による支援

被害者加害者調停プログラムに必須の構成要素は、地域社会での鍵を握る人びととのつながりを開拓することである。鍵を握る人びとは次のような人たちかもしれない。プログラムにケースを委託しうる裁判官、その他ケースの予後に関心を持つ検察官、ケースを委託したり調停の前後に対象者と関わりうる弁護士、矯正職員、被害者支援職員、被害者支援機関長、犯罪者の更生保護に関わる保護観察官、市町村の政治家、聖職者、地域のリーダー、活動家、地域の諸機関、市民団体や法人のリーダーなどである。地域の被害者加害者調停プログラムを作っていく際には、可能性のある支援者はすべて考慮されるべきである。これらの関係を確立することは、適切なケース受託の流れを持ち続けること、およびプログラムの全体的成功にとって死活問題である。

鍵を握る候補者の分析をする際は、その人が新たなプログラムの発展に重要な影響を与えるか、あるいは抵抗となるかということに焦点を当てるべきである。左端に氏名と立場を列記し、各人ごとに四つの欄を記入する表を作るとよいかもしれない。四つの欄とは、①その人の影響力あるいは権力の評定、②その人の支持あるいは不支持の予想、③その人に影響を与えうる人物の特定、④その人の支持を得るあるいは積極的な反対を中立化させる戦略を立てる、である。

新しい被害者加害者調停プログラムに対する地域の支援を打ち立てるには、その概念とプログラムを、人びとにはっきりとわかりやすく提示する案を作る必要もある。マーケティング戦略と呼んでもよい。これは以下のことを必要とする。プログラムについての明確で短い説明の準備し、地域のさまざまな組織や司法制度に関わる機関に対する説明会を多数実施して、鍵を握る人びとを新しい被害者加害者調停プログラムの発展と運営の実際の過程に積極的に関わるよう呼びかける。表7-1は、この計画段階の終わりまでに達成されているべき目標の明

表7-1　被害者加害者調停マーケティング計画に必須の要素

計画段階の終わりには，以下のことがすべてできていなければならない。
- 一文でプログラムの目的を述べること。
- 一文でプログラムの人間的関心を述べること。
- 一文でプログラムに関係する公共政策，あるいは刑事司法制度を述べること。
- プログラムの利益をまとめること。
- 以下の鍵を握る人びとが，プログラムを支援すると得ることができるかもしれない個人的利益を簡潔に記すこと。
  裁判官，検察官，弁護士，保護観察官，警察，地域の政治家，地域の活動家および指導者。
- 前記に基づき，地域の公的機関の人びとや一般の人びとに，あなたのプログラムを提示する際の一般的アウトラインを作ること。それには，現在入手可能な被害者加害者調停の短いビデオを，少なくとも１本購入することを含む。
- 地域の新聞，放送などのメディアを活用する戦略を立てること。

確化という構成要素を一覧表にしたものである。

調停は、犯罪の伝統的な扱われ方とは非常にかけ離れているので、地域や裁判に関わる人びとに対し、被害者加害者調停の過程を教える努力を、一致協力して行う必要がある。彼らは以下の情報を得る必要がある。調停の利益と危険、委託に適したケースの種類、特定のケースの結果、調停の短期的・長期的影響についての調査結果、安全装置、質を維持する手続きである。鍵を握る人びとは、プログラム自体、研修、調停人の能力についての信用性も欲しがるであろう。

これらのネットワークを現在進行中の関係として確立し、維持するためには、しばしば個人的に接触することを含めて、スタッフがきわめて重要な役割を演じる。鍵を握る人びとに情報を提供することに加え、プログラム・スタッフは、協力の方途を探ることによって協力連携関係の強化を求めてもよい。調停人の研修は、自然な連携の機会である。被害者支援機関は、被害者の体験に関する研修の部分を提供できる。保護観察官は、加害者の体験の部分を提供できる。裁判官は、審判廷で被害者と加害者に起こることを述べ、調停されない場合はケースに典型的には何が起こりうるかについて情報を提供することができる。司法制度の代表者たちが参加することは、司法制度が、調停およびボランティア調停人として貢献するという価値を認め、支持しているということを研修員たちに伝える。さまざまなサービス提供者たちが、制度のなかにおいては、どのようにケースが扱われるかを最初から最後までロールプレイで示すことも可能である。そうした連携は、研修員に必要な情報を提供できるだけではなく、調停プログラムの成功を確かなものにするのに役立つ機関との関係を作ることができる。

もう一つの連携の機会は、被害者と加害者のための資源と支援とを求める必要性から生じる。たとえば、被害者支援員は、調停期間と調停後を通じて被害者に支援を提供する。要請されれば、積極的な参加者としてではなく支援者の立場で、被害者とともに調停セッションに出ることもありうる。そうした支援は、被害者が自身の体験とニーズを理解し、表現するのを援助するかもしれない。同様に、ソーシャルワーカーや保護観察官は、加害者が被害者への理解と共感とを深めることを励まし、被害者と対話をする準備を援助することによって、加害者の役に立つことができるであろう。

より広く地域社会内でのつながりを作ることも必須である。地域社会は、被害者加害者調停過程の鍵を握っている。犯罪は直接の参加者を越えて、はるかに広く衝撃を及ぼす。地域社会は、調停プログラムの財政的支援の元ともなりうる。多くのプログラムは、調停人となるボランティアの供給源としても、地域社会に頼っている。一般の人びとが被害者加害者調停について啓蒙され、それに関与するようになれば、被害者と加害者、両者の家族、そして支援者は、よりその過程に参加するようになるし、調停人になるボランティアも増えるであろう。調停についての一般的啓蒙に加えて、地域行政機関、教会、宗教団体、会社、地方政府といった、法制化と公共政策に影響力を持つ人びととの個々の絆も作られるべきである。プログラムのリーダーは特に、地域社会の構造と資源を十分に理解している必要がある。

ボランティアは、より大きな地域社会とを結ぶかけ橋となるかもしれない。彼らは、地域社会と裁判制度の両方において、調停プログラムを代表し、促進するのに非常に効果的である。ボランティアは、時にスタッフよりもうまく、調停の肯定的影響について説得的に話すことができる。たとえば、ボランティア調停人を務める地域社会のメンバーは、彼らの調停の体験や、調停体験が有効であった被害者と加害者について、調停人の研修の講話などで熱心に語ることで、プログラムの雄弁な推進者となりうる。

被害者加害者調停プログラムは、他の被害者加害者調停プログラムや、地域社会に調停サービスを提供している他の機関とも、密接なつながりを維持するべきである。これらのつながりは、必要な支援や、資源、助言を提供してくれる。加えて、プログラムは、教材や研修講師を分かち合ったり、法制化を促進するといった共通の関心分野での連携協力を望むかもしれない。すべての被害者加害者調停プログラムは、国際被害者加害者調停協会（VOMA）に加わり、定例大会、研修、ニューズレター、この分野でのより広いネットワークから利益を得るべきである。

財　源

新しい被害者加害者調停プログラムの運営を支えるのに十分な財源を確保することは、プログラムを発展させる初期に直面する、最も困難な課題の一つである。幸いなことに、被害者加害者調停プログラムは、膨大な予算は必要としない。第6章で示された調査における百十六のプログラムの平均予算は、五万五千七十七ドル（六百六十万円程度）である。操業経費は、完全にボランティアによって運営されている無料から、大都市部の年間四十万ドル（四千四百万円程度）までの幅がある。

多くのプログラムは、しばしば個人基金や教会といった比較的少額から始め、プログラムが発展するにつれて多額の公的基金を確保している。被害者加害者調停プログラムに使える少額の連邦基金もあるが、最もよくみられる財源は、州内、特に地方の私的、公的資源である。

地域の基金を獲得するという課題は、新たなプログラムの計画が完成するまで引き伸ばしてはいけない。むしろ最初の計画段階で、財源候補を見つけ、調べるべきである。暫定予算を入れた新しいプログラムの最初の案ができた時点で、財源候補に配る短い説明書類を作ることがしばしば役に立つ。そして、より詳細な提案を適宜準備する。

多数の財政基盤を持つという戦略が有益であることが多い。プログラムに資金提供するいくつかの財源を持つことは、たった一つの助成金にプロジェクト全体が頼るより賢明である。唯一の助成金を失ったら、プロジェクトの存続がただちに脅かされるからである。保護観察所といった公的機関は、責任と予算とを再配分できる立場にあるので、あまり追加の経費を必要とせずにすむ。一方、増加するケース負担を抱えている多くの保護観察所では、相当量の新たな資源なしには、新しい被害者加害者調停プログラムを作ろうとは思わないであろう。そうした状況では、その保護観察所は、伝統的保護観察のケース負担や監督の責任を持たずに、被害者加害者調停プログラムの立ち上げと運営に完全に集中できる、新たなポストのための資金を獲得しようとするであろう。

対象者

新しい被害者加害者調停プログラムを計画する際には、プログラムで受託する対象者を決めることが重要である。そのプログラムは、少年審判ケースあるいは成人裁判ケースに的を絞るのか。年齢、罪種、前科にかかわらず、どのような委託でも受けるのか。最も軽微な財産犯だけに的を絞るのか、あるいはより重大な財産犯や暴力犯の一部も受け入れようとするのか。これらは、計画の早期に問われるべき重要な質問である。なされた選択によって、そのプログラムは、紋切り型でいえば、軽微事件（その多くは司法制度によっては基本的に無視される）の代替措置になるのか、より深刻な犯罪を扱う新たな重要な努力になるのかが分けられる。

被害者加害者調停分野では、この重要な問題について二つの考え方がある。調停の主たる目標は、被害者と加害者の葛藤解決なのだから、委託されたほとんどのケースが適切であると論じる専門家もいる。この見方に立てば、犯罪の深刻さ、加害者の年齢や状況、司法制度に対して調停が及ぼしうる衝撃（たとえば、社会統制の網を広げるとか、拘禁に代わる措置になるとか）には、ほとんど関心を持たない。こうした広い対象者の定義をしているプログラムでも、多くは比較的軽微な犯罪を受託している傾向がある。

この分野でのもう一つの論は、すべてのプログラムで利用できる資源は限られているので、司法制度からも被害者加害者からも比較的ニーズが高い、より深刻なケースに的を絞るべきだというものである。より深刻なケースを選べば、プログラムが周辺的存在となる可能性は低くなる。特定のケースを司法制度、あるいは金のかかる拘禁という処罰から代替措置に流すという調停プログラムの影響は、真の意味で大きくなるであろう。より深刻な事件の被害者と加害者は、一般に調停や対話で解決できる以上の情緒的、物質的ニーズを抱えている。

すべてのケースを扱うことは抽象的には理に適ってはいるが、単に可能ではないということである。主として軽微な犯罪に的を絞ることによって、参加者たちにより大きな癒しの感覚と責任感とを生じさせる調停という介入の持てる力と可能性とを、著しく狭めてしまうと論じる者も多い。このことは、調停は、深刻なトラウマと喪失を含む殺人や殺人未遂といったケースに対しても、非常に効果的でありうるということが明白になりつつあるという事実を鑑みると、特にそうである。しかし、深刻なケースの調停は、はるかに上級の研修とスーパービジョンを必要とする。また、いくつかの修正と、はるかに強力なケース・マネジメントも必要とする。調停がそうした深刻な暴力犯罪にも効果的でありうるという事実は、より深刻な犯罪に的を絞ることの重要性と、社会統制の網を広げ強化することの否定的影響を限定する必要性を主張する人にとって、よい前兆である（より深刻な暴力犯罪の実際の過程は、第11章で三つの事例とともに詳細に述べる）。

ケース受託の適切な対象者を決めるのは、結局、プログラムを主張したい気持ちと、その新しいプログラムといくらかのリスクを覚悟する実験とを司法制度が支持する気持ちとの、バランスである。委託元代表とプログラム・スタッフとの交渉が必要である。そうした交渉の先頭には、修復的司法の原則と、そのプログラムで明言された目標を掲げ続けることが不可欠である。そうした焦点を見失うと、その新たなプログラムが、究極の目標には無関係のケースを引き受けるという誘惑に、簡単に負けてしまうであろう。

適切な対象者を決めるには、刑事司法制度が、真の改革を吸収してしまう驚異的能力を認識することも必要とする。この十年間に発展した多くの「代替」プログラムや「代案」は、裁判所から代替措置にケースを流したり、拘禁を減らすことには、真の影響をほとんど及ぼさなかった。改革者たちの善意は、しばしば望んだ変化をもたらさなかった。地域の創設者たちには、あいかわらず加害者にのみ焦点を当て、被害者にはほとんど支援を提供せず、人種や社会経済的地位に基づいた深く根ざした不公正のパターンをしばしば強化する、「より広く強力な社会統制の網」の創造を支持しないことを選ぶことによって、過去の過ちを繰り返さないようにすることを勧める。

プログラムのデザイン

新たな被害者加害者調停プログラムを始めるのに、最も重要なしかし困難な課題は、望ましい対象者たちに直接の影響を及ぼし、その主たる目標の達成を最大限にする地域プログラムのデザインを作ることである。目標の明確化と対象者の認定は、その地域プログラムが実際どのように運営されるのかを規定した、明確な戦略として直接形に表されなければ、容易に抽象的で見当違いな実践になってしまう。それゆえ、効果的なプログラム・デザインをするという課題は、地域でも行おうとする際に、最も過酷な成否を分けるステップとなる。被害者加害者調停分野での経験からすると、多くの地域創設者たちは、プログラム・デザインの影響を過小評価して、調停人の研修を性急に開始する傾向がある。

地域の被害者加害者調停プログラムをデザインするのに簡単で完璧な方法はないが、すべての場合において扱われる必要があるいくつかの鍵となる事柄がある。それらは、諮問委員会を作ること、プログラムの後援者を決めること、スタッフの配置、ボランティアの活用、どの時点で受託するか、受託の基準と手続き、共同調停人の活用である。

諮問委員会を作ること

諮問委員会を作ることは、被害者加害者調停プログラムの有効性を高めるのにとても役立つ。委員会の役割は、通常助言を与えることで、決定権限はない。委員会は以下のことを補助できる。プログラムの発展、プログラムの手続きと実践において質を維持すること、資金調達、司法制度や地域社会全体においてプログラムに対する支援を作り上げること。

諮問委員会の構成は、プログラムの情勢とニーズによって異なるが、以下のような人びとが考えられる。被害者加害者調停に参加した被害者、被害者加害者調停に参加した加害者、裁判所行政を代表する地域の少年指導員、保護観察所の代表、警察職員や代替措置機関職員、被害者支援機関の代表、ソーシャルワーカー、カウンセラー、保健師、地域活動家、あるいはマスコミ、学校、教会といった地域の代表。

プログラムの後援者を決めること

新しい被害者加害者調停プログラムの後援者となる適切な機関を決めることは、きわめて重要である。すでに被害者あるいは加害者の強力な代弁者と見なされている機関は、調停サービスを提供できそうにない。調停サービスは、これらのケースの代弁者としての役割から、はっきりと矛盾なく抜け出せていない限り、偏りのない第三者を用いる必要がある。伝統的なケース負担の責任のない、被害者加害者調停プログラムのみのために活動する新しい人を採用するのが好ましい。ある地域では、完全に新しい非営利団体を作るのが適切かもしれない。別の地域では、保護観察所と被害者支援団体、あるいは地域機関が連携するのが最善の選択であるかもしれない。アルバカーキーとオースチンの被害者加害者調停プログラムは、私的・公的機関の連携の特によい例である。アルバカーキーでは、少年保護観察局とニューメキシコ紛争解決センター（民間の地域団体）とがプログラムを後援している。オースチンでは、少年保護観察局がプログラムを直接後援しているが、ケースを扱うボランティア調停人の提供を、地域の紛争解決センターに負っている。

スタッフを配置する

新しい被害者加害者調停プログラムを運営するのに必要なスタッフの数は、プログラムの後援組織のタイプ、確保できる新たな財源のレベル、そして予想されるケース負担数によって、大きく異なる。既存のしっかりした非営利団体や保護局内であれば、ごくわずかなスタッフ数でプログラムを始めることも可能であろう。非常勤の職員とボランティアで始めたプログラムもある。一般には、少なくとも一名の常勤と、できればそれを補佐する非常勤一名とでプログラムを開始し、ボランティアをまとめるのが好ましい。より大きな組織から（無料の事務室、電話、秘書業務といった）支援を受けられないプログラムでは、より多くのスタッフを必要とするであろう。時を経てプログラムが大きくなれば、その運営にはより多くのスタッフが必要となる。

ボランティアの活用

研修を受けた地域社会のボランティアを活用することは、計画の早い段階から取り上げられる必要がある。というのは、それはプログラムを開始するのに必要な資金とスタッフに直接影響するからである。ボランティア活用のメリットは、司法過程への市民参加を促進できること、非暴力的な葛藤解決のスキルを市民に広められること、そしてプログラムの支出を減らすことができることである。ボランティアは、しばしばプログラムへの熱意と献身を増強することもメリットである。

それにもかかわらず、新たなプログラムでボランティアを活用するには、その募集、研修、監督に、入念な準備と努力とを要する。定期的なオン・ザ・ジョブトレーニングが重要であるし、さまざまな機会をとらえて、承認と支援を提供することも重要である。ボランティアを活用するメリットは、それに費やされるエネルギーと資金を考慮して検討されなければならない。ほとんどの被害者加害者調停プログラムは、調停人として地域のボランティアを活用することを選択している。

どの時点で受託するか

司法制度からケースが調停に委託される時期については、考慮するべきとても大切な戦略的問題である。ケースが被害者加害者調停プログラムに受託されるのには、少なくとも四つの時点がある。正式の起訴が行われる前に、警察から直接ケース委託を受けるプログラムもある。多くのプログラムは、警察が捜査を終えたがまだ裁判の前である時点で、検察からの代替措置としてケースを受ける。裁判所に係属した、あるいは有罪は確定したが量刑あるいは処分の審問はまだである時点で、ケースの委託を受けるプログラムもある。さらに、量刑の審問後にケース委託を受けるプログラムもある。これらのどの時点でも、ケース委託を受けるプログラムもある。

受託時点ごとにメリットとデメリットとがある。調停が裁判に代わる措置である可能性が高い場合に、もしケースを裁判前に受けるとすれば、比較的軽微な犯罪しか委託されない可能性が高くなる。暴力犯罪を含むより重大なケースが調停に委託されるのであれば、それは有罪確定あるいは判決後である可能性が高い。有罪確定後

表 7-2　受託基準と手続き

受託基準

- 侵入盗あるいは窃盗で有罪が確定した成人犯罪者。前科の有無を問わない。
- 被害者に特定可能な損害があり，被害者が賠償を必要としている。
- 暴力に至りかねない激しい敵意がないこと。
- 加害者が犯罪の謀議を認めていること。

受託とケースマネジメントの手続き

1. 保護局の職員は，すべての侵入盗と窃盗のケースファイルを，有罪確定後すぐに被害者加害者調停プログラム用のかごの中に一時的に入れる。
2. プログラムのスタッフは，毎日保護局に行って，二十四時間以内に確定したすべての侵入盗と窃盗のケースファイルに目を通す。
3. プログラムのスタッフは，調停に受託するのに適切なケースを選定し，保護局職員の最終判断に回す。
4. プログラムのスタッフは，ケースの情報をファイルから，被害者加害者調停ケース受託票に書き写す。

量刑前が、ケースの受託には望ましいということを見いだしたプログラムもある。この時点であれば、被害者は加害者の罰則に直接影響することができ、加害者にとっては、改めようとする動機づけが最も高くなる。

受託の基準と手続き

明確な受託基準と効果的な受託手続きを作ることの重要性は、いくら強調しても足りない。これらの問題に取り組まないと、受託が少なかったり、不適切なケースが受託されるということになりがちであり、どちらの場合もプログラムの存続が危うくなりうる。経験によれば、明確な受託基準と前向きな受託手続きが最善であることが示されているる。基準を列記したパンフレットをまいて受託がなされるのを待っているよりは、プログラムのスタッフが直接受託の可能性のある機関に出向いてケースを検討し、選ぶほうがはるかに効果的である。明確で凝縮された基準と手続きの例が、表7-2に示されている。特定のプログラムのための実際の受託基準と手続きは、もっと詳細であろう。特定の手続きをいつまでに終えるかという時間的枠組みは、もしそれが目標として理解され、凝り固まった目的とされないのであれば、役に立つかもしれない。

共同調停人の活用

プログラムを計画しケースの調停を準備する際に、一人の調停人で行うのか、共同調停人と複数で行うのかを決めることが大切であろう。両方のアプローチにはともにメリットがある。一人の調停人で行えば、調停のセッションのスケジュールを立てるのが容易であるし、ボランティアの数も少なくてすむ。他方、二人の調停人を使うと、お互いのサポートと意見交換を通じて質を保つことが容易になるし、調停セッションの間とその後のデブリーフィングにおいて、より大きなサポートと補助を提供できるし、（もし調停人のうちの一人が、参加者と文化的背景が同じであれば）文化葛藤が存在するときにはそれをより柔軟に取り上げることができるし、より多くのボランティアを調停に参加させることができる。

共同調停の場合、一人が主調停人としての役割を果たし、もう一人が副として、困難な問題が生じたときに補助するということもありうる。あるいは、二人ともが、セッションの別の場面でそれぞれリードするということもある。たとえば、一人がセッションを開始して、ケースに関連した事実と感情の話し合いを担当する。次にもう一人が損失を見直し、お互いに受け入れ可能な賠償に関する同意を話し合うことを助けるといった具合である。

プログラムの評価

プログラム評価の手順は、最初から作っておく必要がある。そうした情報は、質を保つために不可欠である。評価は、プログラムのスタッフに、調停過程そのものに関してと、プログラム手続きの有効性に関してのフィードバックを提供する。評価は、特定のケースや調停人の能力についての情報も与える。その結果、スタッフはある調停人に更なる研修や指導を受けるよう助言するかもしれないし、あるケースの参加者のフォローアップを行うかもしれない。一般に、評価は率直な反応を促進するために、無記名で行わなければならない。しかし、番号をつけておいて、スタッフが特定のケースとその調停人をわかるようにしておくことはできる。

参加者による評価のあるモデルは、二つの時期に評価を行っている。最初は、調停のセッションのときに情報を集める。両親を含めて参加者全員に、簡単な評価表が配られる。参加者たちは、できるだけ早く評価表に記入して料金別納の封筒で返信するよう、あるいはそのほうがよければ今記入するよう依頼される。

二回目の評価は、セッションの三カ月から六カ月後に行われるが、いくつかのやり方がありうる。料金別納の封筒を同封して再度評価表を参加者全員に郵送するか、電話調査か、あるいは直接会って話を聞くことが情報の収集に使われる。調査や面接をするのはボランティアでもスタッフでもかまわないが、そのケースを調停した人であってはならない。被害者から情報を集めるもう一つの方法は、彼らに集まってもらって調停の経験を話し合い、プログラムとその実践について聞く会を開くことである。

調停人も、その調停に関する評価を聞かれる必要がある。セッション後すぐに、フィードバック表に記入してもらうことが可能である。こうした手続きは調停人の学習を強化し、観察、分析、自己反省によってスキルを伸ばすことを可能にする。またプログラム・スタッフにも、何か気をつけなければならない問題や、プログラムの手続きの修正をする必要が生じたときに、それと気づかせることができる。加えて、調停後に参加者たちと関わることになる保護観察官や被害者支援組織の職員からも、フィードバック情報を集める必要がある。これは公式の評価でもよいし、非公式のフィードバックでもよい。

プログラムの発展

しっかりした調停プログラムの土台ができたなら、その組織は、提供するサービスの範囲を広げる機会を探り始めることができる。以下は、多くのプログラムが、核となる被害者加害者調停プログラムを強化するために行っている、アイデアの例である。

＊加害者とその親のためのコースを作って、葛藤解決、共感性を伸ばす、コミュニケーション・スキル、ライフ・スキルを伸ばす、自己評価を高める、怒りをコントロールする、友達を作るといったことを扱う。
＊調停後しばらくの間、被害者には支援を提供し、加害者には指導を行えるよう、被害者および加害者とのつながりを維持するよう調停人を研修する。調停人は、同意事項を監視し、加害者の職探しに同行し、賠償義務を思い出させ、遂行するよう励ます。
＊拘置所、鑑別所や矯正施設で葛藤解決研修を提供し、被害者や元犯罪者を選んで、実際のケースを共同で行う調停人や研修担当者になるための研修を行う。
＊公共奉仕作業プログラムを作り、コミュニティサービスの責任を果たす場とし、スタッフが加害者と関係を保ち、賠償を監視する機会を提供する。
＊加害者の職探しの援助と職業研修とを提供する。加害者のための職業‐学業プログラムを作る。
＊被害者が調停に参加しないことを選んだ場合には、被害体験発表パネルを使えるようにする。
＊少年である加害者が矯正施設を出るとき、家に戻るとき、あるいは家出したときなどに、親子の調停を行う。

表7-3　被害者加害者調停で使われている情報管理システム書式の例

被害者加害者調停プログラムケース記録書式
被害者加害者調停プログラムケース受託書式
被害者への手紙
加害者への手紙
調停人報告書
経過報告書
同意書
ケース受託簿
ケース終了簿
月別統計表

＊高校でピア調停（同年代の仲間による調停）に関わっている人など、若い人を研修し、実際のケースを共同で担当する被害者加害者調停人に育てる。

情報管理システム

新たな被害者加害者調停プログラムを計画する際に、管理情報システムは、プログラムについての情報を収集、蓄積、検索するのに効果的なやり方でありうる。情報管理システムには、たとえば、以下のようないくつかの使い方がある。調停サービスの配信を補助する。何が行われているかを正確に示す。スタッフとボランティアの監督を促進する。計画、プログラムの拡張、方針作成に情報を与えるようなプログラム評価の基盤を提供する。プログラムの活用者、資金提供者、その他の関連団体等にプログラムを説明する基盤を提供する。

情報管理システムという考えは、果てしない事務処理と面倒というイメージを呼び起こすかもしれない。しかし、よい情報管理システムは、実際に能率を増し、事務処理を合理化し、監督者と第一線のスタッフの両方に有益な情報を組織的に提供する。情報管理システムを作るためには、プログラム・スタッフは、システムを望みどおりに使うためにはどんなデータが必要か、どのようにどんな形でデータが集められるか、集められたデータはどのように管理されるか、そして情報管理システムはどのように評価、フィードバック、目的の報告に使われうるかといったことを決める必要がある。

多くの被害者加害者調停プログラムで使われている、情報管理システムのさまざまな書式が、表7－3に示されている。使われる書式の数を減らしているプログラムもあれば、加えているプログラムもある。より多くのプログラムは、情報管理システムにコンピュータを使うようになり、事務処理の負担を大幅に減らしている。

調停人の研修

地域社会が被害者加害者調停モデルの複製を作ろうとするとき、取り上げる必要のある最後の問題は、ボランティアの調停人を募集し、研修することである。個人が調停人として奉仕しようと考える際には、いくつかの基本的性格特徴を念頭に置くことが大切である。それらは、以下のようである。コミュニケーションのスキルがよいこと、特に傾聴のスキルを持っていることで、それは沈黙に対する忍耐と高い耐性を必要とする。問題解決と交渉のスキル。適切なリーダーシップを発揮する力。組織化するスキル。修復的司法の理念と非暴力的葛藤解決の技法に傾倒していること。刑事司法制度を理解し、そのなかで作業する力。

被害者加害者調停分野で提供されている調停研修の期間は、十二時間から四十時間と多様である。われわれは、ケース見習い期間を含めて、三十二時間から四十時間を勧める。研修は、ボランティアに、修復的司法の原則と被害者加害者調停概念を紹介し、それが地域の司法制度のなかでどのように動いているかを明らかにし、地域のプログラムの手続きを教える。研修の主な部分は、コミュニケーションスキル、問題解決と交渉、そして被害者と加害者に電話する、それぞれに別々に会う、それから合同の調停セッションを行うといった、プロセスのさまざまな要素を実施することに焦点を当てるべきである。小グループでのスキルと手続きの練習に、できるだけ多くの時間を充てるべきである。ボランティアは、より一般的な法律的解決志向調停よりも、第1章で述べたような人間的対話志向調停の研修を受けるべきである。

新たなプログラムは、調停研修の「やり直し」をする必要はなく、いくつかのすぐれた研修カリキュラムとビデオ教材を活用することができる。ここでは、心に留めておくべきいくつかのガイドラインを述べる。

調停人の高い質的基準を維持すること　ほとんどの被害者加害者調停プログラムは、ボランティアの活用に大きく頼っている。したがって、さまざまな質的コントロールの方法が特に重要になる。プログラムが、調停人の質を支えるのに使えるいくつかの戦略がある。

調停人研修希望者をふるいにかける　効果的で有能な調停人の一群を作る最初の一歩は、効果的な募集プロセスである。調停人候補者は、他の事柄に混じって、専門職歴およびボランティア歴、調停人になろうとする理由、個人的なスタイルと価値観の一側面を明らかにするような申込書に記入するべきである。申込書提出後、さらにふるいにかけるために面接が行われるかもしれない。態度と考え方が調停人としての効果にとってきわめて重要であるので、面接は適切性を評価する自然な方法として役に立つ。

調停研修を、調停人をふるいにかけるための付加的道具として使う　ロールプレイの間、意図的にすべての研修生を観察すること。彼らのスキルと調停人としてのスタイルの性質を、心に留めること。生じた懸念は、研修生とケースを共同調停して、関連する問題を話し合うことによってフォローアップする。コーチからも情報を得ること。

スタッフと調停人の有意義な関係を維持することによって、質的コントロールを維持する　調停人の有効性を確かなものにするには、研修の質を考えるだけではなく、スタッフと調停人の長く続く関係を考えることが重要である。プログラム・スタッフは、ケースに積極的に関わっている調停人たちと、密接な接触を保つ必要がある。スーパーバイズと相談助言関係を提供する手続きを作る必要がある。特に、比較的経験の浅い調停人は、クライエントに接触するたびごとにスタッフに接触したがり、調停セッションの前後にはスタッフに会いたがるかもしれない。

スタッフはまた、調停人の要望に応じて、どのケースに関しても相談助言に応じる必要がある。より複雑なケースでは最初から、調停人、プログラム・スタッフ、そしておそらくはベテランの調停人も加えて、ブレーンストーミング、あるいは相談助言のセッションを組み込んでおくのがよい。十分なスーパーヴィジョンとサポートを提供するには、プログラム・スタッフは、各調停人と少なくとも年に一度は共同調停を行うことを勧める。

質を考えると、予想されるケース受託数に応じて、研修の規模を十二人から二十人のグループに限ることを勧める。この人数だと指導者は、一人ひとりの研修生に注意を向け、個々の学習過程について重要な情報を得ることができる。研修生に、自分でケースを行う前に、経験を積んだ調停人やスタッフと共同調停を行って、十分かつ良質な見習い経験の機会を与えることも重要である。見習い経験後は、研修生はケース経験を積むことによって、最も多くを学ぶことができる。研修や見習い経験を通じて得たことのほとんどは、実際のケースでの経験を繰り返すことによって強化されなければ、失われてしまう可能性がある。また、出番のない調停人は興味を失うかもしれない。より少ない数の調停人を研修し、彼らをより多く使い、より密な接触を保ち、彼らが必要としている資源はすべて与えて、スタッフとのコミュニケーションと協力、評価、報告義務、タイミングのよいケース・マネジメント、質を落とさない手続き、持続的教育、そして時間的献身（一生懸命ケースをやると、一つのケースで十時間から十五時間、あるいはそれ以上かかる）についてのしっかりとした基準を打ち立てるのが、一般的にはより良い戦略である。より多くのケースを、より少ない調停人が扱っているほうが、調停人の献身と即応性が増すということを発見したプログラムもある。

スキル強化のための持続的教育を、定期的に実施するシステムを作る　調停人のための持続的教育が、その分野における問題、上級スキルの獲得、調停人のニーズの表明、およびニーズのスタッフによる評価といったことに関して打ち立てられるべきである。ケース検討は、スキルの獲得と質のコントロールにとって非常に重要な部分でありうる。たとえば、調停人たちは、隔月ごとにスタッフも交えて集まり、グループに対してケースを発表し、ケースにから生じた疑問や関心を話し合うかもしれない。

ロールプレイによる経験的学習を最大にする　注意深く現実的に行えば、ロールプレイは研修生を調停体験に浸らせ、その質を知るのに最も効果的な方法の一つである。

ロールプレイは現実的に行われなければならない。研修生は、彼らに期待されていることを目に見える形にする必要がある。ロールプレイにおいては、指導者が調停人の役をとり、ベテランの調停人や実際の被害者や加害者がもう一つの役をとるかもしれない。基本的な情報と、生じるであろう一つか二つの論点を入れてシナリオを考えておくべきであるが、台本にするべきではない。準備と調停の過程を現実的に描いた、すばらしいビデオテープもある。

ロールプレイの時間は、研修生全員がすべての役割を体験できるようにすること。研修生が調停人の役割を演じることも無論大切であるが、被害者と加害者の役割を演じ、その視点から調停人の技術や戦略を見てみることからも、同じくらい多くを学ぶことができる。

研修生に彼らの役割を指導しなさい。研修生が演技過剰になったり、役割を劇的にしすぎて、その体験が現実とはかけ離れたものになってしまうと、ロールプレイの意味が失われかねない。被害者と加害者の体験について学んだことをロールプレイに生かすよう教示しなさい。つまり、演じている役割の実際の感情を体験するように、努力することである。被害者であるというのはどのように感じるのか。どのように反応するのだろうか。自分の役割を台本にしないこと。真摯に演じ、何が起こるかを見なさい。

ロールプレイのデブリーフィング（報告）においても、研修生を指導しなければならない。仲間同士でお互いに検討することを励ますようなデブリーフィングに構成すること。調停人を演じた研修生に、うまくいったこと、いかなかったこと、生じた疑問について述べさせることから始めなさい。次いで、被害者や加害者の役割を演じた研修生に、同じように、彼らにとってうまくいったこと、いかなかったことを述べさせ、調停人に、使った介入の量と種類、そしてその影響に関するフィードバックを与えるよう教示しなさい。

他の研修生にも同じように報告させなさい。また被害者や加害者を演じた人に、以下のような質問に答えさせなさい。「よく聞いてもらえたと感じましたか。話したいことを全部言えましたか」「敬意を払われていると感じましたか」「自分で決める力を持っていると感じましたか」。

ロールプレイの指導には、ベテランの調停人を使いなさい。コーチは、被害者加害者調停過程の体験者として有益な視点を提供できる。必要なら、コーチは二つのグループで順に回すことができる。コーチの役割について、明確な教示が与えられるべきである。たとえば行き詰ってしまったときなどは、研修生から教えてくれと言われるまで、一般にはコーチは介入しないほうがよい。ロールプレイに続いて、コーチがコメントする前に、まず参加者たち自身が体験をデブリーフする。効果的なコーチは、参加者に質問をして情報を引き出し、それから必要であればコメントを述べる。コメントを述べる際は、「正しい」とか「間違っている」というやり方ではなくて、肯定的に、他の可能性を示すようなやり方で述べる。参加者たちは、何をすべきであるということをはっきりと言われるよりは、その過程と効果とを振り返り、さまざまな可能性をブレインストームすることによってより多くを学習できる。

研修生を含めて、ロールプレイをビデオに撮りなさい。調停人役を演じている自身のビデオを見ることは、研修生にとってとても役に立つだろう。ビデオは、参加者が自分たちで観察し反省するのに使える。ビデオはまた、一対一での指導にも使える。加えて、研修生による練習場面のビデオを、研修生グループ全体に見せることもできる。

ロールプレイでは、特定の問題領域を取り上げるように計画しなさい。研修生がより複雑なロールプレイのシナリオに進むにつれて、多くの調停人にとって問題となる場面を組み込みなさい。たとえば、文化的葛藤、調停人には不公平あるいは非現実的と思えるような同意、支配的なあるいは手に負えない親など。

ロールプレイを作るときには、実際の被害者と加害者たちから得た情報を使いなさい。彼らにロールプレイのシナリオを批評してもらうか、あるいはロールプレイを作ってくれるよう頼みなさい。非行少年は、現実の若者文化を映しているかどうかといった点で、シナリオを論じるかもしれない。

ヒントを得るために、現在扱っているケースに戻ることもよい。たとえば、研修生には内緒にして、彼らが最初のケースとしてあてがわれるケースを、個人用ロールプレイに仕立てることもできる。

調停過程の典型的な部分をロールプレイするのを忘れてはならない。たとえば、一人ひとりの研修生を玄関に行かせて、参加者が調停セッションに来たときに挨拶する場面をロールプレイさせる。

学習を強化するために多様な学習方法を使うこと　新しい知識は、不可欠な内容を繰り返し伝える一方で、退屈を防ぎ、興味を喚起するようなさまざまな方法で提示されるとき、より良く理解され、記憶される。

研修生の個人的体験、視点、知識を研修に織り込んでいくこと。常に相互作用の機会を作るようにすること。研修生に、司法制度について知っていることを尋ね、もし彼らが制度を作るならどのように変えるかを尋ねなさい。葛藤に対する個人的反応について、自己洞察をするよう励ましなさい。研修生に自身の被害体験について考えさせなさい。どのように感じたか、助けになると感じたのは人びとのどのような反応か、それを乗り越えるためには何が必要かといったことである。同様に、研修生に自身の非行体験、あるいは他を傷つけた体験について考えさせなさい。

研修生が、まず裁判過程を見学し、裁判における被害者と加害者の役割を観察できるように手配しなさい。あるいはまた、研修生に、研修に参加する前と研修課程の真ん中の時点で、あるいは研修直後に、実際の調停過程を見学させることも考えなさい。拘置所、少年鑑別所、刑務所や少年院といった矯正施設の見学もよいかもしれない。

研修をできる限り現実的にしなさい。調停に参加した実際の被害者や加害者を招いて、研修生に話してもらいなさい。被害者支援団体の人や保護観察官、裁判官は、重要で正確な情報を与えることができる。少年たちのパネルは、研修生に若者文化と彼らとの付き合い方を教えてくれる。実際のケースを述べることによって、重要点を例示しなさい。同様に、実際のケースから直接引いた課題を練習に使いなさい。

研修の形式は多様にしなさい。たとえば、各スキルや過程を取り上げるごとに、資料を簡単に提示する。スキルや過程を例示する。関連するワークシートを配布する。一人で、二人で、そしてグループで練習させ、ロールプレイを行う。グループで話し合う。コーチと話し合う。指導者と研修生とで意見交換する。物語、書く課題、ケース研究、ゲストスピーカー、個人的内省、モデリング、ビデオ、ＯＨＰ、図表、その他の視聴覚教材を使いなさい。

同様にペースも変化させなさい。静かに内省する部分と、相互に交流し活動的な部分とを交替させなさい。スケジュールのある時点に、質問を何でも受ける機会を作り、他のときは次のトピックに移る必要があることをはっきりさせなさい。

可能な限り体験的学習を組み入れなさい。ロールプレイと特定のスキルを目標にした練習課題に加え、研修生に調停過程の他の次元も体験させなさい。たとえば、研修生は二人組になって、不適切で傷つけるような反応という「びっくり体験」を実験してみて、無視されたり、邪魔されたり、裁かれるのはどんな気持ちがするかを体験する。不適切なやり方を書いた短い例示やロールプレイは、有用な道具でありうる。研修生が、破壊的なやり方の衝撃を、直接体験できるからである。研修生は、「素早い決断」も探求するかもしれない。たとえば、加害者の親がもう帰ると脅したらどうするだろう。加害者が話さなかったら。被害者が金銭的賠償をいらないと言ったら。

研修マニュアルを、使う人にとって使いやすいものにしなさい。手渡し資料を、使う順にマニュアルに入れることを考えなさい。マニュアルは、研修生にとって理解しやすく、役に立つものでなければならない。時代遅れにならず、創造的でありなさい。新鮮で興味を持ち、熱心でありなさい。研修セッションはダイナミックであるべきだ。指導者としてのあなたを退屈にするような繰り返しのパターンに気をつけなさい。興味が持て、やりがいがあるような教材を使いなさい。研修生に、自身の調停歴と、それがどのように自分の人生に影響したかを話しなさい。常に新しい教材を探しなさい。たとえば、今使っている葛藤解決スキルを改変させるような葛藤のシナリオを描いた映画の一場面とか、新聞記事とかを使うことを考えなさい。

準備段階の力を強化するように研修生を補助しなさい　研修の材料と経験は、研修生が調停の実践で実際に使うものを与えることが重要である。研修のいくつかの内容が、その実践力を強化することができる。

参加者が調停の準備をするのを助けることができる、外部の人を使うということを考えるよう研修生を励ましなさい。被害者支援の人は、被害者が物事や利害を判断決定するのに助けになるかもしれない。保護観察官は、加害者が被害者の視点を理解して、加害者が言いたいことをまとめる手助けができるかもしれない。

被害者と加害者が調停の準備をするのに役立つ資料を作りなさい。調停過程あるいは参加者の体験を説明するビデオは、調停前の参加者にとって役立つかもしれない。被害者と加害者が使う自習帳を作るのもよいかもしれない。自習帳を使って、自らの体験やその自分自身や周囲の人たちへの影響を考えたり、調停セッションで言いたいことや聞きたいことを決めるのを助けることができる。

参加者の相互作用を深めることができるような方法について、研修生と一緒に探求しなさい。被害者と加害者は、調停過程に伴って生じる思考、感情、質問を見つけ、整理するよう励まされる必要がある。調停人は、調停セッションのロールプレイを、その過程で被害者や加害者に生じるかもしれない反応や、欲求、考えを予期できるように、被害者や加害者と行うこともありうる。これは調停セッション前には有益である。調停人は、加害者が被害者のニーズを取り上げる準備ができるように、被害者がよく尋ねる質問や特定のケースで、実際に被害者が尋ねた質問を教えることができるからである。

参加者が目標を設定するのに役立つ戦略を理解するように、研修生を指導しなさい。参加者は、調停セッションで何が起こってほしいかを考える際に、直接的な案内を必要とする。ここでもセッションのリハーサルやロールプレイが、調停の個人的目標設定に有益でありうる。

第II部

調査研究から学べること

被害者加害者調停は、ほぼ始まった頃から調査研究の対象となってきたが、他のほとんどの介入同様、その実践は一貫して理論と研究とを出し抜いてきた。第II部は、この二十年間の探索的研究から学んだことのまとめから始める。続いて、アメリカ、カナダ、イギリスにおけるプログラムの実施とその結果を比較した研究報告を掲載する。

第8章

被害者加害者調停の効果
——二十年間の研究

改革という言葉は刑事司法においては，しばしば改良を意味する言葉として用いられる。監獄から刑務所（理論上は懺悔を鼓舞する），少年院，矯正センター，中間施設，治療コミュニティー，地域矯正，ブートキャンプ，次のキャッチフレーズがいかなるものであろうとも，改良は，根本的にプログラムの内容を変えずに名前を変えることをしばしば意味している。さらに，最近の司法「改革」は，少しも綿密な吟味をすることもなしに，声高な支持者の想像力と熱意によって人をひきつけていることがあまりに多い。したがって，政策や補助金が影響力を持ち，プログラムの方向づけに役立つために必要とされる実証的研究は，疎外されている。しばしば，批判的な見方をせずに熱狂することによって，まぐれ当たりなプログラム作成，欲求不満な政策考案者，情熱の失われた労働者，冷遇された被害者と加害者を生み出している。

被害者加害者調停もまた，ときとして，その内容よりもむしろ熱意よって人びとを魅了している。ある熱心な支持者たちは，被害者加害者調停をすべての少年審判における「より深刻でない加害者」に対する解決策，またはすべての賠償事件をより効率的に扱ったり，スタッフが必要な手続きを行っている間に被害者をなだめるための方法と見なしている。「これが，われわれがずっと待ち望んできたことだ。一人の保護観察官を，賠償問題を含んでいると思われる何千という事件に対処するために割り当てる」と言う人もいる。また、「より多くの経費をかけずに、また少年の扱い方を変えずに、どのようにわれわれが現在行っていることに被害者加害者調停のプログラムを織り込んでいくのか」と、問いかける人もいる。

幸運なことに、多くの専門家は、役人や政策決定者に対して、これが唯一の万能薬ではないことを納得させる一方で、被害者加害者調停に対する期待を道理に適ったものに保とうとし続けている。そして、ここ二十年間で、多様な設定においてプログラムの働きを評価し、査定するために多くの努力がなされてきた。

数多くの大規模な改良に比べると控えめではあるが、被害者加害者調停は、実証的基盤のある司法介入の一つである。被害者加害者調停プログラムの成長、実行、影響を評価するために計画された、本章における実証研究の概観は、四十の評価報告書に基づいている。それらの研究は、アメリカの十四州、コロンビア特別区、カナダの四州と同様、イギリスやスコットランド、ニュージーランドでも行われた。単純ではあるが、情報に富む事後研究と対照群を組み込んだ十二の研究が含まれる。研究のなかの五つは、徹底的な二次分析から構成されており、そのことはしばしば、当面のプログラムや政策上の問題を超えて、より長期的な因果の問題を扱っている印になる。研究の多くは準実験的デザインである。いくつかの研究は、被験者の無作為抽出とより高度な統計的分析を伴う厳格な実験計画を試みている。

地域の関心と密接な関係にある特殊な問題に焦点を当てている研究もあるが、全体としては、被害者加害者調停を、賠償を決め、受け取る手段として、司法制度にさらに進むことへの代替措置として、またさらなる非行や犯罪行為との関係において、プログラムや司法制度に対する消費者の満足という問題点を扱っている。

本章の残りの部分は、ここ二十年間における実践や効果が明らかにした、被害者加害者調停の成果について考察することに充てられている。結果は七つの領域（クライエントの満足感、クライエントの公正感、賠償、代替措置、再犯、経費、暴力的加害者への対処法）において分析されている。

クライエントの満足度や公正感、賠償のような話題は、検討したほとんどの研究において考察されており、いくつかの特定の研究を例示しながら全体的な知見を提供する。再犯や経費のようなその他の話題は、少数の研究でしか取り上げられておらず、われわれはこれらについてもう少し詳細な情報を提供できる。

想像に難くないが、被害者加害者調停プログラムは数多くの名前で呼ばれ、哲学や地域、文化的な特徴を反映する頭文字を共有している。数多くの研究を含む以下の議論の混乱を減じるために、プログラムは、単に被害者加害者調停と呼ぶことにする。

クライエントの満足感

被害者加害者調停の提案者はしばしば、彼らの努力を、司法制度を人間的なものにする方法として語る。伝統的に、被害者は裁判過程から除かれている。被害者も加害者も話を聞いてもらう機会がなかった。政府は被害者の代役を務め、加害者は彼らの行動が現実の生きている人びとに影響を与えるということについて、ほとんど注意を払わなかった。被害者は、加害者に関する固定観念に満ち溢れたままでもあった。被害者加害者調停は、統制された状況下で、被害を受けた苦痛を共有し、なぜ、どのようにという質問に答えるために、双方が集まるために提供される好機であると、改良者たちは信じている。一連の犯罪をこのように個人化することによって、裁判の全過程における満足度を高めることになるだろう。

概観した研究の圧倒的多数は、被害者加害者調停に対する被害者と加害者の満足度とその結果について、いくつかの方法で報告している。プログラムの場所や、被害者の種類、加害者の種類、文化の違いにも関わらず、参加者の高いレベルの満足度が得られた。

この満足の本質について検討する前に、これらのすべての研究において、四〇％から六〇％の人が被害者加害者調停に参加するのを拒否している。つまり、参加した人は、自らが参加を選んだということに注意すべきである。典型的にこれらの拒否は、犯罪が時間を割くに値しないほど些細なものであると思っていたり、加害者と会うのを恐れていたり、加害者により厳しい罰を与えてほしいと思っている被害者側によるものである（Coates & Gehm, 1989；Umbreit, 1995a）。ゲーン（Gehm, 1990）の研究によれば、五百五十五のケースにおいて四七％の被害者が参加の意思を示している。この研究では第一に、加害者が白人であったり、軽犯罪であったり、被害者が組織を代表しているなら、白人被害者はより参加する可能性が高いということを示唆している。

加害者は、ときとして弁護士に参加しないよう助言される（Schneider, 1986）。単に煩わされたくないという者もいる（Coates & Gehm, 1989）。

被害者加害者調停の参加におけるこのような自発性という特質は、これらの知見にかぶせられている自己選択的要因である。高いレベルの満足度は、選択の機会に何か関係しているかもしれない。おそらく、司法における選択肢のなかから選ぶことのできる人は、彼らの経験により満足している。

いくつかの研究では、被害者が快く参加するのは、賠償を受け取りたい、加害者に責任を自覚させたい、犯罪の原因を突き止めたい、被害者の苦痛を加害者にわからせたい、法的手続きを避けたい、加害者の行動を改善するのに役に立ちたい、加害者が適切に罰せられるのを見たいという欲求に基づいていると指摘している。参加することを選んだ加害者は、しばしば「正しいことをしたい」「これまでの経験を乗り越えたい」と思っているようだ（Coates & Gehm, 1989；Perry, Lajeunesse & Woods, 1987；Umbreit, 1989a, 1995a；T. Roberts, 1995；Niemeyer & Shichor, 1996）。

被害者加害者調停に対する被害者と加害者両方の満足感は、場所や文化、犯罪の重さによらず、一貫して高い。概して十中八、九の参加者は、その過程と合意結果について満足していると報告している（Davis, Tichane & Grayson, 1980；Perry et al., 1987；Coates & Gehm, 1989；Marshall, 1990；Umbreit, 1991, 1994, 1995a；

Warner, 1992；Umbreit & Coates, 1993；T. Roberts, 1995；Carr, 1998；L. Roberts, 1998)。

イギリスにおける研究（Umbreit & Roberts, 1996，第十二章参照）の参加者は、検討された研究のなかで最も低い満足度を示していた。対面調停に参加した被害者の八四％は結果に満足しているが、被害者の大多数は加害者と対面していなかった。間接的な調停を受けたこれらの被害者は、顔を合わせない当事者間の「往復外交」に頼っているのだが、たった七四％しかその経験に満足していなかった。これらの結果は、六二％の個人の被害者、七一％の団体の被害者が満足していたことを示した、参加者の下位標本がインタビューされたイギリスでの初期の研究（Dignan, 1990）の結果と一致している。回答した加害者の約半数は満足していると報告している。対面（直接）調停の参加者は、間接調停を取り持つ仲介者による調停の参加者よりも満足している。

被害者は、事件のあらましや事件によってもたらされた苦痛を共有する機会を持てたことに、満足していると報告している。被害者は「加害者に私が個人的に傷つけられ、お金だけの問題でなく……人権を侵されたと感じていることを知らせ」たかったと述べていた。被害者加害者調停の過程における役割に満足している、といった感想を持つ者もいた。ある被害者は「われわれ被害者と加害者双方は自由に話すことができる……〈調停人〉は話す内容を教えたりはしなかった」と述べた（Umbreit, 1988, p. 988)。

また、ほかの女性被害者は、「処罰に関われたので少し落ち着いた」と述べた（Coates & Gehm, 1989, p. 255)。また、「何が起こったかを把握し、加害者の話を聞いて、なぜ、どんなふうに彼はそうしたのか聞くことは重要であった」と述べた者もいた（Umbreit & Coates, 1992, p. 106)。非常に多くの被害者が、表現することをとても必要としている。暴力被害にあった被害者は調停の前に、「加害者に対して憎悪と怒りを募らせ、彼が出所するとき自分は何をしでかすか心配だ」と述べていた（Flaten, 1996, p. 398)。

もちろん、すべての被害者が、被害者加害者調停の過程に魅力を感じているわけではなかった。少数の被害者はそのプログラムに満足していなかった。ある男性被害者は、「それは、車にはねられて自分のことで精一杯なのに、ひいた運転手を助けようとしているようなものだ」と不満を述べている（Coates & Gehm, 1989, p. 254）。あるカナダ人は、「調停の過程は満足いくものではなかった。特に、結果には満足できない。私は、一年経っても、受けた損害の埋め合わせをしてもらっていないし、賠償金も得ていない。加害者は適切な処置を施されたとはいえない。私は適切に償われたとは感じていない」と述べている（Umbreit, 1995b, p. 162）。

加害者は概して、前向きな経験ができたという驚きを報告している。ある少年は、「彼（被害者）は、私の犯した過ちを理解し、私はそのことで彼に本当に感謝している」（Umbreit, 1991, p. 195）。また、「被害者がどのように感じているかを理解することによって、私は変わった」（Umbreit & Coates, 1992, p. 18）。また、「最も嬉しかったことは自己責任が持てたことだ」（Umbreit, 1995b, p. 173）と報告する者もいた。あるカナダ人加害者は、「調停がなかったなら、私は有罪を言い渡されていただろう」と彼の喜びを簡潔に述べている（Umbreit, 1995b, p. 144）。

次のコメントは、比較的少数の加害者が、被害者が時折この過程を悪用していると感じていることを反映している。それは、「加害者は、被害者の取られたという半分の物も盗んでいない。被害者は元々物を持っていなかったか、他の誰かが盗みに入ったからだ」というようなものだ（Coates & Gehm, 1985, p. 12）。アルバカーキの加害者は、この過程が被害者にあまりに大きな力を与えていると考えている。「奴は私を騙そうとしていた。被害者は私が盗んだと主張するすべてのリストを持って現れた」（Umbreit & Coates, 1992, p. 110）。被害者の告発に論駁するには、あまりに力がなさすぎると感じている加害者もいる。

アメリカとカナダの研究における満足度に関するデータの二次分析は、注目すべき似通った結果になった（Bradshaw & Umbreit, 1998；Umbreit & Bradshaw, in press）。被験者の満足度に最も関連する変数を決定するために、重回帰分析を用いて分散の四〇%以上を説明する三変数を得た。それぞれの研究において、被害者の満足と関連する鍵となる変数は、被験者が調停人に対して良い印象を持ち、賠償の決定を公正だと感じ、そして、いかなる理由であっても、加害者に会いたいと強く思っていた、といった内容から構成されている。この三つ目の変数は、自分で選択することによって長期にわたる満足感が得られるという見解を支持する。これらの発見は、調停人の役割の重要性や、調停による実際の結果や同意事項の重要性に関してもまた、強調している。

被害者加害者調停に対するこれらの高い満足は、比較的、刑事司法制度に満足しているとも解釈できる。対照群が調査されたところでは、調停を経験した被害者と加害者は、従来の裁判による起訴手続きを受けた人びとよりも、刑事司法制度にずっと満足していると報告していた（Davis et al., 1980；Umbreit & Coates, 1993；Umbreit, 1995a）。たとえば、四つの州における米国の複数箇所の研究（Umbreit & Coates, 1993；Umbreit, 1994、第9章参照）において、少年犯罪の被害者は、通常の法的手続きを受けた同じようなケースの被害者よりも（五七％）、このような方法による扱いを受けた被害者の方がとりわけ満足している（七九％）ようである。

公正感

満足度に関係するのは、公正さの問題である。多くの研究においては、調停の過程とその結果の合意に関する公正さを尋ねている（Davis et al., 1980；Coates & Gehm, 1989；Umbreit, 1988, 1989a, 1991, 1995b；Umbreit & Coates, 1992）。

高い満足度が得られているので、驚くことではないが、被害者加害者調停の参加者の大多数は（一般に八〇％以上）、設定、文化、犯罪の種類にかかわらず、調停手続きが被害者と加害者両者に対して公正で、結果の合意も公正であると信じていると報告している。対照群を設置した地域では、調停を受けた人たちは、従来の手続きを受けた人びとよりも、公正に扱われていると感じていたようだ。ミネアポリスにおける侵入盗の被害者についてのある研究（Umbreit, 1989a）では、被害者加害者調停を経験した被害者の八〇％が、刑事司法制度を公正だと感じているのに対し、被害者加害者調停を経験しなかった被害者は、たった三七％しか公正だと感じていなかった。

公正さに関する被害者と加害者の見解は、統計的評価を支持している。典型的なコメントは、「調停人は、偏っていなかった。彼女は批判的ではなかった」とか、「集まりの間中、調停人はあらゆる人の意見に耳を傾けていた」という実例によって示されていた（Umbreit & Coates, 1993；Umbreit, 1994）。しかし、少数の参加者はこのようには感じてはいない。被害者に味方して、「調停人は被害者の代弁者になっているようだ」とか、「調停人は偏っているようだ」（Umbreit & Coates, 1993）というようなコメントは、調停過程の不均衡と不公正感を反映している。肯定的なコメントが否定的なコメントをはるかに凌いではいるが、否定的なコメントは、調停過程が参加者に意図しない影響を与えることもありうるという見識を提供してくれる。

とはいうものの、全体的な肯定的な満足、公正感の経験は、刑事司法の選択肢としての被害者加害者調停を支持している。尋ねられると、被害者加害者調停参加者のうち概ね十人中九人は、他の人にも被害者加害者調停プログラムを勧めた（Coates & Gehm, 1989；Umbreit, 1991）。

賠　償

初期から、被害者加害者調停プログラムの支持者は、賠償問題を加害者と被害者が共に対面することの副産物と見なしている。それは対面の二次的なものと考えられており、その対面によって両者に何が起こったかについて話し合う機会を提供する。最近の人間的「対話」調停の主眼点は、賠償の副次的重要性に関するこのような伝統的な見方を反映している。しかし、少数の管轄区では、被害者加害者調停を、被害者に賠償を獲得させるための主要な手段であると見なし始めている。これらの管轄区は、被害者に賠償を正しく理解させ、加害者に賠償契約を守る責任を持たせるために、被害者加害者調停が必要であると考えている。被害者は、たとえ被害者加害者調停への参加の最初の動機が賠償であっても、被害者加害者調停に関して最も評価しているのは、加害者と話し合う機会が持てたことだとしばしば報告している（Coates & Gehm, 1989；Umbreit & Coates, 1993）。

多くの場合、賠償は被害者加害者調停に分かちがたく結びついている。概観した研究の約半数においては、賠償を被害者加害者調停の結果であると見なしている（Collins, 1984；Coates & Gehm, 1989；Perry et al., 1987；Umbreit, 1988, 1991, 1994；Galaway, 1989；Warner, 1992；Roy, 1993；Umbreit & Coates, 1993）。対面に至ったケースの概ね九〇％またはそれ以上が、賠償契約を結んだ。ある形態、またはその他の形態（金銭的補償、地域奉仕活動、被害者への直接的奉仕活動）の賠償が、これらの同意の大多数を占める。研究を概観すると、おおよそ八〇％から九〇％の契約が完遂されたと報告している。いくつかの例では、契約期間の長さは、研究された期間の長さを超えているものもある。

ある研究において、被害者加害者調停に参加した少年加害者と参加しなかった加害者との間での、賠償の支払い遂行の度合いを比較している（Umbreit & Coates, 1993）。その例では、被害者加害者調停プログラムに参加しなかった少年のなかで契約完了者は五七％であったのに対し、参加した少年の八一％が支払いの契約を完了しているが、このことは統計的にみて有意な差である。また、賠償問題が被害者加害者調停に統合されたインディアナ郡と、法律上賠償を課したミシガン郡を比較した別の研究では、その支払いの完了の度合いに関して差はみられなかった（Roy, 1993）。それぞれの州の支払い完了者の割合は、八〇％をわずかに切る程度である。

代替措置

被害者加害者調停プログラムの多くは少年犯罪者に、より金と時間をかけずに、またある人びとにとってはより厳しくない選択肢として、代替措置に回すことを名目に作られている。代替措置が多くの人びとから賞賛されているのと同じくらい、他の人びとは、意図しない〝網を広げる〟結果に懸念を抱いている。〝網を広げる〟とは、被害者加害者調停がない場合よりも、少年や成人により厳しい制裁を経験させるということである。この話題に関してたくさんの議論がなされているが、それについての研究はほとんどない。ここで挙げたほんのわずかな研究だけが、この問題に焦点を当てている。

代替措置の問題に関する最も広い視野からみた研究の一つは、三年を越える期間、イギリスのノーザンプトンシャー州ケターリングで行われた（Dignan, 1990）。被害者加害者調停プログラムに参加した加害者が、近隣の管轄区の被害者加害者調停に参加していない、同じような加害者と比較された。著者は、ケターリングのプログラムに参加した加害者の少なくとも六〇％は、法廷における起訴から代替措置に回されたと結論づけている。管轄区の比較によって、地元の観察者が予測していたよりもはるかに少ない、一三％の〝網拡大〟効果があったということも結論づけている。

被害者加害者調停プログラム経験者と、従来の過程の経験者とにランダムに割り当てることができるくらい十分に人数が多い、スコットランドに基礎を置くグラスゴーの機関では、後者のグループ（従来の司法過程経験者のグループ）の四三％が起訴されなかったということを見いだしている（Warner, 1992）。しかし、彼らの大部分は有罪を言い渡され、罰金を科せられた。これは、この場合の被害者加害者調停は、より厳しい制裁と、実際に政府統制の網を広げたということを示唆している。

西カロライナ州の三つの郡での被害者加害者調停に関する大規模な研究（Clarke, Valente & Mace, 1992）では、代替措置に関する結果ははっきりしなかった。二つの郡においては、調停は裁判からの代替措置に影響を与えなかった。しかし、三つ目のヘンダーソン郡では、結果は劇的に異なっていた。著者は「ヘンダーソン郡のグループが裁判に与える影響は印象的である。というのは、裁判を三分の二も削減できるかもしれないからだ」と述べている（p. 45)。

調停の拘禁への影響は、七十三人の被害者加害者調停プログラムを経験した人の結果と、従来の方法で起訴された対照群との結果を比較することによって、インディアナ‐オハイオ研究で調査された（Coates & Gehm, 1989)。被害者加害者調停を経験した加害者は、そうでなかった加害者より拘禁される期間が短かった。そして、拘禁されたとき、被害者加害者調停の加害者は、州立刑務所よりも郡立刑務所に入れられた。拘禁の長さと場所は、経費に対する実質的な影響力を持っている。

再犯率

再犯率は、少年犯罪者と成人犯罪者に対する社会全体の反応の指標として、最善であると見なされるかもしれないが、それは、司法プログラムの長期的な影響力を評価するために用いられる、伝統的な尺度である。したがって、被害者加害者調停を評価するために計画された研究の多くは、再犯率という尺度を組み入れている。被害者加害者調停プログラムを経験した加害者のなかで、再逮捕されたり、再び有罪になった者の割合をただ報告しているだけの研究もある（Carr, 1998；L. Roberts, 1998)。対照群や、事前事後の結果が報告されていないので、これらの再犯の報告はある特定の地域に限られた価値しか持たず、特定の地域の典型的な相場になじみのない読者にとっては、ほとんど意味のないものである。

被害者加害者調停に関連して再犯率を報告した初期の研究の一つは、賠償プログラムを包むより大きな研究プロジェクトの一部であった（Schneider, 1986)。ワシントン特別区の被害者加害者調停プログラムにランダムに割り当てられた少年は、少年あるいは成人裁判に付されるようなその後の犯罪が、対照群である保護観察グループよりも少なかった。これらの少年犯罪者は、三十カ月以上にわたり追跡調査された。再犯率は、第一のグループが五三％で、第二のグループが六三％で、統計的に有意差があった。調停に委託されたが参加を拒否した第三のグループも、保護観察のグループよりも良い結果になった。このグループの再犯率は五五％であった。

マーシャルとメリー（Marshall & Merry, 1990）は、コベントリーとウォルバーハンプトンでの成人犯罪者を扱った二つのプログラムにおける再犯率について報告している。その結果は、暫定的ではあるが励みとなるものである。両方の場所で、加害者は四グループに分割された。調停にまったく参加しなかった者、被害者が参加したがらなかったがスタッフとの話し合いを行った者、間接調停に参加した者、被害者と対面した者、である。加害者の記録が、プログラムに委託される前とプログラム介入後の、比較可能な期間における犯罪行為を決定するために分析された。

コベントリーにおいては、被害者加害者調停に参加したグループと、そうでないグループとの間に有意差は見られなかったが、直接調停を経験し、たとえ被害者が会いたがらなくても個人的に配慮を受けた加害者は、より良い予後を示した。すなわち、より犯罪を起こさなかった、または深刻な犯罪を再び起こす割合がそうでない加害者に比べて少なかった。

ウォルバーハンプトンにおいては、直接調停を経験した加害者のグループの五五％、スタッフの配慮を受けただけのグループの四五％、プログラムに関わらなかったグループの三六％が行動を改めたのに対し、間接調停を経験した加害者のグループは、その七四％が行動を改善し、うまくやっていた。著者は、なぜある地域では間接調停が直接調停よりもうまくいき、別の地域では逆の結果が見られたのかということに関して、これらの結論は確定的でなく、混乱していると見なしている。

ケターリングにおける研究（Dignan, 1990）においては、対面（直接）調停を経験した加害者と、「シャトル（間接）調停」を受けただけの加害者との間で、再犯率を比較している。前者のグループは後者のグループよりやや良い結果、一五・四％と、二一・六％であった。既述の満足度に関する調査結果とともに、直接調停は、短期的、長期的どちらでも、個人的接触の少ない間接調停よりも良い結果を生み出しているようである。

四つの州での被害者加害者調停に参加した少年に関する研究では、調停を受けた少年は調停を経験しなかった少年に比べて、一年後の再犯率が低かった(Umbreit & Coates, 1993)。概して、地域にかかわらず、調停を受けなかった加害者の二七%が再び罪を犯したのに対し、調停を経験した加害者の一八%が再び罪を犯した。調停を経験した加害者は、調停を経験しなかった加害者よりも、裁判において深刻な刑に処せられることがより少ない傾向があった。

エルクハートとカラマズー郡で行われた研究(Roy, 1993)において、被害者加害者調停プログラムを経験した少年と、賠償の法的義務を負わされた少年との間の再犯率に、ほとんど差がないということが明らかにされた。被害者加害者調停を受けた少年の再犯率は、そうでない少年の二七%という割合に対して、ほんの少し高い二九%の割合であった。しかし著者は、被害者加害者調停加害者群が、賠償の法的義務を負わされた加害者群よりも重犯罪人を含んでいることを特筆している。

テネシー州の被害者加害者調停プログラムに参加した百二十五人の少年に関する研究(Nugent & Paddock, 1995)では、これらの少年は、ランダムに選ばれた対照群よりも再び罪を犯すことが少ない(一九・八%に対し三三・一%)ようだと報告している。被害者加害者調停に参加した少年で再び罪を犯した者は、対照群と比べると犯罪の深刻さのより低い罪を犯した。

ジョージア州コッブ郡で、一九九三年から九六年の間に調停を経験した、八百人近くという相当な数の少年のグループが、対照群と共に初期の段階から追跡調査された(Stone, Helms & Edgeworth, 1998)。再犯率に関して有意な差は見られなかった(調停群が三四・二%、非調停群が三六・七%)。調停を受けた少年で、再び裁判にかけられた者の四分の三は、調停での合意事項違反によってそうなった。

ニュージェントら(Nugent, Umbreit, Wiinamaki & Paddock, in press)による論文は、被害者加害者調停に

参加した六百十九人と、参加しなかった六百七十九人からなる、千二百九十八人の少年加害者の全サンプルを含む、これまでの四つの研究で報告された再犯率の厳密な再分析を行った。回帰分析を用いて、著者らは被害者加害者調停群の少年で、再犯した者は非調停群の少年で再犯した者より三二％と少なく、これは統計的に有意であった。また再犯の際に、被害者加害者調停群は非調停群よりも軽い罪を犯すと結論している。

概して、かなりの地域、設定における再犯率の知見は、再犯を減らすために、被害者加害者調停は少なくとも従来のアプローチと同じくらいは効果があることを示唆している。そして、多くの場合において、調停プログラムを経験した少年の予後はかなり良い。

経費

矯正プログラムの経費は比較しにくい。ここで概観するいくつかの研究は、経費に焦点を当てている。事件ごとの経費に関しては、明らかに扱った事件の数と、各々の事件に費やされた時間に影響を受ける。スコットランドの研究における経費分析の詳細な結果は、交錯している（Warner, 1992）。調停は、他の選択よりも経費がかからない場合もあれば、逆により経費がかかる場合もある。これらのプログラムの「限られた範囲」を考えると、プログラム運営全体に影響を与えるほど大規模に行われた場合の経費の影響を評価するのは、依然として難しいままであると、著者は指摘している。

カリフォルニアでの大規模な被害者加害者調停プログラムの評価によって、著者らは、事件ごとの経費はプログラムが拡大するにつれて、劇的に削減するという結論を出している（Niemeyer & Shichor, 1996）。一事件の経費は、二百五十ドル（約二万七千五百円）であった。

被害者加害者調停の経費について評価する別の方法は、より広範囲な制度への影響について考慮することである。拘禁刑の期間を削減することは、国家や州にとってかなりの節約になる（Coates & Gehm, 1989）。裁判の数が三分の二に減ったノースカロライナ州ヘンダーソンのような裁判数の減少は、郡レベルにおいてとても大きな影響を与えた（Clarke et al., 1992）。ジョージア州コッブ郡において被害者加害者調停プログラムを評価した研究では、経費分析は行わなかったが、時は金なりということを指摘している（Stone et al., 1998）。調停で必要とされる時間は、調停を受けないケースに要する時間のわずか三分の一である。

陳列棚に加える一つというよりはむしろ本当に代替措置として採用するのであれば、被害者加害者調停プログラムの経費の節約可能性は、重要である。しかし注意は必要である。他のプログラム選択肢と同様に、これらのプログラムも、質が低下してしまうほどケースに埋もれてしまう可能性がある。そして、経費節減のために、そうでなければこのシステムには来ないような人をも含めるために適格基準を拡大したり、プログラム・スタッフがうまく処理できないような深刻な事件を引き受けるようとする誘惑にさらされる。スタッフや担当者はまず、「何を犠牲にして経費を削減するのか」ということを、自分自身に問いかけなければならない。

被害者加害者調停と暴力犯罪者

一九九〇年の少年審判制度における被害者加害者調停システムの調査のなかで、多くのプログラムは暴力犯罪者と性犯罪者を除外していることを指摘している（Hughes & Schneider, 1990）。一九九六年から九七年の、被害者加害者調停プログラムで報告された事件の三分の二は（Umbreit & Greenwood, 1999）、軽犯罪を含んでいる。報告されたプログラムの四五％は少年のみを扱っており、九％は成人を対象に、残りは両者を扱っている。これらの数字は、被害者加害者調停が主として典型的に「軽い責任、軽い罪」の事件のための、「最先端」の代替措置の選択肢として使用されていることを表している。

多くのプログラム・スタッフは、もし彼らが侵入盗事件や、かなり深刻な暴力事件を扱うとしても、プログラムはもっと軽犯罪も扱わなければならないと主張した。これらは、いわゆる軽犯罪といわれるにもかかわらず、人間的な損失や悲劇が絡んでいると主張する者もいる。また、これらより軽微な段階で、犯罪を人間的問題として扱うことで、より深刻な犯罪が生じるのを防ぐことができると主張する者もいる。再犯についての議論のなかですでに示唆したように、これらの主張は、ある程度実証的に支持されている。

「比較的軽微」と見なされ、定義されるケースに対する被害者加害者調停の作用を見くびらなければ、被害者加害者調停を用いる際に、有意味な変化が必ず起こるということに注意するべきである。一九九六年から九七年の調査においては、多くのプログラム担当者がプログラムは、「重大さ、複雑さの増した犯罪の調停を頼まれるようになってきている」ことを指摘している。そして、「事実上はインタビューされた人すべてが、深刻な暴力事件を扱うための上級研修が必要である」と指摘している（Umbreit & Greenwood, 1999, p. 243）。

より重大で複雑な事件を扱うべきだという世間一般からの圧力とは無関係に、ある個人やプログラムはすでに、最も暴力的な少年の犯罪を扱うために特殊化されている。ニューヨーク、ウィスコンシン、アラスカ、ミネソタ、テキサス、オハイオ、ブリティッシュ・コロンビアといったまったく離れた場所における、殺人、業務上過失致死、傷害致死、武装強盗、性暴力を含む研究には、暴力犯罪の加害者や被害者との調停を形作っていくための重要な情報が示されている（Umbreit, 1989b；T. Roberts, 1995；Flaten, 1996；Umbreit, Bradshaw & Coates, 1999；Umbreit & Brown, 1999；Umbreit & Vos, 2000）。

これらの非常に集中的な、時間のかかる調停の努力は、見込みのある肯定的な結果を出してきている。これまでの人生のなかで、人に話せないような悲劇を抱えている者と、このような形で会って対話することを自ら選んだ被害者は、安堵し、終わったと感じたことや、忘れられたり、沈黙されたり、無視されなかったことへの感謝の気持ちを報告している。いくつかの州においては、加害者に会いたいと考える被害者の数は、彼らの要望に応えるために利用できる供給源を、はるかに超えている。

被害者加害者調停は、他の数多くの司法代替措置よりも、はるかに多大な研究上の注目を浴びている。二十年を越える経験と研究のデータから、以下に示すような信頼できる結論の基礎が得られた。

まとめ

(1) 被害者加害者調停に参加することを選んだ人——被害者・加害者にかかわらず——にとって、被害者加害者調停と当事者同士の対話は、大変高いレベルで、被害者加害者調停のプログラムと刑事司法制度への満足をもたらす。

(2) 被害者加害者調停参加者は、一般的に被害者加害者調停の過程とその結果生じた合意を、公正であると見なしている。

(3) 賠償は、ほとんどの合意の一部を成しており、十件中八件以上の合意は成功裏に完了している。

(4) 被害者加害者調停は、少年犯罪者を社会秩序に適応できるよう方向転換させるための有効な手段になりうるが、それは同時に社会統制の網を広げる手段にもなりうる。

(5) 被害者加害者調停は、再犯を減少させるという点で、少なくとも伝統的な保護観察と同じくらい有効であり、いくつかの被害者加害者調停プログラムは、従来のものよりずっと効果的である。

(6) 相対的な経費を考慮すると、被害者加害者調停は、経費を削減するか、または抑える見込みがかなりある。

(7) 深刻な暴力犯罪を含む被害者と加害者を扱うための、調停技術を身につけることに対する関心が増しつつある。そして、予備調査では、調停グループを準備するはるかに長く集中的な過程の必要性を含めて、前途有望な結果が示唆された。

少なくとも司法制度の影響を受けた少数の人は、加害者に自分の行動の責任を持たせるための有効な手段として、被害者加害者調停を見ている。多くの地域において、被害者加害者調停に基礎を置くかなり広範囲にわたる研究がこの議論を支持しているが、さらなる研究がなされる必要がある。報告された研究の大部分は、研究方法の制限のため、せいぜい暗示的な結果を提供するのみであった。無作為割り当てや、統制群の設置、長期的な実験計画を含むさらに厳密な研究が必要である。しかし、刑事司法制度のフィールド調査の現実世界のなかでは、被害者加害者調停の二十五年の経験は、二十世紀の終わりのここ二十五年間に現れた、最も前途有望で、実証主義に基づく改良運動の一つであることが示されている。

第9章　被害者加害者調停の国家間評価

本章では、ミネソタ大学で行われたアメリカ、カナダ、イギリスにおける被害者加害者調停プログラムの成果に注目した緒研究の概説、概略について述べる。

国家間の評価は異なる背景のなかで、適用可能性、共通の課題、共通の方法論、共通の実施手段を発展させる観点から、被害者加害者調停について検討していく試みとして始められた。それは、被害者加害者調停に関連する、三つの異なる国の研究結果から構成される。三カ国の研究とは、アメリカの四つの州のプログラム（Umbreit & Coates, 1993；Umbreit, 1994）、カナダの四つの州のプログラム（Umbreit, 1995b）、イギリスの二つの都市のプログラム（Umbreit & Roberts, 1996）の三カ国である。これら研究は一九九〇年から九六年の間に行われた。アメリカで最初に行われ、その後はカナダ、イギリスと続いた。被害者加害者調停は文化的な背景の違い等を反映し、異なる地域では異なった手法が取られた。調査から導こうとした最も重要な観点は「被害者加害者調停にはさまざまなやり方があるが、プログラムの提供や刑事司法政策にとって参加者に共通した重要な体験はあるのだろうか」ということである。

プログラムの実施場所

アメリカの実施場所は、三つの地域に基盤を置く民間の非営利的組織（ニューメキシコ州アルバカーキ、ミネソタ州ミネアポリス、カリフォルニア州オークランド）と、テキサス州にある郡の保護局の四つからなる。これら四つのプログラムはもっぱら少年を対象としており、ほとんどすべて少年審判所や保護観察官から委託されたものである。

カナダでのプログラムは、それぞれの地域に基盤を置く非営利組織のもので、コロンビア州ラングレー、アルバタ州カルガリー、マニトバ州ウィニペグ、オンタリオ州オタワの四カ所で行われている。それぞれは、プログラムデザイン、ケース担当数、ケース管理の手続きは、実にさまざまな形態をとっていた。ラングレーとカルガリーでのプログラムでは、主に少年犯罪者を対象としており、保護観察官や裁判官から委託されたケースを扱っている。ウィニペグとオタワのプログラムでは、主に成人を対象としており、地方検察官事務所によって委託されている。

イギリスでのプログラムは、コベントリーとリードで行われている。両者は地方の保護観察所によって運営されており、主に成人を対象としている。一九九三年の調査の時点では、イギリスで調停に訪れる人の一五％が、第1章で述べているような対面による調停に参加している。その他の人は、調停者が被害者と加害者の間を行き来するような、間接的な調停を実施している。この二つのグループは別のグループとして考える。

サンプルとデータ収集の方法

三つの研究は、調停後のインタビュー、および類似のケースを対照群とした準実験的研究デザインに基づいて実施された。また、それぞれのプログラム実施場所では、調停活動に参加し、進んで研究に協力してくれた被害者と加害者をインタビューしている。テキサスのプログラムを除く他のプログラムでは、調停を紹介されたが参加しなかった者の対照サンプルも、インタビューしている。さらに、アメリカでは、調停を紹介されなかった者や、いくつかの重要な変数を合わせた者からなる第二の対照群も、テキサスを除くすべての実施場所で用いられている。

アメリカの実施場所では、調停を行った被害者二百八十名、加害者二百五十二名と、調停に参加しなかった被害者二百十名、加害者二百六名のインタビューが行われている。カナダでは、調停に参加した被害者百八十三名、加害者百五十九名と、被害者百四十名、加害者百二十八名の対照群のインタビューが行われた。イギリスの研究では少々異なったデータが得られている。インタビューが行われたのは、対面による調停を行った被害者十九名、加害者十六名と、間接的な調停を行った被害者二十五名、加害者十四名、および調停を行わなかった被害者二十六名、加害者二十三名である。

それぞれの実施場所では、インタビューの承諾を得た者に対し、調停終了後二カ月から四カ月に質問をした。インタビューは、面接もしくは電話のいずれかで行われた。質問は、調停過程に対する満足度、および事件に対する刑事司法制度の全体的な対応への満足度に焦点が当てられた。

より多くの調査がアメリカやカナダ全土でも実施されている。質的データの結果の一部を、調停プロセスや参加者の雰囲気を伝えるために、この章では取り上げていく。すべての場所で同様のインタビューの計画が使われているが、質問の言語や言葉遣いといったものは、文化的背景やプログラムに合わせて修正されている。

参加者

調停を委託された候補者のうち、アメリカでは四〇%、カナダでは四一%、イギリスでは七%が、実際に対面による調停に参加している。また、イギリスでは三九%が間接的な調停に参加している。すべてのプログラムにおいて、調停を進めるためには、被害者加害者双方の調停に参加することへの同意が必要である。委託されたが調停に至らない理由には、さまざまなものがある。たとえば、ある加害者は関わりあうことを拒絶するし、ある被害者は途中で調停を中断する。また、時に、調停に至る前に問題が解決することもある。

多くの場合、被害者加害者双方に対して参加の自由を強調することが重要なのは明らかである。一般的ではないが、加害者のなかには調停に参加せざるを得なかったと感じている者もいる。あるカナダの加害者は、「それは選択ではありませんでした。私は前科を避けたかったのです」と述べている。この加害者は、前科が残らない可能性のある選択肢を選んでいる。もし、加害者たちが、無理にでも調停に参加させられるなら、調停件数はより大きくなるだろう。しかし、そうして無理強いして参加させることは、他ならぬ被害者加害者調停の観念を蝕んでしまうだろう。

アメリカのサンプルでは、調停に参加する被害者の典型例は、三十代半ばの白人男性である。また、典型的な加害者は、前科のない、窃盗罪（最も多く報告されているのは侵入盗）を犯した、十五歳の白人かヒスパニック系少年で、より公的な制度から代替措置に移す手段として委託された。調停への参加を選んだ者とそうでない者の間には、有意な差は見られなかった。

カナダのサンプルを見てみると、典型的な被害者はやはり三十代半ばの白人である。加害者の平均年齢は、アメリカの場合より高く二十四歳である。典型的な加害者は、暴力事件を起こした白人男性である。調停に参加した者とそうでない者の間には、有意な差はなかった。これらは概して保護観察所か検察官事務所から委託されている。

イギリスでの被害者と加害者の典型例は、ともに男性である。イギリスのサンプルでは、対面調停に参加した者と間接調停に参加した者に、少々の年齢の違いがある。対面調停を行った被害者の平均年齢は三十四歳だが、間接調停を行った者の平均年齢は四十六歳になる。また、対面調停を行った加害者は平均年齢が十九歳と若い傾向があり、間接調停を行った者は、平均年齢二十七歳である。最も多い罪は侵入盗であり、これらの大部分は保護観察所から委託されている。

結　果

これらの三つの研究における重要な成果が、三カ所すべての地域から見いだされている。

調停過程に対する参加者の満足感

すべての実施場所で、被害者も加害者も調停過程に高い満足を得ている（表9-1参照）。アメリカとカナダの被害者加害者のうち九割は、調停の成果に満足を示している。イギリスにおいては、対面調停を行った被害者の八四％が、間接調停を行った被害者の七四％が結果に満足し、対面調停を行った加害者の一〇〇％、間接調停を行った加害者の七九％が、結果に満足を示している。

アメリカの場合、調停に参加した被害者にとって、調停者の態度、公正な補償の同意、加害者との面談の意味が、調停過程に対する満足に影響を与えていることが示されていた。

表 9-1　被害者加害者調停体験に対する参加者の見方

	アメリカ		カナダ		イギリス			
					直　接		間　接	
	被害者	加害者	被害者	加害者	被害者	加害者	被害者	加害者
調停の成果に満足した	90% (204)	91% (181)	89% (117)	91% (152)	84% (19)	100% (15)	74% (19)	79% (14)
刑事司法制度がケースを調停へ委託したことへの満足感	79% (204)	87% (181)	78% (178)	74% (157)	68% (19)	73% (15)	57% (23)	86% (14)
刑事司法制度がケースを調停へ委託したことは公正である	83% (204)	89% (178)	80% (174)	80% (156)	71% (14)	80% (15)	50% (20)	100% (12)
調停での合意は公正である	89% (200)	88% (175)	92% (170)	92% (143)				
犯罪による衝撃を語ることは重要である	91% (166)	90% (137)	89% (181)	84% (140)	90% (41)	93% (29)		

あるイギリス人女性は、間接調停の活動を通して加害者から罪についての考えを聞いた後で、以前とは「まったく違う人」のように感じたと話した。

アメリカの少年加害者は、「行き詰まってたころに調停者はオープンマインドで、被害者に歩み寄ることを提案し、私たちに手助けをしてくれた」と記した。

あるアメリカの被害者は、「よく機能しており、調停はすばらしいと思う。なぜなら少年は、最後には事件のインパクトを理解し、自分にとってもされたくないようなことだと理解したからだ」と述べた。

あるイギリスの被害者は調停後、その満足感について、「調停によって守られていることが感じられ、調停のおかげで加害者の顔を見ることができた」と語った。

また、あるイギリス人の加害者は、「調停はとても元気を与えてくれた。被害者に謝罪し償いをすることができたし、犯した罪を言葉にし、けじめをつけて過去のものにする手助けをしてくれた」と調停への満足感を表すと同時に、プロセスの概観を述べている。

三つのどの実施場所でも、加害者と被害者が直接会うことは、調停への参加において最も満足感に影響を与える要因として、コメントのなかで強調されている。

刑事司法制度への参加者の満足感

調停の参加者は、事件を調停に委託するという刑事司法制度に、かなり高いレベルの満足を示している。カナダ、アメリカにおいて約八割の被害者は、彼らの事件が調停に委託されたことに満足を感じている。アメリカの加害者たちが八七%なのに対し、カナダの加害者たちは七四%というように、若干だがアメリカの加害者のほうがより高い満足を感じている。対照群と照らすと、アメリカの例では、調停に参加した被害者は、加害者に会わなかった者より、司法制度によって自身の事件が調停に委託されたことに満足を感じる傾向が、はっきりと現れていた。カナダでの調停の被害者・加害者はともに、調停に参加しなかった者より、司法制度によって自身の事件が調停に委託されたことに満足を感じる傾向がはっきりと現れていた。

イギリスでは、すべての者が、委託されることをすばらしい考えだとはしなかった。対面調停を受けた被害者の六八%、間接調停を受けた被害者の五七%が満足を感じている。対面調停を受けた加害者の七三%、間接調停を受けた加害者の八六%が満足を感じていると報告されるように、加害者は被害者に比べてより多くの人が、自身の事件を調停に委託する司法制度に満足を感じている。両者の間には有意な差は見られなかった。

多くの被害者が、司法制度が加害者に「最後のチャンス」を与えることができることや、彼らが調停への参加の決定を行うための重要な部分を握っていることに満足を感じている。

あるカナダの被害者は、「司法制度は、本来当事者にはまったく関係ないところで能率の悪い効果のない制度が担っていることを、当事者の希望に合わせようとしてくれているように感じる」と指摘した。

また別のカナダの被害者は、司法制度は「統制感を提供し、発言の機会をくれた。それまでは私は無力感を感じていた」と述べた。

刑事または少年司法制度の公正さに対する調停参加者の認識

刑事司法制度、少年司法制度に対する調停参加者の見解の違いは、彼らが、事件が調停に委託されることによって、公平な扱いを受けていると感じるかどうかにある。公正さが考慮に入れられた場合、満足度はわずかに上がる。アメリカの例では、被害者の八三％、加害者の八九％が、彼らの事件が調停に委託されたことに制度の公正さを感じている。カナダの例では、八割の被害者・加害者がその制度に公正さを感じている。イギリスの例では、若干懐疑的になる。対面調停に参加した被害者の七一％は、その制度を公正なものだと考えているが、間接調停を行った者ではわずか五〇％になる。加害者ではその制度を公正だと感じる者の割合はより高くなり、対面調停を行った者の八〇％、間接調停を行った者の一〇〇％がそれを公正なものとしている。

概して刑事司法制度とその対応は、調停を行わなかった者より調停を行った者にとって、より公正なものとして捉えられている。アメリカの例では、調停のなかで八〇％以上の被害者・加害者が、その制度を公正なものと信じている。同様に、調停に参加しない加害者の多くが、その制度を公正なものと考えている。しかし、調停に参加しなかった被害者群ではほぼ半数の者が、その制度を公正なものと考えていた。他の実施場所でも似たような見解になっている。カナダの例では、調停に参加した者の八〇％が公正な扱いを記述している一方、調停に参加しなかった被害者の四三％、加害者の五六％が、その制度の対応が公正なものだと見なすのみである。アメリカの例では、調停に参加した被害者と参加しなかった者の間の差は有意であったが、一方、カナダの例では、被害者と加害者双方において対象群との間に有意な差は示されなかった。イギリスでの反応はより控えめなもので、調停に参加した被害者の約六〇%、参加しなかった者の五〇%が、その制度を公正なものと見なしている。加害者の間では、値はそれぞれ八九%と五六%となっている。だが、イギリスには有意な差は見られなかった。

あるイギリス人被害者は、「私は公正さを感じた。彼は賠償をしてくれた」という言い方で、制度の公正さに対する問いかけに答えている。また、あるカナダの加害者は、「裁判官の前に出て座っているだけよりずっといい。拘禁は何もいいことがないし、事件に関わっているのは裁判官ではなく、私たち二人なのだ」という独特の言い回しで、その制度の公正さを表現している。

調停合意が公正かどうかに関する参加者の見方

アメリカとカナダでは、加罪者と被害者の間で交わされた合意が公正なものであったかを質問されている。その回答は肯定的なものだった。九割の加害者と被害者は、その合意が公正であったと感じている。

アメリカにおける調停セッションの以下の引用が描くように、しばしば「公平さ」は対面調停における話し合いという課題をもたらす。

「私は五百ドルを取り戻したいわ」と、被害者であるアリスは言った。「私はそれが正当だと思うの。結局、私は車を失っただけじゃなくて、いろんなことに悩まされたわ」。

「あなたはどうですか、エドワード」。調停人は加害者に聞いた。「あなたからみたら、何が公正だと思いますか」。

「俺が何が公正だと考えているか知りたいんだな」。

「ええ」。アリスはエドワードをじっと見ながら言った。

「わかった、彼女は金を取り戻す権利がある」。エドワードはアリスをじっと見詰めながら言った。「それが公正だ」。彼は向きを変えて、調停人に申し出た。「俺たちは四人でやった。だから金も四人で分割できないか」。

アリスもまた調停人に向き直り言った。「まさに私が期待してたことよ」。

自分の経験を語ることの重要性

被害者加害者調停に求められている成果の一つは、調停の過程をより人間的なものとすることである。それはつまり、実在の人びとが犯罪によって傷つき、実在の人びとが犯罪を犯していることを認識することである。犯罪は人間の引き起こす出来事であるという考え方を促す重要な手段の一つは、参加者たちが彼らのこの犯罪という出来事を話すことである。ある被害者は、家に帰り、家が荒らされているのを発見し、プライベートな空間が侵されたと知ったとき、それがどんな気持ちだったのか、そして今もどんな思いでいるか語るかもしれない。加害者は侵入盗につながったさまざまな要因、たとえばグループからの圧力やアルコールや薬物などについて話すかもしれない。

調停の二カ月から四カ月後に、参加者たちに自身の経験について話したことや、犯罪の影響について話をしたことの重要度を質問している。それぞれの国で九〇％の参加者が、重要であったと答えている。アメリカの研究では、調停に参加した被調査者は、その調停のセッションの一週間前にも面接を受けている。調停の前の面接において、七九％の人が犯罪について話すことは重要であると考えていたが、それと比較すると、調停後面接で九一％の人が重要であると結論づけており、その見解は統計的に有意なものであった。

その人の個人的な影響を話すことだけが重要なのではなく、他者の話を聞くこともまた重要である。あるアメリカの被害者が以下のように語っていた。「何が起こっていたか知り、彼の話や、なぜ、そしてどのように犯罪をしたかを聞いたことは、とても重要なことだった」。あるカナダの加害者は語った。「私は謝罪をし、話し、そして私の話を聞いてもらうことができた」。

恐怖感の低減

対面調停により、同じ加害者からの再被害の恐怖感は低減する。再被害の恐怖感は、初めて犯罪に遭遇した犯罪被害者によってしばしば報告される。その報告とは以下のようなものである。「どうやって家に入るかわかったら、彼らはまた来るんじゃないの」。アメリカの研究において、少年加害者に会う前に、二三％の参加者が同じ加害者によって被害を受けるのではないかと恐怖を感じる。しかし、調停終了後はたった一〇％の人しかそのような恐れを表さないし、また五六％の人が再被害の恐怖を低減させていた。この知見は統計的に有意であった。

カナダの研究では、調停セッションの後、一一％の被害者が同じ加害者からの再被害の恐怖感を表していた。それと比較すると、加害者との調停セッションに参加しなかった同じような被害を受けた人で、恐怖感を持っている人は三一％に及んでおり、この結果は有意であった。イギリスでの結果は有意ではなかったが、同様の傾向があった。調停に参加した被害者は、参加していない被験者よりも、同じ加害者による再被害の恐怖感をより低く報告していたし（一六％ 対 三三％）、また直接調停に参加した被害者は、間接調停に参加した被害者よりも恐怖感が低かった（一一％ 対 二一％）。

あるカナダの被害者が、加害者から再び被害を受けないことの安心感について、以下のように表現している。「彼がもう一度私に加害を与えることはなさそうだけど、もし調停がなかったら、私はそれを知ることがなかっただろう」。他のカナダ人も「私はいくつかの不安を解消した。『私は』安心し、加害者が私に対して個人的に被害を与えようとしているという『恐怖』が低減した」と述べた。

賠　償

アメリカ・カナダの両国において、損害賠償は、被害者加害者調停の重要な副次的成果である。調停ケースの九〇%が最終的に賠償に至る。ある種の賠償は、被害者にとってしばしば重要な意味を持つ。アメリカの被害者たちは以下のように報告している。「お金を取り戻すことは実際重要なことよ。だって、当時私はとても経済的に困っていた状態だったもの」「お金が重要ではないよ。だけど加害者が賠償のために働いたり、僕の利益になることをしていたことが重要なんだ」「彼はそうする義務がある」。何人かのカナダの被害者も、さまざまな形で、参加への動機づけになった賠償について明らかにしている。「私はお金を取り戻すため、また不便さのために調停を選んだ」「調停はうまく合意するための良い機会だよ。合意によってこの解決は私の満足につながった」「私は被害を補償された」。

アメリカの二つの地域の、賠償の成就に関するデータがある。それぞれの都市（アルバカーキとミネアポリス）において、合意のうちの八一%が成功しており、裁判で賠償という結論に至った人たちの五八%という成功割合と比較して高い。この違いは統計的に有意なものであった。少なくとも、被害者と加害者の間の対面的な接触は、賠償の成就に対し重要な影響を与えると推測することができる。それぞれのケースでの合意は、外部の権威者に押しつけられたものではなく、むしろ二人の個人の間で成立したものである。

再　犯

アメリカの三つの地域（アルバカーキ、ミネアポリス、オークランド）の百九十名の少年は、調停後の一年以内に、新たな犯罪を犯したかどうか追跡されている。調停参加者の一八%が一年以内に新たな犯罪に手を染めているが、それは比較対象グループの二七%と比較して低い。再犯率の低下というこの見解は、統計的に有意であった。

考察

この三つの国における被害者加害者調停の成果を展望してきたことによって、多くの結論が見いだされる。

モデルの柔軟性と転用可能性

被害者加害者調停の実施方法は、各国そして地域によって異なる。地域の状況や文化的背景に依存して、それぞれのプログラムは広範囲の被害者と加害者、そしてしばしば彼らの家族に対しても行われる。少年加害者に特化したプログラムもあれば、成人加害者に焦点を当てたものもある。起訴前や判決前の代替措置を目的にするものもあれば、時に審判決定の一部でもある。研究されたプログラムのほとんどが民間組織によって運営されているが、いくつかは地方自治体によって運営されている。ほとんどのプログラムがボランティアの調停人を活用しており、いくつかは人を雇って行っている。小さな地域で行われているものもあれば、大都市で行われているものもある。少数民族の被害者と加害者が多いのもあれば、そうでないのもある。一方で、本当に多種多様のプログラムが作られており、調査が難しい。すなわち、それぞれのプログラムにおける、あらゆるすべての違いを統制することは、ほぼ不可能であろう。一方で、その多様性から学ぶこともできるという肯定的な側面もある。そのモデル自体（つまり、たいてい対面する形で加害者と被害者が一堂に会すること）は、調停過程を人間化し、成果を明確化させるのと同時に、司法の過程で参加者に役割を与える。

三カ国の異なる地域において、さまざまな形態の被害者加害者調停プログラムを見いだしたという事実は、その基本的なモデルが転用できる可能性が高いことを意味している。プログラムの構造は幾分異なるかもしれないが、成果を達成する一つの方法として、加害者と被害者を一堂に会するという核となる部分は変わらない。

さまざまな背景での高い満足水準

どのような集団に対して行われるか、プログラムを実施するのが私的か公的な機関か、そのプログラムが調停過程のどこで使われるか、調停者がボランティアか雇われた人（彼らは長い間トレーニングを受けている）かなど、そのプログラムがどのような形をとるかにかかわりなく、被害者加害者調停に参加した加害者と被害者が、その過程と成果に対し高い水準での満足を常に示す。満足が生じるとき、そのような魅力は特定のリーダー、たとえばグループホームの管理者といった人の人格によるものであることが多い。しかし、先行研究同様、被害者加害者調停研究における実施場所の数と多様性の観点から考えると、満足は委託元や調停人の人格とのみ関連しているわけではない。

刑事司法制度への満足感

さまざまな被害者と加害者が、刑事司法制度を好意的に受け取ることは本当に稀である。一方で、調停に参加する八〇％以上の人がプログラムに対して好意的に受け取っていたばかりでなく、その制度によって自分たちは関与が可能になったと考えている。この満足は単なる「ＯＫ（一応の納得）の感情」を超えている。それは司法制度の核であるもの、つまり公正さを導く。ここで聞かれていることは、司法のプロセスに真剣に関与するという望みや満足だろう。多くの被害者は、伝統的なプロセスにおいては、自分たちが無視されていると感じている。たとえ犯罪が彼ら被害者に対して行われたとしても、伝統的なプロセスでは彼らは単に傍観者でしかないことに不満を持つ。これらの研究の視野を越えて、（たとえば賠償などの点で）似たようなケースを伝統的な方法で扱った場合、その結果は似たようなものなのか、それともまったく異なっているかどうかを知ることは重要である。結果は、劇的に違うといったことはないであろう。すなわち、異なっている点は、正義を貫く過程において、自分たちが重要な役割を担っていたという、被害者さらには加害者の感覚であろう。刑事司法制度は、被害者加害者調停に参加する個人に生じる好意的な態度という恩恵を受けると考えられる。

修復的司法理論の実証的基礎

修復的司法の理論は、多くの核となる価値観や原理をもとにしている。それらは、犯罪被害者や地域社会の役割の水準を、以下のように結論づけている。つまり、犯罪によって生じた害に対して対応すること。加害者が害を及ぼした人びとに対して直接的に責任を負うようにしておくこと。被害者が被った損失を最大限回復させること。犯罪被害者、加害者、家族、地域社会のメンバーの間での話し合いの機会を持つこと。加害者に対し、彼らが地域社会に復帰できるよう彼らの犯罪的行動への責任をとらせ、改心し、能力やスキルを発展させる機会を提供することである。修復的司法の原理は、アメリカの四十五以上の州において、広く政策や実践を通じて表されている。しかし、密接な関係がある、より新しい介入である家族グループ会議に関する二、三の研究（Fercello & Umbreit, 1998；McCold & Wachtel, 1998；Umbreit & Fercello, 1998）を除けば、多くの修復的司法の政策や実践を支持するための実証的証拠は乏しい。本研究は、最も古く、最も広く普及した表現——つまり被害者加害者調停を通して、修復的司法の実践理論に対する強力な実践的基盤を提供する。

第10章
アメリカにおける被害者加害者調停——四都市での評価

本章では、アメリカで行われている、被害者加害者調停プログラムに関する初めての大規模な分析について報告する。それは、多数のデータセット、質問紙調査、比較対照群、多様な量的・質的分析方法を含んでいる。調査されたプログラムは、ニューメキシコ州アルバカーキ、テキサス州オースティン、ミネソタ州ミネアポリス、カルフォルニア州オークランドのプログラムで、それぞれ少年審判所と緊密に連携して機能していた。調停過程や成果に関連した問題、クライエントの満足、公正性に対する認識、賠償の完遂、再犯率が調査されている。

方　法

審判所とプログラム・スタッフの人道上の懸念により、被験者をランダムに実験群と対照群に割り当てることはできなかった。それゆえ、準実験的デザイン（Cook & Campbell, 1979）が使用された。それは、量的・質的なデータと分析からなり、多数のデータセット、質問紙調査、比較対照群を含んでいる。全部で千百五十三件のインタビューが、犯罪被害者と少年加害者に対して行われた。そのうち、三百四件が調停前、四百三十二件が調停後、四百十七件が二つの比較対照群に対するインタビューである。研究は以下の調査項目に焦点を当てた。

(1) 誰が調停に参加するか、またなぜ参加するのか。
(2) 調停過程はどのように機能するか。
(3) 調停の参加者は、それをどのように評価するか。
(4) 審判所の職員は調停についてどう考えるか。
(5) 調停の直接的な成果は何か。
(6) 調停は賠償の完遂に、どのような影響を及ぼすか。
(7) 調停は再犯率に、どのような影響を及ぼすか。

調停過程のたくさんの重要な問題に関する被害者と加害者の態度が、調停前後の面接を通して調査された。クライエントの満足と公正性の認識が、調停後の面接と二つの比較対照群を通して調査された。二つの比較対照群とは、①調停プログラムに照会されたが、調停に参加はしなかった被害者と加害者(以下、「照会あり・調停なし」)と、②調停サンプルと加害者の年齢、人種、性別、犯罪といった変数を揃えた、同じ司法管轄区の被害者と加害者で、調停プログラムに照会されたことのない被害者と加害者(以下、「照会なし」)である。調停前のインタビューは、調停セッションの一週間前に電話で行われた。調停後の調査インタビューは、調停のおよそ二カ月後に、通常は被験者の自宅で行われた。比較対照群のインタビューは、ケースが行われうる日付からおよそ二カ月後に行われた。

被害者加害者調停プログラムにおける加害者の賠償の完遂は、再犯率と同様、同じ司法管轄区の加害者で年齢、人種、性別、犯罪、賠償額といった変数を揃えた(照会なし)比較対照群を用いて分析された。この揃えら

表10-1　インタビューされた個人サンプル，1990年から1991年

都市	調停	照会あり・調停なし（比較対照群1）	照会なし（比較対照群2）	合計
アルバカーキ				
被害者	73	33	25	131
加害者	65	36	28	129
オースティン				
被害者	50	50		
加害者	50	50		
ミネアポリス				
被害者	96	51	72	219
加害者	81	40	71	192
オークランド				
被害者	61	19	10	90
加害者	56	19	12	87
合計	532	198	218	948

注：多くの参加者は調停の前も後も両方インタビューを受けたので，結果として
インタビュー数の合計はのべ1,153件となった。

れたサンプルの加害者は、保護観察所にある賠償プログラムを通して賠償を行うように指示された。一九九〇年から九一年に調停プログラムに照会されたすべての被害者と加害者が、研究に参加する機会を与えられた。表10-1は、調停群と二つの比較対照群のサンプル内訳を示している。

少年加害者とその被害者をインタビューする、十一のデータ収集方法が展開された。そのインタビュー計画は、自由回答式の項目と選択回答式項目の両方からなり、リッカート式の五段階による態度評価も含んでいる。プログラムに関する書類の精査、調停された賠償合意、スタッフとボランティアのインタビュー、調停セッションの観察、からなるプログラムのモニターから、調停の介入は四都市すべてで一貫しているということが示唆された。

プログラムが行われた都市

アルバカーキ、ミネアポリス、オークランドにおけるプログラムが主要なものである。四番目のオー

スティンにおけるプログラムは、研究の後半に付け加えられたもので、より限られた範囲での分析を受けた。主な三都市のプログラムは、少年審判所と緊密に連携して機能している、民間の非営利的な地元の機関によって行われている。ほとんどすべての調停ケースは、地元の少年審判所や保護観察スタッフから照会され、比較的少数は、検察官や警察により照会された。

これらのプログラム都市を選ぶのに、いくつかの要因が考えられた。民間の非営利的な機関は、アメリカ中の被害者加害者調停プログラムの大半を実施していて、プログラムの大半が少年加害者に焦点を当てている(Hughes & Schneider, 1990；Umbreit, 1988)。三つの主要なプログラムには地域差や、プログラム発展の差があったが、これら少しの注意すべき例外を除けば、それぞれの被害者加害者調停プログラムが、少年加害者とその被害者両方に対して、非常に似ているケース管理を行っていた。

調停に照会された人

一九九〇年から九一年に、被害者二千七百九十九人と加害者二千六百五十九人、全部で五千四百五十八人が、少年審判所によって四都市での被害者加害者調停プログラムに照会された。照会された人びとの八三%が器物破損や窃盗、不法侵入といった財産犯であり、一七%が暴力犯罪であるが、主として比較的軽微な暴行である。

ケースの八五%は、公式の判決より前に、ダイバージョンの試みとしてプログラムを照会された。表10-2が示すように、残りの一五%のケースは、少年審判所による公式な判決の後に照会された。それぞれの都市における判決後の照会の割合は、オースティンの二%からミネアポリスの二八%と開きがあるが、すべての都市でケースの大多数は、判決前もしくはダイバージョンとして照会された。

四都市の調停プログラムに照会された加害者の平均年齢は十五歳で、七歳から十八歳までだった。照会された

表 10-2　照会された人の特性，1990 年から 1991 年

変　数	アルバカーキ	オースティン	ミネアポリス	オークランド	合　計
照会されたケース	591	1,107	903	541	3,142
判決前	76%	98%	72%	91%	85%
判決後	24%	2%	28%	9%	15%
被害者	654	1,058	633	454	2,799
加害者	604	1,087	658	310	2,659
犯罪の種類					
財産犯	73%	81%	89%	87%	83%
暴力犯	27%	19%	11%	13%	17%
最も頻度の高い財産犯	侵入盗	侵入盗	器物損壊	器物損壊	侵入盗
最も頻度の高い暴力犯	暴行	暴行	暴行	暴行	暴行

表 10-3　加害者の特性，1990 年から 1991 年

変　数	アルバカーキ（総数 604）	オースティン（総数 1,087）	ミネアポリス（総数 658）	オークランド（総数 310）	合　計（総数 2,659）
加害者の平均年齢	15	15	15	15	15
加害者の年齢の範囲	10-19	10-17	10-18	7-18	7-18
加害者の性別					
男性	90%	87%	85%	82%	86%
女性	10%	13%	15%	18%	14%
加害者の人種					
白人	30%	31%	70%	64%	54%
黒人	2%	25%	23%	15%	14%
ヒスパニック	65%	42%	2%	15%	27%
他のマイノリティ	3%	2%	5%	6%	5%

人の八六%は男性で、一四%が女性だった。ケースを照会された者の多く（四六%）は少数民族の若者で、そのなかではヒスパニック系が最も多かった。調停プログラムに照会された加害者の大半は初犯であったが、少数派である累犯者たちは、二つから六つほどの前歴があった。表10-3は、プログラムが行われた四都市の加害者の特性を示している。

結　果

ここで報告される結果は、多くの変数に関する参加者の認識、短期的・長期的な成果に関するデータ、プログラムが行われた四都市における司法制度からの支援に関する情報、を含んでいる。

調停に対するクライエントの期待

調停に参加した被害者と加害者は、異なる期待を抱いていた。被害者は、損失を回復することと加害者を援助することが等しく重要な期待であると示した。これらの期待は、加害者と話す機会、犯罪の影響、犯罪について被害者が抱いた疑問への答えを得る機会を期待する項目の頻度に表れていた。四分の一の被害者が、係争中の調停セッションについて心配を感じていることを認める一方、被害者の九割は、調停セッションはおそらく有意義であろうと信じていた。

加害者は、「自分の責任を果たす」ことが、主な期待であると示した。これらの期待は被害者に対して謝り、それに伴って「なされるべき償い」ができる機会を期待する項目の頻度に表れていた。加害者の十分の一は、彼らは調停セッションによって、それがなければ受けなくてはならない刑罰より軽い刑罰の結果になることを期待していた。加害者のほぼ半数が、係争中のセッションに対して心配を感じ始めていた。加害者の十人中六人は、被害者が加害者をどのように思うかを気にしていることを示し、被害者と同様に加害者の九割は、調停・セッションは有意義であろうと信じていた。

自発的な調停への参加

被害者と加害者が真に自発的に調停に参加しているのかどうかという問題は、被害者加害者調停過程が誠実であるために欠くことができないものである。参加を強制されることは、今度は被害者との対面の際に、怒りとして直接態度に反映される結果の一因となるので、少年加害者には調停に参加するかしないかの選択権を持たせることが、特に大切である。

被害者の権利運動の大きな関心事は、選択の問題である。それは自己効力感と自己統制感を取り戻すということである。もし調停過程が犯罪の被害者に強制的に課されるのであれば、調停自体がさらなる被害体験となってしまうだろう。

コーツとゲーンの研究（Coates & Gehm, 1989）では、多くの加害者は調停への参加を自発的とは感じていないとされたが、最近の研究では、被害者の九一％、加害者の八一％が、調停への参加は自発的であると感じているることが明らかにされた。特に、非常に強制的な傾向を持ついくつかの司法制度では、調停に参加した加害者の多くが、強制的に参加させられたと感じているだろうと予想される。しかし、本研究において、すべての都市で十分の八の加害者が、調停への参加は自発的であると感じていることがわかった。しかしながら、プログラムが行われた都市の間に、統計的に有意な差が見いだされた。ミネアポリスで加害者が自発的に参加している割合は最も高く九〇％で、アルバカーキでその割合は最も低く七一％であった。被害者については、四都市で同様の有意差は見いだされなかった。

調停過程

主な三都市の被害者加害者調停プログラムには、同じような四段階の過程がある。それは、受理、調停の準備、調停、フォローアップ、の四段階である。準備段階では調停人は、その犯罪で何が起こったのかについて聞き、プログラムについて説明し、調停の日程を調整するために、被害者と加害者の両方に別々に面談する。本研究においては、被害者と加害者による問題解決の手順を形成する一連の操作は、犯罪に関する事実や感情にまず焦点を当てている。加害者は、彼らが傷つけた人と顔を合わせるという不安な立場にしばしば置かれる。彼らは、「一人の人」として知られ、非常に個人的な方法で自責の念を表現する機会を与えられる。彼らの感情を自由に話し合うことを通じて、被害者も加害者もお互いを、ステレオタイプな〝人〟というよりも、近所に住んでいる隣人のような〝人〟として接する機会を得る。第二にセッションが焦点を当てているのは、被害者の損失と、お互いに満足する賠償合意である。調停セッションは一時間程度であることが多い。

フォローアップ段階は、賠償合意を監視すること、もし新たな衝突が生まれれば、適切な時期に被害者と加害者がもう一度面会する日程を調整することからなる。

プログラムが行われている主な三都市は、保護観察所から少年加害者の照会を、判決前（ダイバージョン）でも判決後でも受け入れている。スタッフと地元のボランティアは、両方とも調停人として活動する。調停人はそれぞれ、二十時間から二十五時間、調停技術やプログラムの手順について研修を受ける。

主な三都市で行われた調停セッションの二十八の記録から、過程はたいてい記述されているとおりに行われるが、常に正確な一連の行動（はじめの言葉、物語ることから、賠償についての話し合いや合意への移り変わり）であるわけではないとわかった。また、調停過程は非常に手順が定まった方法で行われるべきだと思われる例や、調停人のあいまいなリーダーシップや指導と思われる注目すべき例がたくさんある。それは、被害者と加害者の両方が、できる限り多くの情緒的な利益を得るような方法で調停を促進する機会を、損なっているようなものも含まれる。

調停のどちらの当事者も、調停人によって行われる仕事の重要性を評価した。被害者は、リーダーシップが調停人にとって最も重要であると評価した。続けて、参加者が快適であると感じること、賠償計画の作成を手伝うこと、参加者が話すのを促すことであった。加害者は少し違う評価をした。まず参加者が快適であると感じさせる能力、続けて、話すのを促すこと、賠償計画を手伝うこと、良い聞き手であることであった。

直接的な成果

調停に参加することを選んだ被害者と加害者の、最も明らかで直接的な成果は、賠償合意が交渉によってうまくいくという高い見込みであった。これらの合意は、表10-4のようにたくさんの要素から成り立っていたが、大半が加害者による被害者への金銭的賠償に焦点を当てていた。被害者や地域への個人的な奉仕活動を含む合意は、めずらしくなかった。それは両方とも、損失に対する一定の賠償金額を勤務時間に換算する結果であることが多かった。たいてい、およそ最低賃金が換算基準として用いられた。単に加害者が被害者に謝ることだけを求める賠償合意もあった。本研究において、参加者の大半は賠償合意の交渉がうまくいったと報告した（オークランドで九一%、アルバカーキで九九%）。

調停過程の直接的な成果は、賠償合意だけではなかった。表10-5に示されるように、すべての都市の被害者は、犯罪に対する混乱と、同じ加害者に再び傷つけられるのではないかという恐怖を、調停の後で著しく低下させていた。「それは、私の被害者としての恐怖を最小限にした。なぜなら、私は加害者も〝人間〟であるとわかったからである」というのは一般的に表される感想であった。

表 10-4　直接的な成果，1990 年から 1991 年

変　数	アルバカーキ	オースティン	ミネアポリス	オークランド	合　計
調停の数	158	300	468	205	1,131
賠償合意到達率	99%	98%	93%	91%	95%
合意の中身					
金銭的賠償	82	171	279	111	603
個人への奉仕活動	57	21	31	36	145
地域への奉仕活動	29	130	107	39	305
金銭的賠償の合計額	$23,542	$41,536	$32,301	$23,227	$120,606
金銭的賠償の平均額	$287	$243	$135	$209	$200
個人への奉仕活動の合計時間	1,028 h	439 h	508 h	585 h	2,560 h
個人への奉仕活動の平均時間	18 h	21 h	16 h	16 h	18 h
地域への奉仕活動の合計時間	1,073 h	4,064 h	1,937 h	588 h	7,662 h
地域への奉仕活動の平均時間	37 h	31 h	18 h	15 h	25 h

＊h は時間を示す

表 10-5　被害者の感情に対する調停の効果（すべての都市）

被害者の感想	調停前	調停後	統計的有意差
犯罪に対する混乱	67%（155）	49%（162）	$p<.0001$*
再び傷つけられる恐怖	23%（154）	10%（166）	$p<.005$*

＊統計的有意差

表10-6　ケース過程におけるクライエントの満足感
——調停群と照会あり・参加なし群の比較

	被害者	加害者
調停サンプル（実験群）	79%（204）	87%（181）
照会あり・参加なし（比較対照群1）	57%（95）	80%（95）
統計的有意性	$p<.0001$*	$p=.15$（n. s.）

＊統計的有意差；n. s.＝有意差なし

調停によるクライエントの満足感

調停サンプルと二つの比較対照群サンプルの八〇%近くが、司法制度のケースの扱い方に満足を示し、グループ間で有意な差は見いだされなかった。それゆえ、加害者にとっては調停への参加が、少年審判所のケースの扱い方に対する満足を著しく増加させてはいないようにみえる。

しかし、表10-6に示されるように、被害者には5%水準の有意差が見いだされた。調停群の被害者の七九%が満足を示す一方、「照会あり・調停なし」グループの五七%と、「照会なし」グループの五七%が満足を示した。この調停群の被害者のより大きな満足感は、「調停はお互い相対して、起きたことを解決するための機会を私たちに与えた」「調停は、被害者としての恐怖を減らした。なぜなら、私は彼らがただの若者であると理解することができたからである」といった言葉に反映されている。

すべての都市の被害者と加害者の十分の九は、調停セッションの実際の成果に満足し、そのほとんどで賠償合意書が作成された。しばしば加害者が表すテーマは、「被害者を人としてとらえ、話し、自分がしたことを償う機会を得ることは有意義であった」ということであった。都市による大きな差は見いだされなかった。

クライエントの公正性に対する認識

三都市すべてから得られた統計データは、調停の過程が被害者に、司法制度によりケースが公正に扱われているという認識を有意に抱かせやすいことを指摘する。調停群では被害者の八三%が、自分のケースの処理過程は公正であったとはっきり述べているのに対し、「照会あり・調停なし」の群では五三%、「照会なし」の群では六二%でしかない。

調停において自分の被害者と対面した少年犯罪者は、調停プログラムにまったく照会を受けなかった同等の加害者に比べ、自分のケースは公正に扱われたと有意により多く述べやすい。「照会なし」の群の七八%に対し、「調停」群では加害者の八九%が公正性を感じている。しかし、調停の照会を受けながらも参加しなかった少年犯罪者と比較すると、ケースの処理過程において司法制度の公正性を経験したかについて統計的な有意差は見られなかった。

調停に参加した犯罪被害者に、司法制度の公正性に関する最重要の関心事について順位をつけてもらうと、彼らはみな第一位に、加害者と対峙するためにどれだけ支援してくれるのかということを挙げる。このことは先行研究（Umbreit, 1988）とも一致する。次いで、彼らがこうむった損失に対して慰謝料を支払わせ、加害者から謝罪を受け取る、という順になっている。少年犯罪者のほうは、調停において、司法制度の公正性に関する最も重要な関心事として賠償を挙げている。次いで、個人的に何が起きたのかをはっきりさせ、被害者に謝罪することが挙げられている。

公正性に関する認識についてのデータを各都市のプログラムごとに検討すると、加害者群の間では有意差は見られない。しかし、先の主要都市の各々では、調停群の被害者たちは比較対照群よりも相当に、扱いが公正であったと述べる者が多かった。アルバカーキでは、調停群と「照会あり・調停なし」の群との間に有意差が見られ、ミネアポリスでは調停群と両比較対照群に有意差が見られた。

調停に対する被害者と加害者の態度

被害者・加害者ともに、犯罪についての話し合いや賠償交渉の過程に関して、多数の重要な問題を見いだしていく。調停の前後で、ほぼ十人中九人の割合で、賠償の交渉が被害者にとって重要なことになっている。しかし、実際に賠償を受け取ること自体を重要だと考えるのは、被害者のうち十人中七人の割合でしかない。公正な賠償計画を作るため、双方で問題を解決しようとする過程に直接関与する機会が、実際に合意した賠償を獲得するよりもずっと重要なのである。

被害者の感情面と情報面に関するニーズにおける重要な違いは、賠償の過程と同様、調停前後の群のサンプルで有意差が見られた。調停が行われる前よりも行われた後で、被害者において、加害者から何が起こったかについて答えさせ、その犯罪が自分をどのように傷つけたかを加害者に語ることができるということに対する重要性は増していた。これはまた、加害者との話し合いを通じてなされる賠償交渉の真実でもあり、現実の賠償の獲得そのものはそんなに重要ではないとする理由でもある。

加害者のほうでは、調停前後の群のサンプルで、二群に有意差は見られなかった。賠償の交渉、賠償の支払い、何が起こったかを被害者に語ること、被害者に謝罪することは、両群ともに十人中九人の割合の加害者にとって重要なことであった。

しかし、この知見は、調停が加害者の態度に与える効果を十二分に表してはいない。自分の被害者と面と向かって話し合うなかで、その犯罪行為に対して一個の人間として釈明の義務を負わされることは、多くの加害少年の態度に有意な変化を誘発する。この変化は「被害者に会った後で、自分が彼らをたくさん傷つけたということをやっと理解した」とか、「調停の後、自分が何をしたかをちゃんと理解することができた。被害者が本当に傷ついたことがわかり、とても申し訳ないと思う」といった陳述に表現されている。多くの加害者に見受けられるこの態度の変化がなぜ重要かは、オークランドの裁判官によって述べられている。彼は、被害者加害者調停の最大の効用は、「子どもたちが他者の権利について学習体験することであり、それは単なる非行行為をはるかに越えた意味のあるものだ」とはっきり述べている。

調停のための少年審判所の支援

先の三都市の調査地域における少年審判所の職員たちは一様に、彼らの司法権の及ぶ範囲で被害者加害者調停プログラムを支援した。このプログラムの成長初期には、調停という概念に懐疑的な人もいたが、今や裁判官や保護観察所の職員は強力な支援者であり、なかでもこれはミネソタが最も顕著であった。彼らはこのプログラムを制度化するため、その促進に重要な役割を果たしている。

これら三都市の裁判官は、そのプログラムがもたらす情動面での利益は、単に賠償を支払わせるよりもずっと重要なものであると評価している。アルバカーキのある裁判官は、「調停はこれらの子どもたちに、被害者が単なる標的でなく、本物の人間なのだということに気づかせてくれる」と述べている。またミネソタのある裁判官はこう記している。「被害者は自分が支配できるという感覚と力とを獲得し……そして加害者は自分のしたことに対する真の人間的な衝撃を学ぶ……被害者加害者調停はその過程をより人間的なものにしてくれる」。少年犯罪者が、被害者に償うことによって責任をとろうとすることの重要性を、オークランドのある裁判官は強調する。彼は、「被害者加害者調停は子どもたちに、『彼らのしたことが実在の人間を害してしまった』ということを教える……自分の行為に対し、賠償を結果として支払うことは成長を促す」と述べている。

この三都市では、保護観察所長や第一線スタッフの間でもこういった心情がこだましている。保護観察所職員はまた、しばしば、調停プログラムが自分たちの取り扱うケース、とりわけより複雑な損害賠償の解決や支払い

表 10-7　加害者による賠償の完遂

	ミネアポリス	アルバカーキ	合　計
調停サンプル（実験群）	77%（125）	93%（42）	81%（167）
「照会なし」サンプル（比較対照群 2）	55%（179）	69%（42）	58%（221）
統計的有意性	$p<.0001^*$	$p<.005^*$	$p<.0001^*$

＊統計的有意差

といった問題を含んだケースによる精神的圧力から、自分たちを解放してくれることを付け加える。

賠償の完遂に対する調停の影響力

アメリカ全土の裁判所において、少年犯罪者に対して賠償が要求されることが徐々に増えてきている。賠償が実際に完遂されるかどうかは加害者次第であるが、それが決定的に重要な問題なのである。というのも、裁判所が命令した賠償によって期待を引き上げられた挙句に、加害者による償いを受けられないことで、被害者がもう一度被害者になる感覚を繰り返し味わわされることになるからである。

ミネアポリスやアルバカーキのプログラムにおいて、少年審判所の賠償の完遂に関する記録が分析された。この分析における比較対照群は、同じ司法管轄区の多様な年齢、人種、性別、犯罪、賠償額などの変数を揃え設定された、実験群の加害者に似通った加害者のサンプルを用いている。表10-7は、調停を通して被害者と賠償交渉で合意した加害者は、少年審判所によって一連の額の支払いを命令された比較対照群の加害者よりも、有意に賠償の債務を完済する傾向にあることを示している。

賠償を完済した成功例で、直接対面する調停の影響力を吟味した最初の研究では、この知見は決定的に重要なものであった。犯罪被害者のニーズに応え続けることへの懸念が増加するとき、被害者加害者調停が、さまざまな形式で被害者の損失が賠償される可能性を有意に増加させるという事実は、少年司法の政策に対し示唆的な重要性を持つのである。

再犯率に対する調停の影響力

加害者が調停に参加することによって、被害者加害者調停の過程が犯罪行為（再犯）を減らすことができるのかという疑問について、主要な三都市それぞれで検討がなされている。各都市で比較対照群は、同じ司法管轄区における、多様な年齢、性別、人種、犯罪、賠償額といった変数を揃えた、似通った加害者たちから構成された。

その三つの調停群の少年犯罪者は、裁判所が施行した賠償プログラムを受けた加害者（その再犯率は二七％であった）よりも、調停後一年間における再犯が有意に少なかった（その再犯率は一八％であった）。彼らはまた「調停への照会あり」群に比べ、犯罪が軽微なものにとどまる傾向があった。再犯率の減少が最も大きかったのはミネアポリスのプログラムであり、比較対照群では再犯率が三四％であったのに対し、調停群では二二％であった。これらの所見は統計的に有意であり、被害者加害者調停への公的な政策による支援が、より幅広いものになるであろうことを予感させるものであった。

まとめ

多くの質的・量的なデータが、四州にわたる犯罪被害者や少年犯罪者への、総計千百五十三件のインタビュー、プログラムの報告、裁判所の記録、裁判所職員やプログラム・スタッフへのインタビュー、二十八件の調停セッションの観察を通して得られた。少年に対する四都市における被害者加害者調停プログラムの分析は北米でのその種の最大の研究であり、そこには重要な限界も多々含まれていた。第一に、実験群や統制群について被験者をランダムに割り振るのでなく、準実験的手法を用いることが必須だったため、導き出された結論は、これら四種類の、あるいはそれと同等の調停プログラムに参加した、すべての加害者と被害者に当てはめられるような一般論にはできなかった。また、研究当初で、調停前のインタビューがケース運営にあまりに深く食い込んでいることが明らかになった。調停前のインタビューですでに被験者は、調停に対して高い期待を抱いていた。このため、初めの予想に反して、調停前後であまり差が見られないという結果になった。しかし、一般的なケース取り扱いの過程を意図的に乱すことなしに、調停前のインタビューを行うことはできなかった。

これらの結論を他の課題やプログラムに応用するにあたっては、もちろん慎重さが必要になってくるが、それでもやはりこれらの結論は、成長しつつある国際的な司法改革の分野に対して重要な洞察を与えてくれる。四州での被害者加害者調停プログラムは、この研究において地方の少年司法に携わる職員から強力な支援を得た。三つの民間プログラムと一つの保護観察所が実施したプログラムの結果には、統計的な有意差は見られなかった。両者ともに、少年犯罪者と被害者によって体験される司法の質を高めることに大いに貢献した。この結論は、多くの先行研究（Coates & Gehm, 1989；Dignan, 1990；Marshall & Merry, 1990；Umbreit, 1988, 1990, 1991）と一致する。

調停過程は、司法過程に犯罪被害者が積極的に参加することを目的としている。また同様に加害者にも、単なる権威に対してではなく、彼らが生み出した被害者に直接釈明する義務を持たせ、「償い」をさせることを目的とする。加害者の大多数は、彼らの参加が自発的な参加であったことを示唆している。先行調査（Coates & Gehm, 1989）と比較すると、プログラムは加害者が自発的に選択して調停に参加するほう（加害者の八一％）が良い成果が得られたことが、この研究で明らかになった。参加した大多数の被害者（九一％）が、調停を自発的なものだと認識していた。しかし、少数の被害者（九％）は、被害者加害者調停プログラムに参加するよう強

に少年の被害者の場合）の、いずれによるものかははっきりしない。
要されたと感じていた。この強要されたという認識が、プログラム・スタッフ、調停人、裁判所職員、両親（特

調停の過程は、少年司法制度に対して、被害者、加害者どちらの集団にも高い満足感をもたらした。調停を行った犯罪被害者および少年加害者の大多数もまた、裁判所による自分たちのケースへの取り扱い方が公正であったと感じていた。被害者においては〝満足感〟と〝公正性に対する認識〟に関して、調停に参加した被害者と参加しなかった被害者との間に、さらに大きな差が現れている。

四都市すべてで、被害者と加害者は同じように以下のことを指摘する。調停の過程は、犯罪に対する司法制度の対応を人間的なものにしていくことに、強力な影響力を持っている。そして彼らにもっと積極的に、被害者の損失を賠償するための問題解決に関わることを可能にさせる。調停人の存在とともに、少年加害者と対面して話し合った後、被害者は、その傷つきやすさや怒りの感情が有意に減少したと述べている。

少年加害者は、被害者加害者調停が、裁判所の他の使用可能な選択肢よりもずっと、自身の犯罪行為に対して責任を負うという要求を減少させないとみている。こういった調停の機能は、少年犯罪者が、自分の犯罪行為に対して説明責任があることをわからせようとする趣旨に反するものではない。

同等の加害者のうちで、調停を行わずに裁判所が決定し命令した賠償プログラムにおいて、その債務を完済した者（五八％）と比較すると、被害者加害者調停は、加害者が被害者に対する賠償を完済する可能性に対して有意に影響を及ぼしている（八一％）。この研究は、北米や欧州において賠償の完遂について検討した、初めての研究である。

調停セッションに、自分自身の被害者とともに参加した少年犯罪者は、調停後の一年間は、有意に新たな加害行為をしにくくなっている。

被害者加害者調停のこの四カ所での分析は、たくさんの知見を見いださせ、その結果は、調停が被害者・加害

者両方にとって司法の質を高めているというものである。しかし、調停におけるいくつかの限界もまた明らかになった。調停は明らかに、非行の減少のための「素早い修繕」ではなかった。

ある少数のデータは、もし、調停過程が最終的にあまりにも規則化されてしまったら、その関わり方を非人間的なものにするような雰囲気ができ上がってしまうという可能性を指摘した。調停過程におけるその自発性、生き生きとした感じ、創造性は守られるべきである。そのためには、調停人に対する指導、調停人の振る舞いやプログラムの結果に対するモニターを、効果的に行う必要がある。被害者加害者調停の場が拡大し、より構造化されるにつれ、ある危険性もまた増大することになる。つまり、被害者加害者調停が、そこに立脚しているより修復的な司法を組み込んだモデルへと変えていくために、現在の司法制度に対して影響を与えるのではなく、むしろそのモデルを、現在支配的な「応報的司法」に適合するように、モデルのほうを変えていくという危険性が現れるのである。

第III部

浮かび上がってきた課題

第III部は、被害者加害者調停の実践における将来の方向性を探る。第11章では、重大な暴力事犯に対して被害者加害者調停を適用する際の、予備的検討を行う。第12章は、この分野が世界的に広がり続けるなかで、明らかになってきた動向、直面しつつある潜在的な危険性、そして刑事・少年司法制度に影響をもたらすことのできる機会とそのための課題についての概観を提示する。

第11章

重大な暴力犯罪における高度の調停と対話

一般的な修復的司法と被害者加害者調停はともに、まったくそれのみというわけではないが、一義的には明らかに非暴力的な財産犯、そして場合によっては軽い暴行を対象にするものと考えられてきた。本章では、多くの修復的司法の原則が、殺人を含む重大な暴力犯罪にも適用されうることを示唆する、実証的な証拠を準備することによって、こうした仮説への挑戦がなされる。いくつかは、このような暴力犯罪が対象にされ賠償がなされるときに、修復的司法における最も深い癒しの影響が見いだされることさえ示唆している。

被害者加害者調停がより広く知られ受け入れられるとともに、ほとんどは矯正施設の在監者である加害者に会うことに関心を示す、重大な暴力犯罪の被害者が増えてきている。こうした被害者は、犯罪が彼らの人生に与えた最も大きな衝撃について表明し、疑問への答えを得るために、そして終結というより強い感覚を獲得して自分たちの人生を進めることができるようになるために、加害者に会うことを望む。ほとんどの場合、これは犯罪が起こって何年も経ってから生じる。そして典型的には、調停あるいは話し合いのセッションは、加害者が拘禁されている安全な施設で持たれる。

一九八〇年代の中頃は、調停による話し合いの機会は、アメリカのあちこちのわずかな地域で、ほんの一握りの性暴力および殺人未遂の被害者、そして殺人被害者遺族にのみ提供されていた。最近七つの州では、矯正局と被害者支援部が、被害者あるいは重大な暴力犯罪のサバイバーと加害者とを会わせるための州全体の計画案を、さまざまに発展させている。テキサス州では、子どもを殺された多くの両親を含む、ほぼ百五十名の重大な暴力の被害者が、テキサス犯罪司法局被害者支援部の被害者加害者調停／対話プログラムによって、加害者と会うことを要求して待機している。カナダと欧州でも、加害者との調停による対話への関心を表明する重大な暴力の被害者が増えてきている。一九九一年以来カナダ司法省は、ブリティッシュコロンビア州ラングレイの、フレイザー地区地域社会司法促進協会における、被害者加害者調停プログラムの先駆的な仕事を通して、こうしたサービスの発展に寄与してきている。

被害者に配慮した加害者との対話モデル

加害者に会いたいという、重大暴力の被害者の要求に応じる場合、そうしたケースのいくつかの本質的な特質を認識しておくことが重要である。典型的な本質的特質として、激しく高まっている感情、すべての参加者に対して個人的判断を避ける態度を持つことについての高い必要性、調停人によるより長い準備（六カ月から十八カ月）、合同セッションに先立つ複数回の分離会合の必要性（二回から四回、あるいはそれ以上）、複数回の電話での会話、収監者との安全な接触と刑務所内での調停のための対話の実施に向けた矯正当局との交渉、参加者の激しい感情を伴うコミュニケーションについてのコーチ、そして境界の明確化（調停／対話対治療）が挙げられる。修復的司法および被害者加害者調停の分野は、基本的な調停モデルが、どうしたら重大かつ暴力的な犯罪に巻き込まれている参加者の、より強い要求を満たすことに合わせられるかということに取り組み始めたばかりである。

重大な暴力犯罪における被害者と加害者の対話による調停に関心を持つ人は、基礎的な調停研修において、一般的に受ける研修よりも高度の研修を必要とする。これらのケースの深刻さゆえに、この分野での仕事を選んだ人のための上級研修に、必然的に含まれるべき明らかないくつかのことがある。たとえば、調停人は通常の調停技能に加えて、重大な暴力犯罪を扱うことに関連した、特別な知識と技能を必要とするであろう。上級研修は、交渉あるいは調停の技術に焦点を当てるものではなく、むしろ参加者の痛みの道程を経験的に理解することに強調点が置かれるだろう。このような上級研修は、生じた暴力犯罪に関わる参加者の間でなされる、直接的かつ率直な対話を促進する過程、被害者あるいは被害者遺族が体験している悲哀の道程、そして相互協力の過程による終結と修復の可能性に焦点を当てる必要があるだろう。

重大な暴力の被害者に効果的に働きかけるためには、調停人が、被害者にされるという体験とその諸相に関する十分な理解、悲哀と喪失（われわれ自身のそして他者の）を理解し扱う力量、心的外傷後ストレスおよびその影響についての理解、そして心理療法家と協働する能力を有することが重要である。

こうしたケースにおける加害者との作業は、犯罪司法および矯正制度についての十分な理解、犯罪者や在監経験について熟知していること、個人的な判断をせずに凶悪犯罪で有罪とされた犯罪者と関わる能力、そして在監者と面会できるよう矯正関係の管理者と交渉する能力を要する。

当事者である重大な暴力の被害者と加害者の間のコミュニケーションと対話には、ブリティッシュ・コロンビア州ラングレイでデイブ・グスタフソン（Gustafson, D.）や、テキサス州オースティンでデビッド・デューフラー（Doerfler, D.）が用い発展させた高度に治療的なモデルから、ニューヨーク州ジェネシー郡でデニス・ウィットマン（Wittman, D.）が初期の先駆的な仕事において、また、ミネソタ州セントポールでマーク・アンブライト（Umbreit, M.）、オハイオ州コロンバスでカレン・ホー（Ho, K.）が用い発展させた非治療的な対話モデルまで、いくつかの型がありうる。本章では、人間的な「対話で進められる」調停（Umbreit, 1997）を用いる、被害者に配慮した加害者との対話モデル（Umbreit & Bradshaw, 1995）を提示する。いくつかの型における被害者に配慮した加害者との対話モデルの基本的な要素は、多くの実務家に対して基礎として役に立つ。しかし、プログラムはかなりの多様性と創造性を有するという点で、特徴的である。

被害者に配慮された加害者との対話は、固定的なモデルとしてではなく、過程として理解されるべきである。それは、実務家に対して、特定される特別な時期の特別な課題においてだけでなく、ケースに関わるすべての仕事を通して、多大な配慮ある傾聴、忍耐そしてセルフケアを要求する。

重大な暴力犯罪における被害者に配慮した加害者との対話は、暴力犯罪後の癒しと成長を促進するための、二つの次元を統合したモデルに基づいている。第一の次元は、スピリチュアリティと和解に焦点を当てる。ある人びとには、スピリチュアリティといえば宗教のことであるかもしれないが、被害者に配慮した加害者との対話モデルの目的にとっては、スピリチュアリティは、人生における、そしてわれわれが今直面している情況における、深い意味と目的の探求として理解される。それはたとえば、人生の聖なる贈り物を誉め称えること、そして、他の存在との、ある人びとにとってはより高い存在や被造物すべてとの、深遠な関係を切望することであったりする。深い意味において、スピリチュアルな事柄について裁いたり、切り離すことはできない。レイチェル・ナオミ・リーマン（Remen, 1998）は、多くの人びとにとって宗教は、スピリチュアルな事柄への掛け橋であるが、しかしスピリチュアルな事柄は、宗教的教条を超えたところにあると指摘している。不幸なことに、多くの人がスピリチュアルな事柄を探すなかで、この橋で立ち止まってしまう。スピリチュアリティと宗教が、暴力犯罪に影響された人生において果たすであろう重要性を認め、敬意を払うことは、被害者に配慮した加害者との対話を通して提供される、癒しのプロセスの中枢にある。その道程において、スピリチュアリティや宗教が実質的に何の意味も持たない人たちがいることを認め、敬意を払うこともまた、非常に重要である。とりわけ重要なのは、当事者のスピリチュアルな必要性に関わるどんな議論も行為も、彼らが示した欲求、彼らの文化、そして彼らの相互の同意にしっかり根ざしたものでなければならないという認識である。スピリチュアティに関わる問題については、調停人が自分の欲求、信念、仮説に基づいて強要するようなことがあってはならない。

和解は、典型的な葛藤解決よりはるかに進んだものである。和解は、異なった構えの技術と能力を要求する。第1章で述べられた人間的な調停モデルは、当事者に、直接対話に臨むのに十分な覚悟と安心を感じることができる、安全な場所を提供する機会を最大限増やすことによって、和解を焦点づけている。典型的な葛藤解決および調停が、問題解決モデルに従うのに対して、和解および人間的調停は、癒しのパラダイムに基づくものである。人間的調停による和解にとって主要な調停人の資質は、完全に参加することと、当事者の必要性を中心に置くことである。左脳の機能であるより合理的、分析的な資質を有することに加えて、すべての人に対して同情と共感を感じること――右脳の機能――沈黙、あいまいさ、そして直感に不安を感じないこと、癒しのプロセスへの自身の貢献について謙遜の気持ちを持つこと、当事者がお互いに援助し合う偉大な勇気、強さと能力の証人になること、そして、彼らが出会いに置いた意味に敬意を払うこと。

被害者に配慮した加害者との対話モデルの第二の次元は、現実のケース展開の過程に焦点づけられる。第一の次元が右脳機能――感情表出、共感、同情、関係性、直感を信じること、聖なるものに敬意を払うこと――に大きく負っている一方、被害者に配慮した加害者との対話モデルの第二の次元は、左脳思考のより合理的、分析的、論理的、区分的な問題解決技術を要求する。両次元は典型的には、継時的というよりはむしろ共時的に生じる。ケース展開の技術は非常に必要なものではあるが、被害者に配慮した加害者との対話モデルが当事者に与える完全な影響力にとって、十分ではない。スピリチュアリティおよび和解の次元と、ケース展開の次元との間のバランスが必要である。

段階1――ケースの展開

重大な暴力のケースを扱う、被害者に配慮した加害者との対話のケース展開段階について述べる以下の概観では、このモデルがこうした深刻な事態における仕事に、適合するように工夫されたいくつかの特別な事項を強調する。それは、このような調停を行った私自身の経験、同様の仕事をしている他の調停人との多くの会話、そしてオハイオとテキサスでの暴力犯罪における調停と対話に関するある調査研究の予備的データに拠っている。

評　価

評価の目的は、被害者加害者対話が、当事者にとって適切で可能な成り行きなのかを決定することである。暴力犯罪における委託元と委託の趣旨は、他のほとんどの被害者加害者調停とは一貫して異なっている。暴力加害者と会う機会を求める要請は、ほぼすべて被害者自身からなされる。そしてほとんどの場合に、加害者はその犯罪のために有罪宣告され投獄されている。いくつかの例では、有罪を認めているか司法取引をしているかもしれない。ほかに、否認したが、裁判にかけられ有罪と判決された加害者もいる。

暴力犯罪の調停にとって本質的で重要な要素に関して、多次元的な評価がなされる。それには、ケースの法律上の身分、矯正制度のなかでの調停の機会の評価、被害者および加害者の対話についての動機づけの強さと能力の評価が含まれる。暴力犯罪の調停のためのケース展開評価には、四つの大きな課題がある。

予備的評価　調停について照会を受けた後、ワーカーはそのケースの法律上の身分について初回調査を行い、調停への動機づけと期待を評価するために、当事者それぞれとコンタクトをとる。

参加者との連携　ほとんどのプログラムにおいて、当事者それぞれとの協働作業関係を形成するために、また調停の可能性についての彼らの期待を明確にし、現実検討を加えるために、そして調停から得られるものに加えてありうる危険性についての理解を助けるために、何度も各参加者との個別的な会合が持たれる。当事者の必要性およびケースの状況によって、それぞれのケースで持たれる個別会合の回数はさまざまである。調停／対話セッションに先立って、各人との四、五回の個別の準備会合が行われることは稀ではない。多くのケースではそれ以上行われるし、ほとんどのプログラムにおいて、個別準備会合が二回より少ないことはめずらしい。

個別評価　参加者それぞれが、いくつかの領域について評価を受ける。調停に対する欲求、感情、態度、および調停において自分自身を表現する能力、利用可能な支援システム、そして何らかの安全あるいは危険要因。現在、すべてのケースに用いられる、評価のための標準化された手段や道具はない。

関係者との連携と評価　これには、被害者および加害者の家族、友人、被害者の支援者、刑務所カウンセラー、弁護士、心理療法家、そして矯正機関が含まれる。これらの支援システムと連携し、評価すること、そして支援する人と参加者との間にある、調停の可能性にかかわるすべての軋轢をうまく処理することが重要である。

契　約

契約段階の目的は、被害者加害者対話のプロセス、必要な時間、役割、見込み、そして危険要因について、参加者の合意をつくり出すことである。

契約段階では、いくつかの困難な仕事が成し遂げられなければならない。矯正施設には、調停の時間と場所に関して、必要な援助と合意を保証したうえで接近すべきであろう。調停人は、参加者の調停に対する目的と期待、および相手方を傷つけることのないようなやり方で、自分を表現する能力と意思を確認しなければならない。他の関係支援システムも動員する必要があるだろう。これには、調停の安全性、適正さ、そしてタイミングを確保するために、調停に関わる人びとの間にある軋轢を解決すること、あるいは被害者の心理療法家とともに働くことが含まれる。

当事者の準備

当事者の準備の目的は、クライエントが、自分が何を欲しているのかを知り、過程のなかでできるだけ自分たちを表現できるように、被害者加害者対話に向けて彼らの準備を整えることである。ここには、対話の成功を最大に導くためのたくさんの重要な仕事がある。調停人は、クライエントの期待および彼らの現実検討について吟味を進め、それぞれのクライエントが犯罪をどのようにとらえているのかについて十全の情報を得る。クライエントに、コミュニケーションの仕方について教える必要があることもしばしばある。それによって、自分が何を言いたいのかが明確になり、そしてそれを他者から「きっかけを作って」もらわなくても話すことができるようになるであろう。当事者が彼らの感情を、攻撃的な態度に投影するよりもむしろ、そのものとして認めるよう助けることが、準備段階での調停人の非常に重要な仕事である。そして調停人は、参加者が互いに人間としての相手に出会い、両者ともに対話セッションのための準備を始められるように、（もし各人の承諾が得られれば）相手に会って得られた情報を、それぞれのクライエントに伝え始めるだろう。

段階2――被害者加害者の対話

重大暴力犯罪における被害者加害者の対話は、対話前の最終打ち合わせ、対話そのもの、対話後の被害者加害者双方のためのデブリーフィングの、三つの段階からなる。

対話前の最終打ち合わせ

対話前の最終打ち合わせの目的は、クライエントが対話に関わることができるように、彼らを落ちつかせることである。これは通常、対話の前日から実際の出会いの数分前ということもあるが、すべての当事者を個別に確認することを含む。調停人は、参加者がどう感じているのか、彼らが最後の瞬間に抱くかもしれない懸念に気づく必要があるだろう。被害者加害者対話における出会いの特別な機会を活用できるよう、参加者の強さを保証し、勇気づけることが重要である。最終打ち合わせはまた、クライエントがお互いをいかに迎え、どう始めたいのかを話し合い、彼らが言いたいことに再び焦点を当てる良い機会である。

被害者加害者の対話

調停人にとっての目標は、被害者と加害者の出会いを促進することである。これには、クライエントが調停人による最小の介入で速やかに対話に入れるよう、開会の言葉のなかで、参加者を気楽にさせ、対話の雰囲気を作り、過程を明らかにすることが含まれる。

対話促進のために、いくつかの大きな仕事がなされなければならない。調停人は参加者を歓迎し、過程と基本的なルールについて説明し、また、参加している支援者があればその役割を明らかにするような短い導入の言葉で始めることが多い。両当事者が自分たちの物語を語り、お互いに関わることを可能にするために、彼らをつなぎ、また感情に基礎を置くように導く努力がなされる。対話の間中、調停人は安全な環境を維持する。沈黙のときに早すぎる介入をせず、過程を見守る。どちらかの参加者が必要とするときには休憩を提案する。対話が終着点に達したときに調停人は、簡単なまとめ、フォローアップの必要についての議論、合意の明確化、そして両当事者への感謝を含めて終わりの言葉を述べる。

対話後のデブリーフィング

デブリーフィングの目的は、対話後できる限り早急に参加者に確認することによって、対話の経験を評価することである。デブリーフィングにおける大きな課題は、クライエントそれぞれがどう感じているか、通ってきた過程をどう感じたか、そしてそれは彼らの期待に添うものであるかを聞いて、クライエントとともに対話の経験を再検討することである。これはまた、対話のなかで浮かび上がった未解決の問題、あるいは新しい問題、あるいは疑問を探求する良い機会である。

段階3――フォローアップ

フォローアップは、すべての参加者との接触およびケースの最終的な終結を含む。フォローアップ接触の目的は、調停の過程をさらに評価すること、そして満たされなかった欲求について話し合うことである。フォローアップは個々のクライエントに別々に行われるが、また、合同フォローアップセッションも含まれるかもしれない。それは調停あるいは対話セッション後、数カ月から一年の間に行われるだろう。参加者に与えた対話の影響と、彼らが情緒的に、そして期待された予測の点からみて、どうしているかに焦点が置かれるべきである。満たされなかった欲求が何であるかを知り、さらなるサービスを整え、終了に向けて計画を立て始めることもまた重要である。

すべてのフォローアップセッションと残った問題についての議論が終わった後で、ケースは終結とされ、調停人はもはや調停に関連してどちらの当事者とも接触することはないが、片方のあるいは両方の当事者の助けになるかもしれない他の機関に委託することはありうる。

研究からわかりつつあること

被害者および加害者はしばしば、調停による対話への参加を、癒しの過程において助けとなる強力で変える力のある体験であったと語る。子どもを殺された両親は、獄中の加害者に会い、痛みを表現し、同様に現実に何が起きて、それはなぜなのかを、心に再現させることができた後で、慰められる感じを表明した。息子を殺されたある母親は、「どうしても彼が私の人生にもたらした痛みを彼にわからせ、そして彼がなぜ引き金を引いたのかを知りたいのです」と言った。暴力を振るわれほとんど殺されかかった教師は、刑務所で若い男に会った後で、「会ったことがこの苦しい体験を終わらせるのに役立った。こういう形で会うことは、誰にとってもというわけではないにしても、私の人生にとっては効果があった」と述べた。受刑中の刑務所で、自分が殺した男性の母親に会った加害者は、「彼女をいくらか慰められ、自責の思いを伝えることができてよかった」と述べた。酒に酔った運転手に妹を殺され、当初は加害者に会うことに非常に懐疑的だったカリフォルニアの医師は、調停セッションの後で、「憎しみが消えるまでは、回復に向かえなかった……調停の後で、非常に慰められた感じがした。今は人生に再び喜びを見いだす準備ができている」と報告した。

アメリカでは、重大暴力犯罪における被害者加害者調停の研究は、三件しかなされていない。そのうち二つは、それぞれ四ケースを考察した、小さいが探索的で先駆的な研究である。つい最近始められた三つ目は、多様な現場を包含した、アメリカにおける最初の大きな研究である。

最初の研究（Umbreit, 1989b）は、銃狙撃事件を含むいくつかの非常に暴力的なケースにおいて、調停による対話セッションの提供が、被害者、加害者、経過に関わった地域の人たち、あるいは家族にとって、非常に有益であったことを見いだした。四つのケースのうち三つ（すべて成人犯罪者）は、包括的な修復的司法プログラムを実施しているニューヨーク州北部地方（ゲネシー郡）の警察で扱われた。二番目の研究（Flaten, 1996）は、少年犯罪者によってなされた四件の重大な暴力犯罪に関するもので、被害者と加害者の双方に、その経過と結果についての非常に高い満足感をもたらしたことが認められた。加害者は、アラスカの少年矯正施設の被収容者である。

第三の研究（Umbreit, 1998）は、重大暴力犯罪における被害者加害者調停および対話の効果を考察するための、数年にわたる多数の事件についての研究、つまりアメリカで最大の先駆的研究である。他の州の多くのケースとともに、テキサスおよびオハイオ州におけるプログラムが考察の対象となっている。十一の調停後の被害者面接による予備的なデータは、全員が、ケース準備に満足し、加害者に会ったことが助けになったと感じ、プログラム全体に関わったことに非常に満足していることを示していた。十人は、加害者に会ってから人生についての全般的な見方が変わって、より積極的に、そして安心して生活できるようになったと述べた。十人が、加害者と会ったことが彼らの癒しの過程をずいぶんと促進したと述べた。また、十人が、加害者に会ったことが宗教的なあるいはスピリチュアルな生活に肯定的な効果をもたらし、彼らの宗教的なあるいはスピリチュアルな展望は、明らかに豊かなものになったと述べた。

九つの調停後の加害者面接による予備的なデータは、全員がケース準備に満足していることを示していた。八人は、被害者に会ったことが助けになったと述べた。全員が、プログラムのすべてに関わったことに非常に満足していた。七人は、被害者と会ってから人生展望が変わってより積極的になり、生活状況に満足していると述べた。全員が、被害者に会って、犯罪がいかに他者に影響を及ぼすかについての理解が大きく変えられたと述べた。また七人が、被害者に会ったことが宗教的なあるいはスピリチュアルな生活にとって良い影響があったと述べた。

より多くのケースを調査した、ただ一つの完全な研究（Roberts, 1995）は、ブリティッシュ・コロンビア州ラングレーにおける、被害者加害者調停プロジェクトについての考察である。この共同体に基礎を置くカナダのプログラムは、何年も前に、財産犯と少数の暴力犯についての被害者加害者調停の初期の発展の先駆となったものであるが、一九九一年に、拘禁された在監者を含む重大な暴力犯罪に調停過程を適用する新たなプロジェクトを始めた。このプロジェクトを始めるに先立って被害者加害者調停プロジェクトは、もしそうしたサービスが可能なら、重大な暴力犯罪に関わった被害者および加害者は、十分な準備の後で、安全で構造化された仕方でお互いに会うことに関心を持つものかどうかを評価するために、小規模な研究（Gustafson & Smidstra, 1989）を行った。こうした会合に対する非常に高い水準の関心が見いだされた。

一九九五年の研究（Roberts, 1995）では、参加した二十二名の加害者、二十四名の被害者すべてが、実際にこのプログラムへの支持を表明した。この支持は、彼らがこのプログラムに相当な特別かつ包括的な価値を見いだしている、それが倫理的にも専門的にも洗練されていると感じている、そして他者にこれを勧めるのに躊躇することはないだろうという彼らの信念を意味する。被害者は、ついに話を聞いてもらえて不安が和らぐのを体験した、もはや加害者が自分たちを支配することはない、加害者をモンスターとしてではなく人として見ることができる、他者との関係により信頼感が持てる、恐れの気持ちが減少した、今は加害者に心を奪われていない、平安を感じる、再び死にたいと思うことはないだろう、もう怒ってはいないと報告した。

加害者にとって、被害者との調停による対話の包括的効果には、感情を見いだすこと、共感を感じること、自分の行為の衝撃への気づきが高まること、自己認識が深まること、画一的な思考に閉ざされるのではなく外の世界に目を開くこと、この過程に挑戦したことを良かったと感じること、そして元被害者の苦痛が和らいだことを知って心が平安になることが含まれる。

三つのケース研究――子どもを殺された親が加害者に会う

最終的には子どもの死に責任のある拘禁中の加害者に会う過程を始めた、子どもを殺された親の勇敢な物語を見てみよう。ケース研究のために、すべての当事者の名前と個人的な詳細については変えてある。各ケースの簡単な概略に続いて、現れたテーマの分析がなされる。そして、同様のケースにおける、調停による対話の実践にとっての特別な示唆が提示されるだろう。

ケース1――ジャン・エリソンとアレン・ジョーンズ

二十歳のマーク・エリソンは、ただ単に間が悪かったにすぎない。細かいことはわからないが、一九八四年九月十四日のちょうど明け方、彼が自分の車を運転していたとき、アレン・ジョーンズが彼を止め、銃を突きつけて強盗だと告げた。マークはスピードを上げ、そして走り去ろうとする彼の車に銃が発射された。マークは頭を撃たれた。アレンはガードレールにぶつかったマークの車に走り寄り、すぐに見つけることができたもの――十五ドルの時計と二十ドルの銀の鎖を取った。警察がすぐ現場に駆けつけ、マークを近くの病院に運んだ。彼はそこで三日間、昏睡状態で持ちこたえた。

アレン・ジョーンズは当時二十代半ばで、高校中退者、双子の娘の親権を有する離婚した父親、そしてコカイン常習のケチな薬の売人であった。彼は犯行時、薬物とアルコールでハイになっていて、細かいことを覚えていないと言った。アレンは有罪を宣告され、九年の保護観察を見込んだ重警備刑務所での二十七年の刑を宣告された。

マークの母親ジャン・エリソンは、人生が閉じられたと感じ、喪失を深く悲しんだ。そのうちに彼女は、自分の故郷の州に住む、殺された家族の喪失に苦しんでいる他の家族と接触しようとし、そして被害者の権利運動で活動するようになった。数年後彼女は、息子を殺した男に会いたいとの希望を表明して、友人や仲間を驚かせ、面食らわせた。彼女はそんなことはしないようにと忠告されたが、それでもどうやって目的を達成するかを探り始めた。

アレンの家族の多くは、彼をジャン・エリソンと直接会わせることを望まなかった。それでも母親と殺人者は、調停人同席で会うことに同意した。数カ月かけて州外の調停人が、刑務所での面会と電話によって、ジャンとアレンが被害者加害者調停あるいは対話の目的と過程を理解するとともに、彼ら自身の欲求と期待を明確にするための働きかけをした。調停人はまた、ジャンのセラピストとも調整を図り、ジャンの長期的なセラピーの目標を妨げはしないと述べ、最終的にはジャンの支援者として、対話への参加の協力を取り付けさえした。

一九九一年七月、息子の殺害から七年近く経った後、ジャン・エリソンはマークの頭に銃を向けた男と会った。彼女は彼に、自分の痛みを感じ、見てほしい、マークに一瞬でも目を向けてほしい、そしてなかなか消えないたくさんの疑問に答えてほしいと願った。彼らの会見は二時間半続いた。ジャンはアレンに、事故があったと警察から告げられた後の病院での体験を語った。「看護師のところに行って息子がどこにいるのか聞いたら、ほかの部屋にいると言われたの……私は、『でも私はマークがどんなに具合が悪いのかさえわからないのです』と言ったの。彼女は私をナースステーションの後ろに連れて行って座らせ、マークは頭を撃たれていて、大変危険な状態だと言ったわ」。

アレンはジャンが語っているとき、沈んで涙ぐんでいた。それからジャンは、アレンに絶対的な誠実さを懇請しつつ質問を始めた。「たくさん聞きたいことがあるの。あなたが話すことでどんなに私が傷つくかもしれないけど、また、話すことであなたが傷つくかもしれないけど、私は知りたいの。私には知る必要があるの。あなたがもうすでに十分私を傷つけていると感じていて、そのために私を傷つけることをとても恐れていることはわかっているわ。でも私には知る必要があることがたくさんあって、それに答えることができるのはあなただけなの。私はあなたの敵としてここにいるのではないわ。私は理解したいためにここにいるの。私はなぜなのかを理解したいの」。

アレンは彼自身の体験を話した。「俺は薬をやりすぎて、あの夜、出かけ、友達とどんちゃん騒ぎをやった。結局最後にどうやってマークがいたあの場所にいたのかわからない……そこで何をやってたのかわからない。今は何が起こったのかわかっているし、自分がやったことで自分を決して許せない。今日、ここではただ許しを乞うだけです」。

対話を続けていくなかで、彼らは共通の立場を見いだした。アレンは自分の行為の結果として、娘たちの親権者としての立場を失った。アレンとジャンは、休日や誕生日に愛する者がいないことに気づくのは、どんな感じがするものかについて話し合った。彼らは、殺人事件が彼らの家族関係すべてを、どんなに変えてしまったかについて話した。ジャンは事件について、アレンの過去と現在の人生について、質問を続けた。アレンはマークの人生と希望について尋ねた。そして彼らは痛みを分かち合った。ジャンは釈放されたらどうするのか尋ね、刑務所でも彼が利用できるＡＡ（アルコール依存者の自助グループ）やＮＡ（薬物依存者の自助グループ）のような自助プログラムを利用するよう励ました。

調停人の閉会のコメントは、参加者が望むなら二回目の会合の可能性もあることを含むものであり、ジャンは実際にほぼ二年後に、再びアレンに会うことを望んだ。彼女には、アレンがいまだ明確に答えられないでいる、銃が実際にどのように発射されたのかについてのさらなる疑問があった。彼女は彼に、引っ越して州を離れ、後ろよりは前を見ていくという自分自身の計画を知らせたかった。また、まだ不確定な未来のことではあるが、来るべき彼の刑務所からの釈放を、積極的に妨害するつもりはないことを知ってほしかった。彼女は彼に言った、

「去年の四月、私たちが別れるとき、あなたは私があなたを許すかどうかを尋ね、私は考えてみると答えたわ。答えるのは本当に難しいの。私たちはそれぞれ、お互いに対して何かを求めている。私はあなたにマークを返してほしいけれど、あなたにそれはできないわ。あなたは私に許しを求めているけれど、私にはできない。けれど、あなたに許しを与えないというのは、援助したくないという意味ではないの。私はただできない。努力したけど」。

ジャンはアレンと会う機会を得たことを大変感謝し、また、会ったことが彼女の癒しの過程のなかで要となることであったと感じた。「今、私は殺人の後にも人生があるとわかりました。たくさんのドアが開かれ、たくさんの他のドアが閉じられたのです。マークに何が起こったのかについて、これ以上知る必要のあることはありません。アレンには今、彼が私に引き起こした痛みが、そして彼が私から取り去ったものが何であるかがわかっています」。

ケース2――ジムおよびスー・マンレイとゲィリー・エバンス

一九九一年六月二十日の朝、キャロル・マンレイの両親は、大学の最初の学年を終えてやっと帰宅した娘が、友達と夜を楽しく過ごすと言って出かけたまま家に戻っていないのに気づいた。通常の時間に帰れなければいつも電話をしてくることを知っていたので、彼らはたちまち心配になり、彼女が行方不明になったと届け出た。小さな町の警察と住人たちは、五日間キャロルを捜した。

捜し始めて五日目に、二人の若い男性が警察に出頭してきた。二人は互いに相手に罪を着せようとしていた。彼らは周りに樹木の茂った浅瀬の、キャロルの遺体のある場所に警察を案内した。彼女は誘拐され、強姦され、殺害された。

マンレイ家、そして小さな田舎町の人びとは、何が起こったのかがわからないまま、誘拐、強姦、殺害によって、そしてまた、加害者のそれぞれの裁判で述べられる矛盾した話によって、繰り返し被害を受けているように感じた。一九九一年後半の裁判の頃、ジム・マンレイは修復的司法の考え方、特に被害者加害者調停を知った。彼はこのアプローチを、彼と家族を悩ませ続けている、キャロルの死についての疑問に対する答えを得るために、可能な方法であるととらえた。それはまた、彼ら自身の苦悩を分かち合う機会ともなるだろうと考えた。

調停人による準備のための多くの働きかけの後で、犯人のうちの一人が、マンレイ夫妻と会うことに同意した。十八カ月を越える期間の間、調停人はマンレイ夫妻と加害者に、別々にそれぞれ七回ずつ会った。ジムおよびスー・マンレイは、娘が殺されてから一年半になる前の一九九二年十一月四日、初めてゲィリー・エバンスに会った。会合は三時間続いた。マンレイ夫妻は、自分たちの体験を詳しく述べることから始めた。彼らはわからないことの苦しさ、恐れ、それから知ることの痛み、結果として生じる悲しみと怒りについて語った。キャロルが死んだことがわかった後、裁判の過程を通してさえ、彼らはあの恐ろしい夜に起こったことについて、ほんの少しの断片的なことしか聞けなかった。セッションのなかで、ジムはゲィリーに説明した。「キャロルは逝ってしまった。今はまったくの空っぽだ。再びこんなことが起こらないと判断するために、何ができるのだろうか。その答えは、何が起きたのかを知らなければならないということだと思う——事実そのものを」。

彼らは、彼らの娘がどんなだったか、彼女は何が好きだったか、どんな将来への希望や計画を持っていたか、何も隠さずにゲィリーに語った。スーは述べた。「彼女は太陽のようだったわ。私たち家族だけでなく親族のなかにも、決して満たされることのない大きな穴が開いてしまったのです。そう思う一方で、生きていたら彼女はどんなふうになっただろうか、世界にどんなものを提供してくれただろうかと考えてしまうの」。スーは、キャロルの大学での勉強のこと、小さな子どものための仕事をするという彼女の計画のことを話し続けた。最後に彼らはゲィリーに向かって、彼らの娘が殺された夜のことについて、説明を求めた。

ゲィリー・エバンスは、詳細に生々しく、あの夜のことを順々に説明した。彼は強姦と殺人について計画もしていなかったし、関与もしていないと主張した。彼は、薬でハイになっていて、自分に向けて銃を抜いていた友人、つまりもう一人の犯人のために運転をしていたと述べた。彼は自分を、起こっていることをどうやって止めたらよいかわからない被害者と見ていた。対話は、マンレイ夫妻が以前は知らなかった何かを聞けたことは評価する、けれど事件についてのゲィリーの見解を直ちに受け入れはしない、という状況になってきた。

ゲィリーは、自分の息子との接触を失ったことについてジムと話しているときに、一番感情移入していた。涙を流しながらゲィリーは言った、「息子のことを考えます。もし彼に何か起こったら、それを受け入れることはできません。あなた方がどんなふうに感じておられるかわかる気がします。それが自分に起こったなら、僕は受け入れることができるとは思いませんから」。彼は黙って自分の感情と戦っていたが、ついに言った。「ティッシュをお持ちではありませんか」。自分のティッシュを彼のほうに滑らせて、スーはすすり泣きながら言った。「あなたのお子さんに何かが起こったとしたら、本当に辛いわ」。

その後も会合は続けられた。一九九五年六月、ジムとスーが一緒にゲィリーに会うまでに、ジムは調停人同席で彼に三回会っている。また、ジムと調停人は、他の州で収容されているもう一人の犯人との会合を、一度持つことができた。最後の会合においてさえも、何が起こったかについて明らかにする努力が続けられた。マンレイ夫妻は、「真実」は決して知ることができないことを悟った。ゲィリーは夫妻に、思い出せること、そして真実であったであろうことを語った。確かなものはなかった。けれどもそのとき彼らにとってより重要だったのは、悲劇から何か良いものを得ようと、ゲィリーとともに作業をしているということであった。彼らは彼のなかに自責の念、共感性、そして援助したいという願いを見いだした。終結に向けて、マンレイ夫妻とゲィリー・エバンスは、他者、とりわけ若い人たちが、自分のコントロールを超えて暴力的な状況に引きずり込まれる前に、ノーと言うことができるようにするために、彼らの物語を分かち合う方法を見つけようと試みた。

マンレイ夫妻もゲィリーも、会合が自分の人生にとって非常に影響が大きかったと感じていた。ジムは、加害者についての見方が変わったことを、要約して述べた。「この二人の男、彼らは無用者ではない。彼らは貢献する能力を持っていると思う」。スーがつけ加えた。「もし許しということが、怒りを去らせることと定義され、恨みと怒りと悲嘆とで自身を特徴づけないこととするなら、私は本当に彼らを許しています。私はそんなことについて、あるいは彼らについて考えるのに、長い時間を費やしたりはしません」。そしてゲィリーは述べた、「辛抱してやってきてよかった。家族は皆、これを推し進め、実施したことを喜んでいる。これは、われわれ双方の肩から荷を下ろすようなことなのだと思う」。

ケース3――ベツィー・リー・ハンクスとウィリアム・グリーン

一九八六年三月の深夜、クレイグ・ハンクス（二十二歳、大学生）は、ゲームセンターで遊び終え車で帰ろうとしたとき、ウィリアム・グリーン（十七歳）に出会った。ウィリアムは、「お母さんが死んでしまった」ので家まで送ってくれないかとクレイグに頼んだ。しかし、ひとたび彼らが家路に着くと、ウィリアムは車の鍵を渡すよう要求した。ウィリアムは、すでに二件の侵入盗の容疑があり、期日に出頭しておらず、車を盗んで逃亡しようとしたのである。クレイグが、鍵を渡すことを拒むと、ウィリアムはクレイグを撃った。

ベツィー・リー・ハンクスはシングルマザーで、クレイグを大学に行かせるために多大な犠牲を払ってきていた。夜明け前、彼女は家から二百五十マイル離れた、クレイグ通うの大学付近の警察からの電話を受けた。「クレイグ・ハンクスを知っていますか」。彼女がもちろんだと答えると、電話の声は「彼は数時間前に殺されました。彼のご家族の方ですか」と続けた。

ウィリアムは逮捕され、司法取引に同意した。ベツィー・リーは州の犯罪被害者サービスに紹介され、「暴力犯罪に反対する人びと」のメンバーとして活動するようになった。そして半年ごとに仮釈放審査委員会に赴き、ウィリアムに仮釈放を与えないように訴えた。このとき彼女は、「ウィリアムはまだ死んでないのか。エイズにかかっていないのか。誰かがあいつを殺してないのか。衆情の荒れた刑務所があるでしょう。なんであいつをそこに放り込まないいんだ」と訴え、彼女の怒りが非常に強いことを表していた。

ベツィー・リーが初めてウィリアムとの対面についての話を聞いたとき、彼女は、誰が自分の息子を殺した奴になど会いたいものかと、頑として拒んだ。しかし、犯罪被害者サービスのスタッフが、他のよく似た状況の被害者加害者調停ケースを紹介すると、彼女は強く心を動かされた。そして、もちろん最終的な解決には至らないにしても、自分の気持ちが少しは癒されるかもしれない、と考えるようになった。そして、次第に彼女は、「正義」について別の考え方をするようになっていった。「もしもウィリアムが、私が感じている心の痛みや、彼が私の人生に大きな穴を空けたことを知ることができるのなら、それが正義であるのかもしれない」。彼女は、こうした対決が加害者にとって苦しいものになるかもしれないと心配した。「もし彼がこれに耐え切れず、自殺をしたらどうしようか」。最終的に彼女を決意させたのは、彼女が加害者を気遣う気持ちからであった。「その人に会って、彼の人生を変えるために私にできることが何かあるか、聞いてみたい」。

ウィリアムははじめ、被害者の母と会うことを拒んだ。彼は、被害者の母から殴られたり蹴られたりするだろうと恐れたが、スタッフからこれまでの調停のビデオを見せられ、ウィリアムの安全が保証されることを説明された。最終的に彼を決意させたのは、他の被害者加害者調停の記録ビデオであった。「自分は彼〈調停人〉を信頼するようになった。彼がビデオのなかでしたことを」。

一九九七年の晩冬、調停人の入念な準備の後、ベツィー・リーとウィリアムは、刑務所の面会室で八時間に及ぶセッションを行った。ベツィー・リーは、自分が何を言いたいか、何を得たいかということを、入念に考えて臨んだ。そして、ウィリアムの人生に触れ、「たった十七歳だったあなたを殺人に駆り立てたものは、何だったのか」と尋ねた。彼女は、ウィリアムがこれまでの十一年の受刑生活のなかで、百四十八回の規律違反により、懲罰を受けていることを知っていた。彼女は、『スラム街から這い上がれ』という一冊の本を持ってきていた。この本は、ウィリアムがかつて住んでいたのと同じような、公団住宅で育った作者によるものだった。

ウィリアムが席についてから、顔を上げてベツィー・リーの目を見るまでに、十分間かかった。目を上げた途端、ウィリアムの目からは涙がこぼれて頬を伝い、ベツィー・リーはティッシュを取ってそれを拭き取った。そしてベツィー・リーは彼女の話を始め、息子の人生最後の一日に何があったのか聞きたい、と言った。彼女は、クレイグがどんな子だったか、赤ちゃんの頃のアルバムから持ってきた写真を見せながら、ウィリアムに話して聞かせた。

このやり取りは、非常に情緒的なものであった。ウィリアムは、自分のしたことがどれだけ被害者の母を傷つけたかということを知るだけで、非常にショックを受けた。「あらゆることが自分には辛かった。オレは彼女の命を奪ったようなもんだ。彼女は何度か自殺しようとさえした」。ベツィー・リーはおいおいと泣き崩れ、今度はウィリアムが思いやりを示した。「彼女が泣くのに耐えられなかった。だから彼女のティッシュを自分が取り、彼女の涙を拭いた」。ベツィー・リーは、彼らのセッションのビデオが編集されるときには、このやり取りを落とさないようにと頼んだ。

セッションの終わりが近づき、ベツィー・リーは例の本をウィリアムに手渡した。「彼は本をしっかと受け取り、大事そうに胸に抱えていました。そして、『今まで、誰からも本をもらったことがなかった。本を持っている人はたくさんいるけど、自分は一冊も持っていなかった』と言いました」。彼女は、たとえそばに助けてくれる人が誰もいてくれなくても、自分で人生を変えなさいと伝えた。

セッション後のインタビューでは、ベツィー・リーもウィリアムも、セッションがウィリアムにとって意味があったということを述べた。そして、ベツィー・リーは、ウィリアムから彼が所内での規律違反をもう起こしていないということを書いた手紙を受け取った。ベツィー・リーは、彼が表面的にわかったようなふりをしているのではないかと疑っていないでもなかったが、長い受刑生活で続けてきた違反をしなくなったと聞いて、何かが少しは変わり始めているのだと感じた。ウィリアムの言葉は、これがさらに進んでいくだろうことを思わせた。「オレたちは人生を変えられる。人生を変えようとしなければ、受刑生活はただの時間の無駄になる。誰かが自分を助けてくれようとさえしているのに、これを受け取ろうとしないのはただのバカだ」

ケースの分析――調停実践への示唆

上記三つのケース概要には、これまで述べた以外に、調停人が心がけるべき点が多数含まれている。以下に、準備段階、調停セッションそのもの、フォローアップの三つに分けて説明する。

準備段階

入念な準備の重要性は、何度強調しても足りないくらいである。調停人にとって、最も時間のかかる作業である。準備段階には、関係を作ること、被害者と加害者の言葉で表現される要求とされない要求を聞き取ること、調停あるいは対話の限界と目標を明確にすること、幅広い課題と期待とを明確にするために被害者と加害者の間を行き来すること、などが含まれる。第一回目の出会いと、その後のあらゆるやり取りについて、調停人は多大な責任を負う。調停のプロセス、被害者と加害者の欲求やマンネリズムなどのあらゆることにおいて、調停人ははっきりとした意思を持ち、表現しなくてはならない。こうしたケースを扱うにあたって、調停人自身の情緒的な負荷も大きくなるのが普通であるが、そうであっても、この責任を忘れてはならない。ケース研究を通じて、準備段階における四つの具体的なポイントが示唆された。

期待を売り込みすぎないこと　被害者が加害者に会いたがるのは、通常、被害者がたくさんの答えのない疑問を抱えていて、加害者が被害者に与えた傷の大きさを見て、感じてもらいたくて、加害者の再犯を防ぐためにできることがあるのなら手助けしたいと願うからである。しかし、これらの期待が叶うかどうかは、少なめに見積もっておくべきである。調停人は、プログラムの効果を売り込みすぎてはならない。やり取りの結果は、多くの対人交流のように、満足と失望の入り混じったものとなることが多い。この例は、マンレイ夫妻のケースや、ジャン・エリソンが一回目の調停後に、アレンの仮釈放に反対したことなどにはっきりと見られる。彼らは、満足と失望の入り混じった感情を抱いていたのであろう。スー・マンレイは調停人に対して、セッションに対する期待を変更したことを話した。「あなた〈調停人〉の存在や準備段階なしに、ここまでのことを実現するのは到底不可能だったと思います。最初にこの話を始めたころ、私の期待はこのくらい（高い所を指す）にありました。でも、話が進むにつれて、私は『期待を引き下げたほうが良さそうだわ。そうでないとがっかりすることになる』と思うようになりました」。ベツィー・リーは、実際のセッションの編集ビデオを見ることで、現実的な期待を持つことができたと話した。期待の売り込みは、セッションを間違った方向へ導くだけでなく、すでに多大な傷を負った人びとに、もう一度大きな被害を与えることにもなりかねない。

いつでも参加不参加の再選択をしてよいことを各段階で強調すること　被害者も加害者も、どの段階でも参加を取りやめることができる。調停人は、どんな不参加の申し出も、尊重しなくてはならない。不参加の申し出は最初の接触の段階で生じるかもしれないし、七回の接触後、多くの時間を費やした後に生じるかもしれない。調停の途中で、ある質問に答えることを拒否したり、ある領域に深く切り込もうとしたときに生じるかもしれない。調停人は、常に拒否を尊重する準備をしておかなくてはならない。申し出た人が、良い選択をしたと思えることが重要である。これは、非常に困難で、情緒的に負荷のかかる質問や気遣いを要する問題に関わるすべての人に対して、安全であるという感覚を明白に提供するために、なくてはならないものである。

参加者が実際に顔を合わせるための準備をすること　被害者と加害者は、裁判の途中で顔を合わせていたりいなかったりするが、多くの場合、互いに向き合いきちんと話をしたことはない。調停人は、互いの最初の印象を形成するにあたって、多大な責任を負っている。繰り返しになるが、参加者の疑問と不安は、十分に表現されるべきである。最初の会合に先立って、参加者は相手の写真などを見たがることがときどきある。

一人以上の参加者がある障害を持っていることが明らかになったときには、このことをすべての参加者に知らせるべきである。たとえば、ある加害者が非常にゆっくりとしか話せないという場合、これを前もって知らせておくことが大切である。こうした場合には、加害者が考え、話し終えるまで、周囲が邪魔をしないように気を配るということが特に必要になってくる。被害者は前もってこのことを知っておけば、会合がスムーズに進まないことにイライラするのを減らすことができるであろう。

事前に刑務所を訪ねること　多くの一般市民は、最重警備刑務所の様子（見た目やにおい）がどのようなものであるかを知らない。金属探知機や、衣体捜検、重い鉄扉がガシャンと閉まる音、消毒剤のにおい、被収容者と職員の無表情さ、こうした施設に染み込んだ救いのないような雰囲気などは、ストレスを増し、いたたまれない気持ちにさせることがある。こうした状況との直面は、情緒的にも、知的にもこたえることである。マンレイ夫妻が示したように、第一回目のセッションに先立って刑務所内を参観したことによって、セッション当日は、刑務所の雰囲気などからくる嫌な感情ではなく、ゲィリー・エバンスとの会話に集中できたということもある。

調停セッション

被害者加害者調停／対話セッションのビデオテープは、調停人の役割について誤解を与えがちである。効果的に機能する調停人は、あたかも背景の一部のように、あるいは場に無関係なようにさえ見えうる。しかし、これは真実ではない。準備段階では調停人の先を見越した関与が必要であるとすると、セッション段階ではより積極的で、しかし言語に多くを頼らない調停人の存在感が必要になる。どれだけ直接的な言語的介入が必要であるかどうかは、会合の力動により異なる。三つのケースでみてきたように、調停人にとって大事なこととして、次の五つの点が示唆される。

口火を切る　準備段階で調停人が果たしてきた役割を考えると、参加者ではなく調停人が最初のコメントを述べ、必要な情報を提供し、出会いの口火を切るというのは、少し意外に感じられるかもしれない。調停人は基本的に、参加者双方がすでに知っていて同意していること、たとえば会合の目的、交流するうえでのルールなどを繰り返すことになる。これは、単に約束の再確認をするためだけに行われるのではない。これは、調停人がどちらかの立場に立ったり、味方についているわけではないことと、どちらの参加者とも必要な情報を分かち合っていることを示すという意味がある。個人的な関係のなかで同意した約束を、もう一方の参加者がいる状況で再び同意するということが大切である。調停人が口火を切ることのもう一つの利点は、参加者が会の始まる心構えをし、他の参加者を「観察」し、そのとき座っている空間や、これから始まる会の雰囲気になじむ時間を確保することである。この機能がうまく果たされれば、調停人の最初のコメントは、ただの挨拶ではなくなる。最初のコメントが、少なくとも会の滑り出しの雰囲気を作ると同時に、困難な場において双方の安全を保つ責任があるという、調停人の役割を強化することになる。

沈黙を大事にする　沈黙が生じたときは、参加者が前に話されたことについて考え込んでいるか、新しい質問を考えているときであることが多い。沈黙を断ち切ろうとする性急な動きは、こうした流れを阻害してしまう。しかし、沈黙を好む人は滅多におらず、たいていの人にとっては気まずいものである。したがって、沈黙があまりにも長すぎたり、対話にとって有害だと判断されるときには、これに気づくことが同様に大事である。たとえば、ゲイリー・エヴァンスは、最後のセッションに入る前に、対話が「停滞モードに入ってしまった」ときには是非介入してほしいと調停人に頼んだ。ゲイリーは、「肩すかし」にあったような気分になる、と説明した。もしも彼がこうした気分のまま、調停人の介入なしに放っておかれた場合、ゲイリーにとって停滞モードは罰のように感じられるだろうし、全体的な会合の流れを妨げることになるだろう。

反復を許容する　調停人は、反復が起こることを十分に予想し、これを許容する心構えを持っていなければならない。被害者は加害者に対し、同じ質問を色々な形で繰り返すものである。また、その同じ質問は、フォローアップセッションでも再び登場するだろう。こうしたときは、被害者が答えを受け入れ整理するために、何度か繰り返し聞いておきたいのかもしれないし、何度も聞くことによって、加害者の本心を確かめようとしているのかもしれない。いずれにせよ、この反復もまた対話の一部を形成しているのである。たとえば、横柄な調停人が「その話はさっきもしたから、今度は次の話に移りましょう」などと介入する場面を想像するのはたやすい。しかしながら、反復があまりにも続いて、参加者双方にとって苦痛に感じられるときもある。そうした場合には、「あなたはこの疑問を解決しようとして、さっきからいろいろな聞き方をしていますね。もう少し続けたいですか。それとも別の話に移りますか」とか、「この話は、さっき聞いた話にもつながりますね。もう一度聞いておきたいですか。それとも次にいきますか」というように介入することが必要になってくる。反復に対して調停人が感じることと、同じことを参加者が経験しているとは限らない。そして、次に進むかどうかは、あくまで参加者が決めるのである。調停人は、通常の会話で出てくるような質問や説明の反復に比べ、ずっと多めの反復を許容することが必要になってくる。

しっかりと場を作り、かつでしゃばらない　調停人は、常に注意深く場に関わる必要がありながら、同時に加害者と被害者の対話を妨害しないように、でしゃばらないでいることが大切である。対話の場で指示的に振る舞わなかったり、多く語らないことは、受動的であることとは違う。介入が必要な場を見極め、加害者と被害者の言語的・非言語的サインを見逃さずにいつでも介入できる状態を保ちつつ、両者の行いが適切にうまく進んでいるという非言語的サインを送り続けることが要求される。調停人が無関心であったり、どうでもいいと思おうものなら、参加者はすぐにこれに気がつくものである。調停人がその場にいるということで、加害者と被害者の目に見えないバランスを保っているということを自覚しておく必要がある。

参加者が助けを求めているとき、このタイミングを逃さずに介入することは非常に大切である。二番目のマンレイとゲイリー・エヴァンスの記録のなかで、ジム・マンレイは、ゲイリーの非行歴について尋ねている場面がある。ここで調停人はすぐに介入し、「ちょっとよろしいですか。この質問に答えることをどう思いますか。プライバシー規程があって、あなたは話さなくてもよいことになっています。けれど、もしもあなたが話したいと思うのならどうぞ」。こうしたちょっとした介入が、加害者に選択する権利があることを思い出させることになる。

エリソンのケースでは、アレンはジャンが自分を許してくれるのではないかという期待を抱いている。ジャンは「あなたを許せるかどうかまだわからない。時間が必要だと思う」と言い、しかし泣きながら「でも、努力するつもりよ」と付け加えた。調停人はこの時点では介入しなかったが、しばらく後でこのやり取りを振り返って、「ジャン、あなたがさっき触れたことについて、もう少し話してくれますか。許せるか、許せないかということは、今回二人が会う目的ではなかったけれど、今日はこういう話になったので、ジャン、あなた自身が決めてよいことだということをわかっていてほしい。アレンもわかっていると思う。今回の目的は、お互いに何が起こったのかを話し合うことであって、許せるか許せないかということはまた別の問題でしょう。許すことは、時間がかかるものですよ。たとえ、許そうと心に決めたとしてもね」。こうして調停人は、セッションの目的を明確化し、許すことの意味を全体の文脈のなかでとらえ直し、許す・許さないについて個人が持つ選択権を強調している。

はっきりと主張し、かつ裁定的でない　自分の思いや視点を言語化する能力には個人差があるが、いずれにしろ、加害者と被害者が面と向かって対話する場合、励ましが必要である。調停人は、各個人が抱いていた考えを言葉にすることを、確認する役割を取ることが必要になってくる。調停人の判断力が問われる点である。被害をなるべく最小に留める必要がある。調停人とて人間であるし、ある事柄へのこだわりを持ってしまうことがよく起こる。準備段階の間で、自分が関与しすぎてしまいそうなポイントについて、十分に自覚しておくことが必要である。事前に準備しておくことで、現場での過剰な関わりを抑制することが可能になる。もしも、事前に自分がそうしたポイントについて確証が持てず、裁定的にならないでいる自信が持てないときには、役割を降りるくらいの心構えが必要である。こうした客観性を保てない場合には、参加者たちにさらなる被害を与える危険性があることを、よく認識しておいてほしい。

フォローアップのデブリーフィング

セッション後のデブリーフィングは、準備段階と調停セッションに続く手続として不可欠である。デブリーフィングは、セッションの直後か、しばらく後に行われるべきである。

経験を評価する　被害者にとっても加害者にとっても、デブリーフィングは、相手がいない場所で会合の内容、そのときの感情を振り返る機会となる。ここでは、相手への不信感を表現し、非難してもかまわない。また、セッション中に体験した苦痛や、その後に生じてきた苦痛を表現することも問題ない。誰かのせいにしたり、自分を責めることも差し支えない。そして、経験したことに対して、何を表現すべきかを表現してもよい。

結果を受け入れる　デブリーフィングはまた、調停人と参加者とが、セッションのないまぜになった結果について、何が起こったのかを確認し、受け入れていく作業を行う機会でもある。セッションで、抱えていたすべての疑問が晴れたり、本当に望んでいたことがそのまま味わえるということは稀である。マンレイ夫妻は、彼らの聞いた答えのすべてが満足いくものではなかった、とはっきりと話していた。ゲイリーのケースでは、ゲイリーの誘拐、強姦、殺人事件に対する理解、責任を取る構えについて、認識の食い違いが残った。それでも、彼らはゲイリーの人間性に多少なりとも触れ、良心の呵責があることや、彼が何かしらの償いをしたいと強く願っていることを理解した。結果は満足・不満足の入り混じったものであったが、彼らは「たぶんこうなるだろう」という見通しを持ったうえで、もう一度会合を行いたいと申し出た。同じように、ジャン・エリソンも望んでいたすべての疑問への回答や感情的な癒しは得られなかったが、他の被害者や被害者遺族に対して、何かしらの有益な体験が得られることを伝えたいと述べた。このように調停人は、ないまぜになった結果について、被害者と加害者が、相手と会合の結果に対する現実に即した評価を行うことを助けることができる。

統合に向かう　参加者、ことに被害者は、デブリーフィングのなかで、新たな情報を得たうえで新たな考えや気持ちを話すことがある。被害者の疑問を聞くことによって、調停人は、被害者のセッションでの経験を彼らの被害体験の話に統合していくのを助けていく必要がある。怒り、世の中に対する不信感、台無しにされたという感覚を発散させ、軽減させるために不可欠な段階であるといえる。調停の過程がすべての痛みや怒りを消失させることができないことは当然であるが、こうした調停人の介入がそれを緩和させ、次の段階へと動いていくことを可能にする。ケース・スタディのなかで、セッションの終結か、デブリーフィングの段階で、これはすべての参加者のテーマとなっている。

テーマの橋渡し

調停人に対する実用的な示唆に加え、他にも三つのケースに共通するテーマを取り上げておきたい。参加者が共通認識を持てるように互いに歩み寄る過程をじっと見守り、支持することができるよう準備することは、調停人の重要な責務である。

共有できる基盤を見つけること　被害者と加害者の間で、共有できる基盤を見つけることの重要性は明白である。このことは、三つのケースに共通してみられる。マンレイ夫妻はゲイリーとの間で、彼らの娘が亡くなったことと、それにまつわる状況について、共有できる理解に至るよう努めた。最終的には、彼らはすべての疑問が解消されるわけではないということを受け入れた。それでも、彼らはゲイリーの良心の呵責と、「少しでも事態をよくしていきたい」という思いを受け入れた。ゲイリーとジムは、お互いに父として、わかり合える部分があった。ゲイリーは、受刑中に息子に会いたくて仕方がないという気持ちを味わい、自分の子が殺されるという苦しみを実感するようになった。ゲイリーは、刑務所にいて、年末年始の休みなどを家族と一緒に過ごせない苦しみを語った。マンレイ夫妻は、彼らにとっても、年末年始の休みなどが一番辛いということを話した。ジムとスーは、他の若者が同じような過ちを犯さないように、ゲイリーに彼の話をすることを勧めた。ゲイリーは、マンレイ夫妻を少しでも喜ばせたいという気持ちがあり、彼らの勧めについて熱心に考えた。こうして、お互いに共有できる基盤を見いだした。

同じことが、エリソンとジョーンズのケースにもみられる。アレンは、彼が母と娘を亡くしたときの話をすることで、彼女と思いを共有した。そして、愛する者を亡くした人にとって、年末年始の休みなどの期間が最も辛い時期であることを話し合った。彼らはまた、アレンの親戚や、ジャンの友人が調停プログラムへの参加に反対したことについても、体験を共有した。ジャンは彼女の息子の写真を見せた。アレンは写真を手に、「彼に神のご加護がありますように」とつぶやいた。そして彼らは、新たな人生を始めるにあたっての苦悩についても、同じ気持ちを分かち合った――アレンは刑務所を出た後のことについて、ジャンは地元を離れ、引越しをした後の生活について。アレンは、「自分には恐怖心がある。新しいことを始めるのはとても大変だ」と言い、これに対してジャンは、「自分にとっても、新しい始まりが待っている。やっぱり、とても大変だと思う」と応えた。

ベツィー・リーは、不思議な反転を通して、共有できる基盤を見つけた。彼女はウィリアムが、彼女の息子と違って、恵まれた養育や才能を生かすチャンスを持たずに生育してきたことを知り、八時間の会合のなかで、彼女ができる限りのことをしてあげようとした。彼女は「私はあの日、彼がかつて持ち得なかった彼の母であったと思う……だって、誰もしてあげなかったことだから。彼には二年間、誰一人面会に来ていないし」と言った。彼らはまた、共に泣き、頬を伝う涙を互いに拭いてあげるという行為を通して、共有できる基盤を見つけた。

相手を鏡として自分を見、共有できる基盤を探す過程は、参加者を互いに引き寄せることにつながる。ひどく非人道的な出来事の後では、人間愛への希求が強まるものである。観察者や調停人の目には奇妙に映るかもしれないが、ある決定的な出来事が被害者と加害者を結びつけている。加害者は、彼らの子が生きている最後の姿を見た人物であり、子の最後の言葉を聞いた人物なのだ。この奇妙な結びつきの意味は、被害者として、あるいは加害者として実際の立場に立ったことがない人が、簡単に過小評価すべきものではない。

お互いの癒しを手助けすること

被害者は、ある部分では、殺人という事件と、別れの悲しみを終わらせる何か、そして彼らをより健康的な人生へと方向づけてくれる何かを待っている。これは、別れを忘れるということではなく、むしろ別れを扱えるようになるということである。つまり、まつわる感情などが麻痺するということとは違う。ひどい不幸のなかにも幸せを見つけ出すというのは、終結へ向かう一つの方法である。三つのケースすべてで、加害者の更生を援助することが、被害者の癒しにつながっていることが観察されている。マンレイのケースでは、ゲイリー・エヴァンスに焦点が当てられ、彼が良心の呵責を経験していること、深い思いやりを感じていること、地域の若者に彼の話をすることで、地域社会のためになることをすることなどについて被害者の手助けがみられた。エリソンのケースでは、ジャンはアレンの社会復帰後の生活について、非常に心配していた。彼女は、アレンが一般教養課程を修了したことを褒め、彼がAAやNAの会合に参加していないことについて、参加を強く勧めた。ベッツィー・リーは会合の後で、「ウィリアムは、頑張った行動を評価してもらったことがない。けれどこれからは評価されることになるでしょう、私が彼に期待しているから」と話した。三つのケースすべてで、被害者は、彼らの子が亡くなる一端を担った人間に対して、彼らの人としての良い部分を助けようとしたのである。

同様に、加害者の側でも癒しを探している。三人の加害者全員が、被害者の役に立ちたいということをはっきりと述べ、そうするための具体的な努力をした。ゲイリーは、特に準備段階とデブリーフィングの過程で、自分はマンレイを救うために参加を続ける、とはっきりと述べた。それ以外にも、地域社会の役に立ちたいとも述べたが、こちらは抽象的な考えに留まっていた。マンレイ夫妻との関係のなかで、彼は力の限りを尽くそうとした。この欲求は罪の意識から生まれたものなのか。本当のところはわからない。しかしながら、特にゲイリーとジムの間で、思いやりに満ちた関係性が確かに存在していた。おそらく、彼らが二人とも父であり、愛する子を亡くした経験を持っていたからといえよう。

アレンはジャンの苦痛を聞く間、毅然としていた。彼は、ジャンが自ら述べることを聞いていただけでなく、もっと話すように促した。調停人が彼に、何か他に聞いておきたいことがあるかと尋ねたとき、単に早く場を切り抜けたいと思っている加害者の口からは出てこないような、細かくデリケートな質問をした。たとえば、彼はマークがどんな夢を持っていたかを聞こうとした。これにより、彼が殺した人の人生についての長い話が始まり、新たな涙が流れた。ジャンの「私はどうやって人生を続けていけばよいと思う？」という質問に対して、アレンはひるまなかった。彼は「神に祈るということをしてみましたか」と答え、それから神と祈りについての議論が展開された。

ウィリアムは、彼がベツィー・リーにしてあげられることとして、「なぜ彼女の息子が殺されたかという疑問に答えること……彼女のなかには、彼女をこの数年間苦しめ続けた答えのない疑問があふれているから」と述べた。彼は調停の後で彼女に手紙を書いて返事をもらい、自分が話したことによって彼女が前より楽な気分になったことを知り、ほっとした。また彼はセッションのなかで、彼女の役に立てる別の方法、教育を受け、さらなるトラブルから身を退け、自分にとって大切な何かに取り組むことも見つけた。

録画テープには、参加者間の感情的なやり取りを通して、参加者の誰かが衝撃を受けている場面が見られた。

どんなに込み入った状況にあっても，人との対話，語り，これを聞き分かち合うことが果たしうる癒しの力は，多大なものだといえる。

許し　対話の結果，許しに至る場合があるとしても，許しはこのプログラムが設定するゴールではない。たとえ参加者のゴールが許しであったとしても，加害者と被害者が対話のなかでどこまで進めるかということを考えると，限界がある。自分の子どもの命を奪った人の人間性を認めるのは生半可なことではないが，それでも成し得ないことではない。自分と相手を癒し，双方がより良い人生を送る方法を考えるということは，理解しうるし，到達可能な目標であろう。しかし，相手を許すとなると話は別で，超人的な努力が必要になる。

調停人は，明に暗に浮かんでくるこの疑問に答える準備をしておかなければならない。マンレイのケースでは，このテーマは暗にしか示されていない。ゲイリーは，マンレイ夫妻に許してほしいとは言わなかった。彼にとっては，少しでも彼のことを理解してもらい，少しだけでも敬意を払ってもらえれば，それで十分だったのだろう。そして，彼はこの二つをしてもらったと感じていただろう。ジム・マンレイもこの二点を認めたが，これによって彼の死別の悲しみが緩和されることはないこと，また，ジムの娘を殺したマンレイの責任が軽減されることはないことを指摘した。ゲイリーの役割についての理解の相違は，たいしたことではなかった。「相違は残っているけれど，確信に至った部分もある……私の視点から見て，正義は守られている」。スー・マンレイは，加害者を許すことが非常に難しいというジレンマを話し，けれども，絶対に到達できないものとしては話さなかった。「私たちが建設的な方向へと向かっているのはわかる。けれど彼は，娘が助けて，と言ったとき，その声を無視した。私はそのことに激しい怒りを感じる……ただ，つらいし，苦しい。この気持ちを何とかしようとは思っている。けれど，目指しているところはまだまだはるか遠くに見える」。

エリソンのケースでは，許しの問題がかなり明白に表面化している。アレンは調停のなかで，許してもらいたいという気持ちを口にした。ジャンは，その気持ちを聞きはしたが，やはり彼を許すことができなかった。彼女は、それまで人を許せないという事実に直面したことがなく、そのために随分傷ついていた。息子はアレンを許すだろうとわかっていたけれど、やはり彼女自身は、彼を許すことができなかった。

ハンクスとグリーンのケースでは、それほど明白に許しの問題は出てきていない。しかし、参加者の反応や視点のなかに、関連する要素がいくつか認められる。ウィリアムは、ベツィー・リーが彼に対する見方を変えたということを、敏感に感じ取っていた。「彼女は、最初は俺がここで殺されてしまえばいいと思っていたと言った……けど、俺を知ってからは、思っていたのとは別の人間だった、と言った」。ベツィー・リーは、調停の経験を通じた彼女自身の心の動きついて以下のように述べた。「クレイグの死によって、ウィリアムの人生、それだけでなく、いくつもの人生が肯定的な方向へ変わっていった……この地球が、もっと平和で、愛に満ちて、優しくて、思いやりに満ちた場所になるように、そのために自分にできることは何か、毎日考えているんです」。彼女の場合、許しという言葉では表現されていないにしろ、苦しみと怒りが、同情へと変わっていったことがわかる。

エリソンのケースで見られたように、許しについての問題が表面化したときに備えて、調停人は準備をしておく必要がある。調停や対話の過程で出てきうる問題であるが、これは最終的なゴールでも、目指すべきものでもない。準備段階では、許しの問題についての意見を聞いておくことは意味があるだろう。加害者の期待としても、被害者の恐れ――自分が、相手を許すことを期待されているのだろうか、という――としても。被害者が加害者を許すということがあれば、それは純粋なものでなくてはならない。調停人が期待しているから生じた、というものであることがないよう、細心の注意を払う必要がある。

政策と実務への示唆

これら三つのケースを、過度に一般化することは望ましくない。しかしながら、一般的に被害者加害者調停として理解されていることが三つのケースには反映されている。本章の最初で説明した二州の研究で示された基礎的データも併せて、現時点で勧められることを述べておく。今後、暴力犯罪における被害者加害者調停のケースをさらに重ねるなかで、より的確な意味づけへと変化していくであろう。次の段階としては、被害者が、重大な暴力犯罪の加害者と会う機会があるということに、興味を持てるようにすることが必要であろう。以下に、議論のたたき台として、一応の意見を述べておく。

政　策

（1）矯正局は、被害者から加害者との調停／対話の希望があった際、これに対応する特別の手続きを確立することを考える必要がある。

（2）重大な暴力犯罪の調停を発展させ、統制するためには、公的資金による助成が必要である。

（3）上記の予算等を作るため、現在の州被害者弁済法を改定することを考えるべきである。なぜなら、調停／対話を通して被害者の救済がなされる可能性があり、救済を可能にする対話は、よく訓練された調停人の存在なしにあり得ないからである。

実　務

（1）重大な暴力犯罪の被害者に配慮した加害者との対話を行う、上級研修受講修了証を持ち、スーパービジョンを受け、スーパーバイザーの指導監督を受けられる者だけがこうしたサービスを扱えるようにすべきである。

（2）重大な暴力犯罪の被害者に配慮した加害者との対話を行うにあたっては、双方の参加者に対して、少なくとも二、三回の準備段階を持つことが必要である。ほとんどのケースで、それ以上の回数が必要である。

（3）重大な暴力犯罪の被害者に配慮した加害者との対話を行うにあたっては，すべての参加者が完全に任意で参加することが欠かせない。

（4）重大な暴力犯罪の被害者に配慮した加害者との対話は，被害者主導で行うべきである。仮に加害者側から参加の意思が表明された場合，被害者がセッションを要望してきた場合に備えて，彼らの意思表示をファイルしておくようにすべきである。

（5）被害者に配慮した加害者との対話サービスの計画，展開，実行にあたっては，被害者支援を行う者，矯正関係者，被害者に配慮した加害者との対話に詳しいその他の人，望むべくは上級研修を修了した者が，主体的に関わることが必要である。

まとめ

明らかに重大な暴力犯罪のケースでも，特に被害者加害者調停と対話の過程において，修復的司法の基本的な原則が適用できる。予備データによると，重大な暴力犯罪の被害者に配慮した加害者との対話に参加した人の満足度は，非常に高い。修復的司法に則った介入の，さらなる可能性が示されているといえよう。ただし，この予備データは，少ない標本に基づいたものにすぎない。確かな結論を導くためには，より体系的で大きな標本を用いた研究が必要である。しかしながら，最も注意を要する点は，こうしたケースにおいても修復的司法の基本原則を崩さないということである。現状では，善意の刑事司法関係者や調停人が，上級研修を修了しないまま重大な暴力犯罪のための調停の導入を急ぎすぎているきらいがある。こうした場合，被害者の再被害化を含む，多くの意図しない弊害が生じうる。

まだまだ、解決されない疑問点が多く残っている。重大な暴力犯罪の場合、誰に対して、どんな状況で、いつ調停の介入を行うことが適当であるのか。ケースを調整する過程は、どのくらいの範囲にわたるべきなのか。各ケースの特徴に合わせて、適当な度合いと長さの準備期間を決めることができるのか。こうした介入が最も効果的な被害者や加害者はどういうタイプの人か。より広い視点に立ち、重大な暴力犯の調停を行うことは、修復的司法の枠組みのなかで、費用効果的であるといえるのだろうか。上級研修はどのくらい行えばよいのか。被害者の家族や他の参加者は、どの時点で、どの程度プロセスに関わるべきなのか。このサービスを望む被害者のための費用を、州の被害者弁済法でカバーできるか。今日までに行われたケースのほとんどが、被害者主導で行われてきたが、加害者から参加の表明があった場合、被害者に害を与えることなく、調停を進めることは可能なのか。

重大な暴力犯罪の被害者・加害者調停のプロセスの本質は、加害者の完全な説明責任の下で恐ろしい事件の話を聞くこと、これを通して収束には至らないにしても被害者の生きる力を修復すること、そして、参加者すべての人生を肯定的な方へ方向づけることを助けることにある。注意深くデータに裏付けられた支持のうえで、この新たな修復的司法の一分野をさらに発展させ分析していくことの有用性は、確かだといえよう。

第12章 潜在的な危機と好機

被害者加害者調停は、北米と欧州において最も広く行われている修復的司法の実践である。被害者加害者調停には四半世紀以上の積み重ねがあり、最近では、その中核となる原則がさらされている潜在的な脅威について、重要な指摘がなされている。また、被害者、加害者、家族の構成員、そして、被害者加害者調停の過程に関与することを選択した地域社会の人びとにとって、修復的司法の影響力をさらに深めさせることのできる機会についての示唆も得られている。

潜在的な危機

被害者加害者調停は、多くの改革運動が共通して直面する脅威にさらされている。すなわち、改革としての流れが効率と標準化を優先するあまり、元来現状を改善するのに役立つはずであった独自の特徴というものを放棄し、制度化されていってしまうということである。こうした現象に関連して、いくつかの危機が生じることになる。

理念の喪失

多くの改革運動と同様に、修復的司法にとっての最大の脅威は、理念の喪失である。改革を実行するために発展させられてきたプログラムは、しばしばより安定した資金源を確保したり、より型どおりの日々実行可能な手続きを発展させたりすることに没頭するようになる。調停の専門家がシステムの専門家と協働していこうとするにつれ、プログラムを開発した人びとを動機づけ、そのプログラムが拠って立っている基底にある価値観や原則というものを、容易に見失うようになってしまう。犯罪と被害化を取り巻く情緒的な問題を話し合うための場――こうした運動を開始した関心のある当事者にとっての、真の癒しと和解の可能性を含んだものであるが――を提供することの大切さが、被害者加害者調停の核となる原則である。研究から得られるデータを見る限りでは、調停の過程と結果に、被害者と加害者が高いレベルで満足を得ていることがわかり、多数の被害者加害者調停プログラムが、この中心原則から脱線しているという根拠は見当たらない。しかしながら、理念を維持するためには不断の努力を要するのである。

調停の「マクドナルド化」

アメリカ（そしてたぶん、世界の他の地域でも）では、「被害者加害者調停」という表現は、すばやく調整され実施される被害者加害者間の交渉という意味合いで、きわめて大雑把であやふやに使用されている。それらは、しばしば対面式でなく、被害弁償の合意について交渉するというたった一つの目的のためだけに行われる。たとえば、大都市を管轄する保護官署においては、加害者と被害者の事前の個別面談はなく、保護観察所において調停が行われている。こうしたセッションは、だいたい十五分から二十分ほどで、被害弁償の計画を立てるということだけに焦点が当てられている。事例についてのフォローアップが不十分であることや、加害者が定められた被害弁償をどのように履行しているのか確認していないことが、少数ではあるものの、被害者加害者調停プログラムに関する被害者側から聞かれた共通の不満でもあった。

ある調停プログラムでは、ある被害者は、被害弁済を得るためには調停プログラムに参加することが必須であるという印象を強く受けており、参加を無理強いされたように感じたと報告している。その主な理由として、加害者の態度と、セッションを効果的に進めることができない調停人の能力のなさを挙げている。さらに、加害者とその両親が調停に出席するように要求されている他のプログラムにおいては、加害者とその親がきわめて抵抗的で、セッションの間中、敵対的な態度を示していたので、被害者とその親に対して予想とは逆の効果をもたらすこととなった。最後に、プログラムに付随する最も悩ましい話として聞いたところによると、調停人が被害者に向かって怒鳴ったという逸話もある。その被害者は、後に地域の被害者支援機関に不服を申し立てたということである。

こうした出来事はめったに起こるものではなく、稀な逸話として語られているのかもしれないが、保護観察を基盤とした実践に関する評価を見てみると、被害者にとってきわめて高い満足感が得られていた以前の調査結果に比べて、最近では、調停の過程に対して被害者が低い満足度しか得ていないことが判明している。また、他の面では十分に発展させられ配慮に満ちたプログラムの最も際立った特徴としては、加害者には調停に参加するか否かということに関して、選択の余地がないということが挙げられる。

自発性に基づかない参加は、調査から得られた知見と反するものである。被害者加害者調停に関して詳細に調査が行われたすべての地域において、自己決定は、結局は誰が調停を進めるのかを決心させる過程において欠くことのできない、必要な要素とされている。現在まで、被害者加害者調停に一貫して高い満足度が得られているのは、調停に参加する人びとが、彼らが選択し、望んだことを実行できるという事実の表れである。この現象は「調査の偏向」ではない。これは、単に人間の性質を反映しているにすぎない。つまり、調停に参加したいと思う人びとはとても満足する傾向がある、ということである。参加したくない人びとは、さほど満足しないことだろう。満足度が高いという理由だけで、被害者、加害者に調停を要求するということは誤りであろう。調査結果は、被害者加害者調停をより広く、選択肢の一つとして提示することを支持している。しかし同時に、参加が自発的であることを可能にし続けることをも、支持するものとなっているのである。

事例を素早く処理しようとして、ほとんどもしくはまったく事前準備もないまま、損害賠償についての合意を得ることに焦点を当てるばかりで、調停に関わる当事者の物語を癒すだけの忍耐力のないプログラムが、急激に増大している。それは、調停の「ファストフード」版、一種の「マクドナルド化」につながりやすい。それは、最近の西欧文化のきわめて多くの側面に影響を与えてきた。こうした傾向は、まだ少数ではあるものの、修復的司法の中核となる原則からすっかりかけ離れてしまったプログラム全般に見られる、憂慮すべき事態である。

個別の事前面談の省略

いくつかの被害者加害者調停プログラムにおいて、いまだ小さいものの徐々に大きくなりつつある傾向としては、セッションに役立つ被害者と加害者の個別の事前面談の省略が挙げられる。この点は、多くの修復的司法の提唱者にとって悩ましいものである。そもそも、個別の事前面談は、被害者加害者調停モデルにとって重要な一要素だったにもかかわらず、最近の全米調査（第6章を参照のこと）においては、三七％のプログラムが、調停セッションの前に当事者に個別に会うことを要しないものとなっている。調停そのものは、当事者の準備はほとんどなく、経験則で有効とされてきた被害者加害者調停の修復的な価値を利用しない傾向にある。その価値とは、何が起きて人生にどのような影響を与えたかということに関して、互いに真の対話に取りかかるために、被害者加害者双方が十分な安全感を感じられるよう、その過程を人間的なものにするということである。

実際、既述した大規模な四州調査においては、対面式の事前面談の影響力について、重要だが当初は意図しなかった知見が得られた。調査を進めるうちに以下のことが明らかになった。つまり、被害者と加害者との個別の事前面談は、当事者が実際の調停に入るにせよ入らないにせよ、調停そのものの主要な部分を構成しているということである。彼らの生活において犯罪が与えた影響について耳を傾ける時間を取るという、単にそれだけのことが彼らの体験に支持を与えるし、また、調停に参加するか否かの選択肢を与えることが、被害者・加害者の双方が評価する敬意と支援を与えるということになるようである。たとえ彼らの選択が、それ以上調停の過程を進めないというものになったとしても、このことは当てはまる。こうした結果は、刑事司法、少年司法システムから最小限の関心や支援しか受けていない被害者にとって、とりわけ意味を持つものである。

合意目的の調停

修復的な観点を見失ったもう一つの結果としては、損害賠償の決定と支払いに焦点を当てた功利的かつ限定的なプログラムの存在が挙げられる。犯罪に関する事実と感情を分かち合うためにほんの少ししか時間を設けないと、調停の場が対話目的よりもむしろ合意目的になってしまう可能性がある。こうした調停が無駄であるというわけではないが、癒しと心からの和解を創り出すためには、より多くの時間と忍耐が必要となるということである。調停過程のなかで、互いに満足のいく損害賠償の合意を取りつけることに焦点を絞りたいとする誘惑は、もちろん理解できるものである。裁判所が、事例をより「効率的な」方法で処理するための選択肢を追い求め、また調停プログラムが、多数の事例件数をこなすことでその正当性を証明することを求めるようになるにつれて、プログラムに携わる職員は、調停の出会いにおける対話の段階を軽視したい誘惑に駆られるかもしれない。

犯罪が与えたすべての影響について、被害者と加害者が互いに話し合うための安全な場所を創り出すことよりも、むしろ効率という観点が、プログラムを推進する主要な価値になるとしたら、調停に充てられる時間は激減するだろう。その結果として調停人は、修復的な対話の過程、相互扶助、癒しを促進するというよりもむしろ、裁定する者という役割になってしまうだろう。つまり、被害者、加害者双方に対する情報を限られたものとし、また、犯罪が与えた影響について互いに話し合うための時間を限られたものにしたまま、合意への道筋を指示するという立場である。

対話を目的とした調停の結果として、損害賠償についての合意がもたらされることは多いが、こうした合意は、何が起き、それが被害者と加害者双方、またその場にいる彼らの支援者や親たちにとって、どんな影響を与えたかということについて話し合う機会に比べれば、二次的なものにしかすぎない。ただし、実務家のなかには、何が実際に起きて、その事件に対して人びとがどのように感じたかという対話の後に、現実的かつ創造的な損害賠償についての合意が生じやすいように、プログラムの過程を維持させる人もいるだろう。

あまり危険を冒さなくなること

プログラムが、裁判所のなかで本流として受け入れられることに気を奪われるようになるにつれて、あまり危険を冒さなくなるという傾向がある。とりわけ、プログラムに照会されてくる事例のタイプに関して、危険を冒さなくなりやすい。もし調停の事例が、他の事例を却下して「簡単な」事例だけを扱うということになれば、調停というものが深刻なものとして受け止められる可能性が減ってしまうことになる。

損害賠償についての合意を、効率的に取りつけることにだけ力点を置くプログラムもまた、しばしば危険を冒さないようになりがちである。もし目的が、体制にとっての利益よりもむしろ、犯罪によって影響を最も直接的に受けた個人――それは被害者と加害者になるが――その要求を満たすということにあるのならば、問題は、いわゆる〝簡単な事例〟と〝より深刻な事例〟との間のバランスを保つことにある。プログラムはまた、被害者と加害者の間の意味ある対話の過程を促進していくことと、プログラムの成果として実現可能な損害賠償についての合意を取りつけることとの間の、折り合いもつけていかなければならない。

被害者の痛みへの感受性の鈍磨と関わりの希薄化

最後に、被害者加害者調停を支援するアメリカの保護観察所と、他国の関連機関の数が増大するにつれて、歴史的にいって主に加害者を扱ってきた司法機関が、修復的な過程のいずれにおいても中心的な役割を果たすことを見失うようになるという危険性がある。アメリカでの保護観察を基盤としたプログラムの一例では、被害者をその場に出席させるのではなくて、保護観察官が被害者の視点を代表することを頻繁に要求されることになる。こうした実践は、犯罪被害者に、彼らを傷つけた者と向き合い対話する機会を与える（もちろん損失をどのように補うかという計画を発展させることも含むが）という、基本的な目的の効果を弱めることになる。せいぜいよくても不十分な代替案にしかならない。加害者にとっても、彼らの犯罪がもたらした損害について、実際の被害者ではなく保護観察官の口から聴くことは、真の責任と被害者への共感性を強化するためにはほとんど用をなさないだろう。

さらなる危機として挙げられるのは、保護観察を基盤として個別に行われるプログラムでは、被害者ときちんと接し、そのニーズを満たすことに対する基本的な感受性を職員の間に育てることが、難しくなるであろうということである。被害者支援機関は、調停人や少年司法機関の職員に、被害の体験や被害者のニーズはどういったものがあるのかということについて研修することを通じて、先に挙げた危険性や他のプログラムが抱える諸問題を解決する手助けができる。しかし、最近のアメリカにおける被害者加害者調停についての全国的な調査（第6章を参照）では、調停プログラムの六一％が、職員の感受性と効率性を増進するこうした資源と機会を利用していないことが示されている。修復的司法についてのより大きな観点からいえば、被害者の痛みへの感受性に関心を払うことは、調停人に焦点を当てるだけのものよりも、はるかに大きなものであるべきである。評論家たちの多くは、すべての矯正職員が、犯罪被害者の求めているものを理解し、司法手続きに彼らが参加するように招き入れるために、被害者の認識を知るための訓練を受けるべきであると主張している。

好機

被害者加害者調停と修復的司法の価値についての認識が高まるにつれて、この運動はいくつもの重要な好機に直面している。被害者加害者調停と調停プログラムの二十五年に及ぶ歴史で、アメリカと欧州の一部の地域において、刑事・少年司法制度へ大きな影響をもたらすことのできる今ほどの好機は、これまでなかったものである。なかには地域の司法制度に対して最小限の効果しか与えないプログラムもあるようだが、他のプログラム——一年に千以上の件数を受理する北米のいくつかのプログラムを含む——は、影響力を増しつつある。

アメリカでは、より多くの保護観察部門が被害者加害者調停プログラムに資金援助をし始めており、また、以前はプログラムに懐疑的であったアメリカ弁護士会のような主流にある専門家組織が、その実践を支持し全国のすべての裁判所における活用を推奨している。被害者加害者調停運動はかなり大きくなっているようである。ドイツの法律における最近の変化は、被害者加害者調停の活用を可能にするようになっているが、そのことが多くの新しいプログラムをもたらすという結果につながっており、他国での発展も、被害者加害者調停の国際的な持続的発展にとっての良い兆しとなっている。

しかしながら、被害者加害者調停が発展し受け入れられるようになっているにもかかわらず、一方で、多くの地域においては、現代の産業化された西欧民主主義における正義の追求という主流に対する、一種の付加的な位置づけにとどまっている。修復的司法の基本原則は、地域において、犯罪を誰が統制し「責任を持つ」かということに関する、権力の根本的な移行を求めている。それは、国家から市民と地域社会への権力の移行ということである。修復的司法は一般に知れわたるようになったが、応報的司法の原則が依然として刑事司法制度を動かし続けている。社会においてどのように正義を実現するかということに関して、修復的司法の原則と被害者加害者調停の実践を周辺から主流に移行させるためには、好機と幾つかの課題が残されている。

重大な暴力事犯をどのように扱うか

多くのプログラムが暴力を伴わない窃盗犯に焦点を当てているものの、その場合でも単純な暴行事犯をも対象者として扱ってきた。被害者加害者調停の過程をより重大で暴力的な事例に適用しようとする、いまだ少数ではあるが増えつつあるこの傾向は、修復的司法の影響力と信頼性を拡大するためには大切な機会である。第11章において論じたように、こうした傾向は、加重傷害、武器を使用した強盗、性暴力、殺人未遂のような犯罪の被害に遭った人びとや、殺人の被害者の遺族からの要望によって持ち出されてきたものである。

ここ十年の間でこうした要望に対する反応として、被害者の要求を満たすことに特別にねらいを定めた、より網羅的に開発され組織的に支援されたプログラムを、事例の内容に応じて被害者加害者調停に適用することがなされてきた。アメリカにおける主要な被害者の権利擁護団体の代表者の多くが、暴力事犯の被害者に対する調停の価値を認識するようになったことが、こうしたプログラムの発展における励みになってきた。暴力事犯の被害者たちは、調停の過程を通じて人生における恐怖の根源そのものと直面するが、多くの被害者が、より大きな癒しと、犯罪がもたらした種々の事柄が幕引きされたとの感覚を得ることができるようになっている。

被害者加害者調停は当初の様式を拡大させていくとともに、原型のモデルを、重大な暴力事犯によって影響をこうむった当事者の要求をも満たすよう修正するための、刺激的な好機に直面している。こうしたことは、基本モデルを再吟味し、その限界を理解するために全力を傾けた場合に限ってなされうることである。心的外傷後ストレスや深い嘆きそして悲しみを含む、被害についての正確な認識を持てるようにすること、調停をいつ行うのかが適切か、どういった種類の上級研修が必要とされるか、誰が調停人の役割を務めるべきか、ということにしっかりした境界を適用する積極さ、といったことも必要となる。被害者の権利擁護団体とのネットワークのさらなる拡大と提携も必要とされる条件である。

メディアとの協働

誕生のその瞬間からわれわれのほとんどは、クリスティー（Christie, 1977）の言葉を借りるならば、刑事上の紛争は国家の所有領域であると信じて、社会化されてきている。きわめて幼い頃から、われわれは警官と盗人について、メディアがもたらすイメージにさらされている。多くの子ども向けのマンガは、「犯罪」「暴力」そして「悪に打ち勝つ善」をテーマとしている。毎年、ゴールデンタイムのテレビ番組には「警察もの」があり、それには強烈なアクション、冒険、暴力が含まれている。より最近では、実際の犯罪をリアルに再現したテレビ番組も見られるようになっている。これらの番組は、犯罪被害の対立的側面をさらに助長し、犯罪について広く一般に抱かれている典型例やイメージを強化することになっている。

修復的司法は、現行の刑事司法制度を後押しするものとは、まったく異なった原理原則に基づいている。実際、修復的司法は、支配的な法的文化とは逆のものを重んじている。ここでいう支配的な法的文化とは、対立的過程を土台とし、専門的な紛争の解決者（たとえば弁護士のような）を必要とすることに拠って立っている。被害者加害者調停の過程が社会的に無視されないようにするためには、それが大衆文化の世界においてより広く認知され、より正確に理解されなければならない。マスメディア、特にテレビは、こうした戦略を推し進める際にきわめて重要なものである。

メディアが被害者と加害者を搾取する――たとえば、調停の模様をテレビ上で、観衆の目の前で娯楽番組として伝えることによって――のを避けるための配慮がなされなければならないのは当然であるが、信頼できるテレビドキュメンタリーや、調停の参加者の要求を尊重してくれるニュース番組と協同することは、当事者が承認すのであれば、私的な調停過程の映像を含めて効果的な教育の道具となりうる。調停プログラムは、その根幹にある関心と要求ができる限り満たされるように、メディアと交渉しなければならない。たとえば、プログラムの有するメッセージが、効果的に一般大衆に受け入れられるために、明白で信頼性のあるやり方でジャーナリストを啓発しなければならない。そして、プログラムがメディアと協働するに際して、受身ではなく積極的な役割を常に担わなければならないのである。

受理件数の増加

メディアと協働することは、調停を周辺領域から引き上げるための主要な戦略であるが、受理件数を増加させることに関して、直接的で短期間な影響力を生み出すことのできる政策や戦略も考慮に入れる必要がある。こうした政策や戦略が考慮される背景には、多くの被害者加害者調停プログラムが、少数の事例しか受理していないということが挙げられる。年間三百から五百の事例を処理するプログラムでさえも、その地域の事例の総数に比較すると、当該地域の少年司法制度に少しの影響しか与えられないことになる。被害者加害者調停の過程が真剣に受け止められるようになるためには、訓練された地域のボランティアを活用することを通じて、効率の良いやり方で、多数の幅広い事例と協働することが可能になればならない。加えて、より多くのすでに判決が出された事例が、保護観察の状態、もしくは伝統的な保護観察の代替として照会される必要がある。こうした照会手続きは、ある特定の事例のみを選択するのではなく、損害賠償も含めてすべての財産犯が、被害者加害者間の調停の機会をまず初めに与えられるということを仮定している。

アメリカにおいてすでに実践されている他の短期的な戦略としては、被害者の権利に関する法律のなかに調停を含めるということがある。こうしたアプローチは、紛争の片方の当事者としか調停を結びつけられない傾向があるので、好ましいものではないだろう。調停は、公平で偏らないやり方で、当事者双方にとって役に立つことを意図したものである。それゆえに、こうした方法でのアクセスの向上を促進していくことは、被害者の関心だけに偏っていくようにも思われる。

しかしながら、北米および欧州の大半の地域における刑事司法政策と公衆の態度の実態を踏まえれば、被害者と加害者双方にとって、調停の過程へのアクセスを拡大しうる戦略はほかにはないであろう。近年可決されたインディアナ州における被害者の権利に関する法案は、これらの条項を含む初の公法となる。

このような短期的な進展につながる戦略は、既述した不都合な点と対比して注意深く評価しなければならない。その一方で、より長期的な解決策としては、いずれの地域の、いずれの被害者にとっても、基本的な権利であるとして、調停に対する体制の支持を根本的に含めてしまうということになろう。その場合、競合する調停者の選択可能性、当事者双方の自発性、主要な精神保健上の問題がないこと、その他の関連事項について条件をつけたうえで、ということになろう。

統合的・多角的なアプローチを通じてバランスをとること

一九七〇年代後半から八〇年代前半にかけて、被害者加害者調停が現れた初期には、この介入方法の提唱者たちの多くは、被害者個人、加害者、調停人が含まれた、「ひとつですべてに合う」ものを標準形と見なしていた。家族の構成員や他の支援者たちは、ほとんどの地域社会において、調停過程にはあまり頻繁には関与していなかったのである。近年、こうした傾向が劇的に変化してきた。第6章ですでに触れた調査では、百十六以上の被害者加害者調停プログラムのうち、両親や他の支援者を出席させないと報告しているのは、たったの八％であるという結果が報告されている。最近、被害者加害者調停の実践においては、少年の両親や、ときには他の支援者を出席させるようになっている。

さまざまなモデルの出現

修復的司法における最近有望な介入方法としては，家族グループ会議というものがある。これは，被害者，加害者，双方の家族，双方の支援者の間での対話を促進させるという過程を指す。家族グループ会議は，ニュージーランドで広く行われており，その地の原住民であるマオリ族の伝統的な方法に基づいている。家族グループ会議は，その形態は幾分異なるものの，オーストラリアでも大いに行われている（Umbreit & Stacey, 1995 ; Umbreit & Zehr, 1996）。また，被害者加害者調停の初期のものに類似しているが，きちんと決まった手順で規定された「ひとつですべてに合う」という観点に立った，すっかり「新しい」プログラムとして北米において最も頻繁に実施され，広められている。家族グループ会議のプログラムが正確にはどの程度の数に達するかは不明だが，アメリカやカナダにおいて，何百人という人びとがプログラムを実施するための訓練を受け，非常に多くの地域社会において発展させられている。

北米におけるさらに最近の発展としては，調停もしくは量刑サークルを利用する地域の数が，少数ではあるものの徐々に増えてきているということである。サークルは，他の文化や宗教的な伝統においても広く用いられているものではあるが，アメリカ原住民の文化に根差している。量刑サークルは，カナダのユーコン地方の多くの地域において，とりわけ先住民族によって用いられてきたものである。

バリー・スチュアート判事はカナダにおいて長年にわたり量刑サークルを行っており，アメリカの数多くの司法実務者と地域の活動家の訓練も行ってきた。サークルの過程には，深遠な精神性（宗教的である必要はないが）が基盤にあり，また，それは，被害者，加害者，家族，地域の対話を通した，地域社会を含む修復的司法の一形態である。

モデル間の比較

新しいプログラムの開発の早期において、モデルに独自性があり、他のプログラムとは異なったものであるとして提示されるのは、よく理解できることである。しかし、修復的司法の領域が世界中で発展し続けるにつれて、すべての修復的司法の政策や実践に共通する土台を探し出すことの重要性が増してきている。そして、プログラムが被害者に対して感受性豊かで、さまざまな人びとや、共同体や、文化圏に適用できることを確かめることの重要性も増してきている。

アメリカとイギリスの多くの地域社会でなされているプログラムは、すでにプログラムやモデルに重点を置かなくなり始めており、それよりも、特定の人びとの要求を満たすようにプログラムを適用するための根底にある過程は何かということに、注目が集まり始めている。そうすることによって、こうしたプログラムが、特定の被害者と加害者によって表明されたニーズに基づいて、それぞれのモデルの限界を補いながら、一方で、それぞれのモデルの利点を最大限に活用するようになっている。

表12－1は、被害者と加害者の一対一の調停と、家族の構成員や、支援する人びと、地域社会で関心のあるメンバーによって構成されるより大きな集団での会議の、利点と欠点を示したものである。ここにみられるように、伝統的な一対一の被害者加害者調停（現行の実践とは逆行するものであるが）と、より大きな集団協議会形式（家族グループ会議など）は、互いによりよく補完し合っている。

われわれの観点からいえば、それらは二つのまったく別個の方法ではなく、むしろそれらすべてが、被害者と加害者との「対話」や「会議」の一つの形態であるといえる。より大きな集団では、車座に座ることを活用したり、サークルにおいて持ち回される発言者札（トーキングピース）を活用したりすることは、会議の効果を高めることに役立つ。実際、より深刻な事例では、方法を混ぜ合わせることが、最も効果的な介入方法を含めたり、

表 12-1 「1 対 1 の調停」と「より大きな集団会議」

	アプローチ	潜在的な利点	潜在的な弱点
一対一の調停（会議）	・犯罪被害者と加害者の間で対話がなされる。 ・1 人もしくは 2 人以上の家族構成員や，他の支援者が出席するかもしれないが，対話には積極的には関与しない。	・より秘密な場であり，被害者と加害者の不安を軽減する。 ・被害者と加害者が，気持ちをさらけだし率直になれるだけの安心感を抱きやすい。 ・被害者と加害者は，他人の考えに影響されずに，より率直に話がしやすい。 ・被害者と加害者は，真の対話に打ち込みやすい。 ・犯罪によって直接的な被害を被った被害者の要求に，より焦点を当てることができる。 ・加害者が，「貝になって」話をしなかったり，周囲から辱められたという感覚を抱いたりするようなことが少ない。	・加害者が，自身の行動が，他の人びとに与えたすべての影響を理解し難い。 ・家族を含めて，被害者の一部や，地域の支援者といった人びとの参加が限定的である。 ・地域共同体に影響を与えた衝突が，秘密にされて隠されてしまいやすい。 ・被害者，加害者に引き続き支援を提供できる人びとがあまり関与できないことになりやすい。 ・地域共同体が，加害者が責任をとる過程に関与しにくい。
より大きな集団会議	・被害者と加害者が語ることで開始されることが多いが，対話は出席者全員の間で行われる。 ・会合には，たいてい 6～8 人，ときには 20 人以上が関与する。	・犯罪によって影響を受けた，他の多くの人びとも関与しやすい。 ・加害者が責任をとる過程に，地域共同体がより関与することになる。 ・加害者は，自身の行動が一次的および二次的な被害者に与えたすべての影響について理解しやすくなる。 ・家族構成員と，被害者や加害者を支援する人びとが関与しやすくなる。 ・被害者と加害者に対して引き続き支援してくれる人びとのネットワークが提供されやすい。	・加害者が若年の場合，非常に多くの大人たちに囲まれて，怯えてしまいやすい。 ・そもそもの被害者のニーズは，家族や地域共同体の構成員のニーズと同じだけの注意を払われない可能性もある。 ・被害者のなかには，公開形式を好まない者もいる。 ・加害者のなかには，率直に発言するための安心感が得られず，さらには，集団から定まった方式で返答するよう圧力を受けているように感じる者もいるかもしれない。 ・1 人もしくは 2 人が会話を独占し，被害者と加害者が互いに話をする時間がほとんど取れなくなってしまう可能性がある。

他の選択肢や組み合わせを含めたりするために輪を大きくすることによって、次につなげていくというものである。

被害者と加害者の一対一の対話が最も効果的であるのか、もしくはより普遍的な最近の傾向として、多ければ多いほどよいというような、家族の構成員や支援者を出席させることがより効果的であるのかということを推定するのは容易である。実際は、被害者と加害者の間の最も適切な形式での対話が、特定の犯罪被害者と加害者によって表現されるニーズや、文化的な文脈、時間や資源といった観点からの実践上の現実的な事柄などにおいて、根拠づけられる必要がある。

統合的な枠組みに向けて

犯罪被害者、加害者、家族構成員、そして地域の支援者たちの間の直接の対話を促進するためには、より広範、包括的、柔軟に、修復的司法の過程を概念化していくことが必要となる。このように、被害者、加害者、家族、地域における対話の概念を広げていくためには、それぞれの人びと、地域、文化の持つ独自の特徴に配慮して、修復的司法の過程を適用していくことが重要である。

ここで提示する概念的な枠組みは、北米や欧州のさまざまな地域で実際に行われている多くのプログラムの実践に基づくものである。それらは、被害者加害者調停、家族グループ会議、紛争解決サークルのそれぞれの欠点を補うように、それぞれの利点を組み合わせたものとなっており、それにより、結果として、より柔軟で順応性の高い総合的な介入方法となっている。

議論の目的のために、「修復的司法会議」は、特定のプログラム・モデルではなくて、被害者加害者調停、被害者加害者和解、被害者加害者会合、家族グループ会議、被害者加害者会議、地域司法会議、紛争解決サークルといったプログラムを含む、包括的な過程（Bazemore & Umbreit, 1999）であるとする。被害者、加害者、家族、地域の支援者の対話を促進する過程は、「調停」として表現されるであろう。なぜなら、プログラム自体が調停という用語を用いようが用いまいが、調停の技法（特に人間的な対話中心の調停）が、被害者加害者会議のあらゆる形態において用いられるからである。

多角的なアプローチには、被害者加害者調停、家族グループ会議、サークルといった実践から得られた知見と技法を、事例の個々の文脈に適用していくことが必要である。多角的なアプローチを用いることで、「ひとつですべてに合う」とする観点を超え、地域や文化に基づく個々人独自のニーズに対応できる、柔軟な介入方法を提供できるのである。どの方法を組み合わせて用いるかということは、プログラムに携わる職員が最良であると考えることよりも、被害者、加害者の個別のニーズに基づいて行われることになる。

話を簡単にするため、被害者と加害者の対話において最も広く行われている伝統的な被害者加害者調停と、より最近に現れた家族グループ会議や紛争解決サークル、量刑サークルの各々の利点を組み合わせることの大切さを強調することにする。中心的な問題は、真の対話を可能にするために、安心感の得られる場所をいかにして創り出すかということである。プログラムの提唱者のニーズや、受託の数を増やすために他のプログラムと競いたいという欲望は、焦点をぼやけさせることになってしまうので許されるべきではない。

修復的司法会議にとっての多角的なアプローチの意義を説明するために、実際の事件に基づいた二つの事例について、以下に提示することとする。

事例1――発砲事件

片田舎の大通り沿いの借家に住んでいた若い男が自暴自棄になり、ライフルの引き金を引き発砲した。彼は二人の若い男性を銃撃し、うち一人は重傷を負った。それから彼は、自分自身に向けて発砲したが、怪我はしたものの一命を取りとめた。この事件が、地域の警察署によって開催される会議形式のプログラムに委託されてきた。幅広い準備と個人準備面接がなされた後、調停人はまず、加害者、二人の被害者、二人の被害者のうち一人の被害者の親を一同に会させた。会議は車座方式で実施され、出席者全員が話をする機会を得た。昼休みを取った後で、同じ日のうちに二回目のセッションが行われた。二回目のセッションでは、事件の取調べをした警察官、会議が行われている教会の牧師、薬物乱用防止運動を行っている地域の活動家、関心がある地域の人びと、地元の政治家が加わり、輪は広げられた。

どちらのセッションも活気があったが、異なっていた。これは、被害者加害者調停と家族グループ会議、紛争解決サークルの双方の強みを混ぜ合わせた二段階アプローチの最初の試みであった。最初のこじんまりとしたセッションは、多くの被害者加害者調停と似通っていた。このセッションでは、犯罪が与えた影響を当事者が親密に共有し分かち合うための、安心感を得られる場を提供した。しかし、この最初のセッションでは、地域の他の人びとに犯罪が与えた影響については話し合われなかった。次のセッションではそのことを可能にし、被害者と加害者が発言することは少なくなったものの、彼らのニーズの多くは、最初のより内心を吐露する場で、すでに満たされていた。このような深刻な事件が委託されてきたのは、プログラムが地域において非常に信頼されてきており、また、感受性に富んだよく訓練された調停人がいたからである。なおこの事例では、上級研修を受けた共同調停人が、いずれのセッションとも出席していた。

事例2——学校職員に対する鉄パイプ爆弾事件

アメリカ中西部地方で、数人の高校生が、副校長の家の正面玄関口に火薬筒を仕かけた。「爆弾」は爆発し、二人の子どもをはじめ家族をひどく怯えさせた。新聞報道によって、この事件は、「鉄パイプ爆弾」事件として煽り立てられ、住民たちにテロリストの犯行であると思わせた。実際には、副校長の家族に与えた情緒面での影響は大きかったものの、火薬筒による物的被害はほとんどなかった。

この事件が、郡裁判所が主催する地域司法プログラムに委託されると、犯罪によって直接の影響を受けた当事者に対して、調停人による多数回の個人準備面接が行われた。こうした働きかけは、被害者、加害者、支援者が一同に会する前に、各々に「癒しのサークル」を行うことを、標準的な被害者加害者調停アプローチに組み合わせたというものである。

それぞれ二十人近くによる二つの集団会議が最終的に招集され、参加する人びとや地域の人びとのニーズに応じて、被害者加害者調停、家族グループ会議、量刑サークルに由来する技法が適用された。それぞれの集団会議は、いずれも二時間半近く続けられ、ほとんどの参加者が強い感情をその場で吐き出していた。

最後に、量刑サークルに似た、七十人近くの人びとが参加した大集団による会議が行われた。出席者全員が発言し、事件を起こした少年たちの責任の負い方に関して具体的な勧告を出した。少年たちが、判決の言い渡しのために裁判所に現れたときに、裁判官は勧告のうちの一つだけを変更したが、サークルにおいて決定された他のすべての勧告は尊重された。

プログラムの実例

アメリカ全土においてプログラムの数が増えてきているが、それらは多角的なアプローチを採用し始めている。プログラムを指して「被害者加害者調停」や「家族グループ会議」と名乗るのではなく、「被害者加害者会議」や「修復的司法会議」という表現を用いるようになってきている。現在、日常的に多角的な方法を用いているミネソタ州の二つのプログラムが、その実例として挙げられる。いずれのプログラムも、当初は被害者加害者調停プログラムとして始まり、後に多年にわたる試みの結果、被害者、加害者、家族、そして地域社会の間の対話というふうにアプローチを拡大させてきた。これらは，まったく新しいモデルを創設するというよりも，むしろ，当初の被害者加害者調停モデルを長年にわたり実施し，積み重ねることで得られた現場の知見に基づいて，より新しく，より包括的なモデルを作り上げたのである。

プログラム1
——被害者加害者会議プログラム（ミネソタ州ワシントン郡裁判所）

ミネソタ州ワシントン郡におけるプログラムは，アメリカにおいて多角的アプローチを採用した初期のプログラムのうちの一つである。一年に約二百五十もの事例を扱う少年の保護観察を基軸としたこのプログラムでは，小集団あるいは大集団における会議の共同調停人として活動するために，地域のボランティアと保護観察官を訓練する。

このプログラムでは，主として財産犯を対象とするが，ある種の粗暴犯までも対象とし，また学校での人種差別問題に関する，百五十人もの人びとから構成される大集団会議も行われるまでになっている。このプログラムでは，伝統的な被害者加害者調停の基本原則が強調される。つまり，事前準備面談の重要性に加え，当事者間の直接対話のために，調停人による介入は限定的にし，安心感を得られる場所を提供することの重要性に焦点を当てるということである。このプログラムの詳細を知りたい方は，「ワシントン郡裁判所，地域司法プログラム，キャロリン・マクレオッド」まで連絡願います。

プログラム2
――修復的協議プログラム（ミネソタ州ダコタ郡矯正部門）

ミネソタ州ダコタ郡の少年保護観察所は、一九八〇年に保護観察を基軸とした被害者加害者調停プログラムの初期のものを開始した。調停の試みは数年にわたり不活発であったが、一九九〇年代の初期に、ダコタ郡は被害者加害者調停事業を提供するための新たな努力を開始した。そこでは、プログラムは郡が管理運営するが、実際の調停は訓練された地域のボランティアによって行われることになった。さらに最近では、家族グループ会議も試行するようになってきている。双方のモデルに共通する部分と、双方のモデルから得られた知見を統合することの利点から、ダコタ郡では、多角的アプローチを適用させるための構造改革を行った。

このプログラムの詳細について知りたい方は、「ダコタ郡、地域矯正西センター、ステファニー・ハイダー」まで連絡願います。

まとめ

現在は、修復的司法の進展にとって最良の時であり、また最も不安定な時期であると、評論家たちは論じるだろう。調停の過程を通じての、被害者、加害者、家族、地域社会の間のさまざまな形の対話が受け入れられてきていることは、修復的司法という社会改革運動の未来にとって良い兆しである。他方、修復的司法と会議やサークルは、幾つかの地域においては広く行き渡ってきたので、今では修復的司法について語ることは、「政治的に正しい」こととなっている。申請書が修復的司法の用語で表現されない限り、多くの助成金は得られない。しかしながら、語ることと実践することの間には、大きな溝が横たわっている。

被害者加害者調停という分野が、周辺から主流へと段々と移っていくにつれ、「効率性」の名の下や、官僚主義的な観点からの要求に応じるかたちで、基本原則を排除しようとする圧力がかかってくることは避けられないだろう。現場で実践していく者たちは、自分たちの頑張りが修復的司法の核となる原則とどのように関連しているのかということを、絶えず省みる必要がある。

この先、修復的司法という活動の基本的な価値観を決して見失ってはならない。それは、どのような形態であれ、被害者、加害者、家族構成員、地域の人びとの間の対話というものが、意味深い修復的な影響をもたらしうるということである。第1章で述べたように、修復的会議の実践は、二つの根本原理にしっかりと根差したものである必要がある。それらは、①適切な準備を通じて、安心感を得られる場所を創り出したうえで、犯罪が人生や地域に及ぼした影響について、当事者全員が直接対話に加わる機会を最大限にするような柔軟性、②与えられた損害を最大限修復すること、の二点である。調停と対話を通じた修復的司法を体験することで、当事者全員が、連帯感や、地域が安全であるという感覚や、人生を推し進めていこうとする活力を得られるよう、理解、責任、補償、癒しを高めるようにすべきである。

監訳者あとがき

本書は、二〇〇一年に出版された Umbreit 博士の *The handbook of victim offender mediation : An essential guide to practice and research* のうち、カナダ、英国の調査に関する第11、12章、および付録を除いて訳出したものである。被害者加害者調停にはさまざまなモデルがあるが、アンブライト博士による、当事者の主体性を尊重し、「語り」の過程をなにより重視するモデルは、日本における千葉と大阪の実践のモデルとなっている。各グループは、ミネソタ大学のアンブライト博士のもとを訪れ、メディエーターとなるための研修を受けて、日本におけるプログラムをスタートさせている。

筆者が初めて「被害者加害者調停」なるものの存在を知ったのは、二十世紀末に Victim Impact Class について学んだ際であったが、当初の感想は、「そんなこと本当にできるのかなあ?」という疑念であった。それが、「できるかも」から「できるな」という確信に変わっていったのは、二十一世紀になりアンブライト博士の著作を読み、研修を受けてからである。本書には、被害者加害者調停の理念、および具体的な実施方法と実施結果の評価が詳細に述べられている。被害者加害者調停を実践することに関心のある方、あるいはそれに疑念を抱いている方々に御一読いただければありがたい。被害者加害者調停がある意味それほど「特別」なことではなく、きちんと実施できる手順がある「普通にできる一つの方法」ということを御理解いただけるのではあるまいか。

前著『被害者と加害者の対話による回復を求めて――修復的司法におけるVOMを考える』で、日本における修復的司法および被害者加害者調停の現状についてまとめたが、まだまだ日本では、これら二つに関する一般的認知も乏しく、被害者加害者調停に関して「誤解」と思われる概念が多くあるように思える。現行司法と修復的司法とではパラダイムの変換があるので無理からぬことではある。それだけに、今後の議論のたたき台として、一定の共通認識を持つためにも、本書の訳出が重要であると考えた。

各章の翻訳担当者は、巻末のとおりであるが、もともとは、修復的司法と被害者加害者調停に関する勉強会を重ねていくなかで、二〇〇三年六月に大阪で研究会を開き、参加者が持ち寄ったものが下訳となっている。それからあっという間に四年が経過してしまった。しかし、四年という歳月が流れていながら、被害者加害者調停や修復的司法に関しては、制度化や公的機関が関与するような大きな展開が見られていないことは残念である。とはいうものの、民間機関において、着実に実践が積み重ねられつつあることも事実である。現在活動している千葉と大阪のＮＰＯ法人について、連絡先を末尾に記しておく。

二〇〇三年の研究会の参加者は、弁護士などの法律専攻者を主とする大阪のＮＰＯ法人「被害者加害者対話支援センター」のメンバー、法務省矯正局で心理技官をやっているメンバー、そして心理学および法律学専攻の大学院生たちという異種格闘状態であった。しかし、本来、修復的司法という法制度のなかに人間科学的知見を生かしていこうとする試みにおいては、異なる背景を持つ者が知恵を集めるのは有意義であったと感じている。省略した章等の関係で名前を掲載できなかったが、明記された訳者以外でこの講読勉強会に参加したのは、内田桂子、渡辺吉泰、加藤直人、三原麻理、中西ひさ子、井垣康弘（順不同、敬称略）の各氏である。

Mediation、Restorative Justice、Diversion といった英語に関してどのような訳語をあてるかということは悩ましい問題であった。前著では、Mediation を「対話」としたが、本書では、より公的な訳語として「調停」を用いた。「修復的司法」という訳語も定着しているとまでは言い切れないが、最も一般的であることから本書においては使用している。もとより本書に関する最終的な責任は、監訳者にある。ご意見をいただければありがたい。

末筆になるが、誠信書房の中澤美穂さんおよび松山由理子さんには、翻訳権取得のためのエージェンシーとの交渉を始めとして、さまざまにご助力いただいた、記して深謝する。

二〇〇七年七月

大阪大学大学院人間科学研究科
NPO法人「被害者加害者対話支援センター」副代表理事　藤岡淳子

＊NPO法人「被害者加害者対話の会」
〒二六〇-〇〇一三　千葉市中央区中央3丁目8番8号　中央CIBビル4階
県民合同法律事務所　（担当者）弁護士　山田由紀子
TEL：〇四三（二二四）九六二二（月～金　午前九時～午後五時）
FAX：〇四三（二二四）八七〇〇
http://www.taiwanokai.org/top.html

＊NPO法人「被害者加害者対話支援センター」
〒五三〇-〇〇四七　大阪市北区西天満3丁目14番16号　西天満パークビル3号館8階
いぶき法律事務所　三木憲明
TEL：〇六（六三一六）一一一八
http://www.vom.jp/

参考文献

クリスティ，N.　平松毅・寺澤比奈子訳　2006　人が人を裁くとき――裁判員のための修復的司法入門　有信堂高文社
コンセディーン，J.・ボーエン，H.編　前野育三・高橋貞彦監訳　2001　修復的司法――現代的課題と実践　関西学院大学出版会
藤本哲也　2004　諸外国の修復的司法　中央大学出版部
藤岡淳子編著　2005　被害者と加害者の対話による回復を求めて――修復的司法におけるVOMを考える　誠信書房
平松　毅　2004　訴訟社会・囚人爆発と調停・修復的司法　有斐閣
細井洋子・西村春夫・樫村志郎・辰野文理編著　2006　修復的司法の総合的研究――刑罰を超え新たな正義を求めて　風間書房
ジョンストン，G.　西村春夫監訳　2006　修復司法の根本を問う　成文堂
レビン小林久子　1998　調停者ハンドブック――調停の理念と技法　信山社出版
染田　恵　2006　犯罪者の社会内処遇の探究――処遇の多様化と修復的司法　成文堂
高橋則夫　2003　修復的司法の探求　成文堂
ワクテル，T.　山本英政訳　2005　リアルジャスティス――修復的司法の挑戦　成文堂
吉田敏雄　2006　犯罪司法における修復的正義　成文堂
ゼア，H.　西村春夫・細井洋子・高橋則夫監訳　2003　修復的司法とは何か――応報から関係修復へ　新泉社

ation programs in the United States. *Mediation Quarterly*, *16*, 235–251.

Umbreit, M. S., Greenwood, J., & Lipkin, R. (1996). Introductory training manual: Victim offender mediation and dialogue in property crimes and minor assaults. St. Paul: University of Minnesota, Center for Restorative Justice & Peacemaking.

Umbreit, M. S., & Roberts, A. W. (1996). *Mediation of criminal conflict in England: An assessment of services in Coventry and Leeds*. St. Paul: University of Minnesota, Center for Restorative Justice & Peacemaking.

Umbreit, M. S., & Stacey, S. L. (1995). Family group conferencing comes to the U.S.: A comparison with victim offender mediation. *Juvenile and Family Court Journal*, *47*(2), 29–38.

Umbreit, M. S., & Vos, B. (2000). Homicide survivors meet the offender prior to execution: Restorative justice through dialogue. *Homicide Studies*, *4*, 63–87.

Umbreit, M. S., & Zehr, H. (1996). Restorative family group conferences: Differing models and guidelines for practice. *Federal Probation*, *60*(3), 24–29.

Van Ness, D., & Strong, K. H. (1997). *Restoring justice*. Cincinnati: Anderson Publishing.

Warner, S. (1992). *Making amends: Justice for victims and offenders*. Aldershot, England: Avebury.

Young, M. (1995). *Restorative community justice: A call to action*. Washington, DC: National Organization for Victim Assistance.

Zehr, H. (1985). Restorative justice, retributive justice. *New Perspectives on Crime and Justice*, *4*. Akron, PA: Mennonite Central Committee, Office of Criminal Justice.

Zehr, H. (1990). *Changing lenses: A new focus for crime and justice*. Scottsdale, PA: Herald Press.

Umbreit, M. S. (1997). Humanistic mediation: A transformative journey of peacemaking. *Mediation Quarterly, 14*, 201–213.

Umbreit, M. S. (1998). Restorative justice through victim-offender mediation: A multi-site assessment. *Western Criminology Review, 1*, 1–29.

Umbreit, M. S. (1999). Victim offender mediation in Canada: The impact of an emerging social work intervention. *International Journal of Social Work, 42*, 215–227.

Umbreit, M. S., & Bradshaw, W. (1995). *Victim-sensitive offender dialogue in crimes of severe violence*. St. Paul: University of Minnesota, Center for Restorative Justice & Peacemaking.

Umbreit, M. S., & Bradshaw, W. (1997). Victim experience of meeting adult versus juvenile offenders: A cross-national comparison. *Federal Probation, 61*(4), 33–39.

Umbreit, M. S., & Bradshaw, W. (in press). Factors that contribute to victim satisfaction with mediated offender dialogue in Winnipeg: An emerging area of social work practice. *Journal of Law and Social Work*.

Umbreit, M. S., Bradshaw, W., & Coates, R. B. (1999). Victims of severe violence meet the offender: Restorative justice through dialogue. *International Review of Victimology, 6*, 321–344.

Umbreit, M. S., & Brown, K. (1999). Victims of severe violence meet the offender in Ohio. *Crime Victims Report, 3*(3), 35–36.

Umbreit, M. S., & Coates, R. B. (1992). *Victim offender mediation: An analysis of programs in four states of the U.S.* Minneapolis: Minnesota Citizens Council on Crime and Justice.

Umbreit, M. S., & Coates, R. B. (1993). Cross-site analysis of victim-offender mediation in four states. *Crime and Delinquency, 39*, 565–585.

Umbreit, M. S., & Coates, R. B. (1999) Multicultural implications of restorative justice. *Federal Probation, 63*(2) 44–51.

Umbreit, M. S., Coates, R. B., & Roberts, A. W. (1998). Impact of victim-offender mediation in Canada, England, and the United States. *Crime Victims Report, 2*(1), 83, 90–92.

Umbreit, M. S., Coates, R. B., & Roberts, A. W. (2000). Victim-offender mediation: A cross-national perspective. *Mediation Quarterly, 17*, 215–229.

Umbreit, M. S., & Fercello, C. (1998). Family group conferencing program results in client satisfaction. *Juvenile Justice Update, 3*(6), 3–13.

Umbreit, M. S., & Greenwood, J. (1997). *Criteria for victim-sensitive mediation and dialogue with offenders*. St. Paul: University of Minnesota, Center for Restorative Justice & Peacemaking.

Umbreit, M. S., & Greenwood, J. (1999). National survey of victim-offender medi-

ters thesis, University of Arizona, Tucson.

Roberts, T. (1995). *Evaluation of the Victim Offender Mediation Project in Langley, B.C.* Victoria, British Columbia, Canada: Focus Consultants.

Rogers, C. (1961). *On becoming a person*. Boston: Houghton Mifflin.

Roy, S. (1993). Two types of juvenile restitution programs in two midwestern counties: A comparative study. *Federal Probation* 57(4), 48–53.

Satir, V. (1976). *Making contact*. Berkeley, CA: Celestial Arts.

Schneider, A. L. (1986). Restitution and recidivism rates of juvenile offenders: Results from four experimental studies. *Criminology*, *24*, 533–552.

Stone, S., Helms, W., & Edgeworth, P. (1998). *Cobb County [Georgia] Juvenile Court mediation program evaluation*. Carrolton: State University of West Georgia.

Sue, D. W., & Sue, D. (1990). *Counseling the culturally different* (2nd ed.). New York: Wiley.

Thomson, D. R., & Ragona, A. J. (1987). Popular moderation versus governmental authoritarianism: An interactionist view of public sentiment toward criminal sanctions. *Crime and Delinquency*, *33*, 337–357.

Umbreit, M. S. (1988). Mediation of victim offender conflict. *Journal of Dispute Resolution*, *1988*, 85–105.

Umbreit, M. S. (1989a). Crime victims seeking fairness, not revenge: Towards restorative justice. *Federal Probation*, *53*(3), 52–57.

Umbreit, M. S. (1989b). Violent offenders and their victims. In M. Wright & B. Galaway (Eds.), *Mediation and criminal justice* (pp. 99–112). London: Sage.

Umbreit, M. S. (1990). The meaning of fairness to burglary victims. In B. Galaway & J. Hudson (Eds.), *Criminal justice, restitution, and reconciliation* (pp. 47–57). Monsey, NY: Criminal Justice Press.

Umbreit, M. S. (1991, August). Minnesota mediation center produces positive results. *Corrections Today*, pp. 194–197.

Umbreit, M. S. (1994). *Victim meets offender: The impact of restorative justice and mediation*. Monsey, NY: Criminal Justice Press.

Umbreit, M. S. (1995a). The development and impact of victim-offender mediation in the United States. *Mediation Quarterly*, *12*, 263–276.

Umbreit, M. S. (1995b). *Mediation of criminal conflict: An assessment of programs in four Canadian provinces*. St. Paul: University of Minnesota, Center for Restorative Justice & Peacemaking.

Umbreit, M. S. (1996). Restorative justice through mediation: The impact of programs in four Canadian provinces. In B. Galaway & J. Hudson (Eds.), *Restorative justice: International perspectives* (pp. 373–385). Monsey, NY: Criminal Justice Press.

10, 355–366.

Hughes, S., & Schneider, A. (1990). *Victim-offender mediation in the juvenile justice system*. Washington, DC: Office of Juvenile Justice and Delinquency Prevention.

Le Resche, D. (1993). Native American perspectives on peacemaking [Editor's notes]. *Mediation Quarterly*, *10*, 321–325.

Marshall, T. (1990). Results of research from British experiments in restorative justice. In B. Galaway & J. Hudson (Eds.), *Criminal justice, restitution, and reconciliation* (pp. 83–107). Monsey, NY: Criminal Justice Press.

Marshall, T., & Merry, S. (1990). *Crime and accountability: Victim/offender mediation in practice*. London: Home Office.

McCold, P., & Wachtel, B. (1998). *Restorative policing experiment: The Bethlehem, Pennsylvania, Family Group Conferencing Project*. Pipersville, PA: Community Service Foundation.

Myers, S., & Filner, B. (1993). *Mediation across cultures*.San Diego, CA: Authors.

Niemeyer, M., & Shichor, D. (1996). A preliminary study of a large victim/offender reconciliation program. *Federal Probation*, 60(3), 30–34.

Nugent, W. R., & Paddock, J. B. (1995). The effect of victim-offender mediation on severity of reoffense. *Mediation Quarterly*, *12*, 353–367.

Nugent, W. R., Umbreit, M. S., Wiinamaki, L., & Paddock, J. B. (in press). Participation in victim-offender mediation and reoffense: Successful replications? *Journal of Research on Social Work Practice*.

Perry, L., Lajeunesse, T., & Woods, A. (1987). *Mediation services: An evaluation*. Winnipeg, Manitoba, Canada: Office of the Attorney General, Department of Research, Planning and Evaluation.

Pranis K., & Umbreit, M. S. (1992). *Public opinion research challenges perception of widespread public demand for harsher punishment*. Minneapolis, MN: Citizens Council.

Public Agenda Foundation. (1987). *Crime and punishment: The public's view*. New York: Edna McConnell Clark Foundation.

Public Opinion Research. (1986). *Report prepared for the North Carolina Center on crime and punishment*.Washington, DC: Author.

Quill, D., & Wynne, J. (1993). *Victim and offender mediation handbook*. London: Save the Children.

Remen, R. N. (1998). On defining spirit. *Noetic Sciences Review*, *47*, 64.

Ridley, C. R. (1995). *Overcoming unintentional racism in counseling and therapy*. Thousand Oaks, CA: Sage.

Roberts, L. (1998). *Victim offender mediation: An evaluation of the Pima County Juvenile Court Center's victim offender mediation program (VOMP)*. Mas-

Solicitor General of Canada, Consultation Centre (Prairies).

Cook, T. D., & Campbell, D. T. (1979). *Quasi-experimental design and analysis issues in field settings*. Boston: Houghton Mifflin.

Davis, R., Tichane, M., & Grayson, D. (1980). *Mediation and arbitration as alternatives to prosecution in felony arrest cases: An evaluation of the Brooklyn Dispute Resolution Center*. New York: VERA Institute of Justice.

Dignan, J. (1990). *Repairing the damage: An evaluation of an experimental adult reparation scheme in Kettering, Northamptonshire*. Sheffield, England: University of Sheffield, Centre for Criminological and Legal Research.

Duryea, M. L. (1994). *Conflict analysis and resolution as education*. Victoria, British Columbia, Canada: University of Victoria, Institute for Dispute Resolution.

Fercello, C., & Umbreit, M. S. (1998). *Client evaluation of family group conferencing in 12 sites in First Judicial District of Minnesota*. St. Paul: University of Minnesota, Center for Restorative Justice & Peacemaking.

Flaten, C. (1996). Victim-offender mediation: Application with serious offenses committed by juveniles. In B. Galaway & J. Hudson (Eds.), *Restorative justice: International perspectives* (pp. 387–402). Monsey, NY: Criminal Justice Press.

Galaway, B. (1984). *Public acceptance of restitution as an alternative to imprisonment for property offenders: A survey*. Wellington: New Zealand Department of Justice.

Galaway, B. (1989). Informal justice: Mediation between offenders and victims. In P. A. Albrecht & O. Backes (Eds.), *Crime prevention and intervention: Legal and ethical problems* (pp. 103–116). New York: Aldine de Gruyter.

Gehm, J. (1990). Mediated victim-offender restitution agreements: An exploratory analysis of factors related to victim participation. In B. Galaway & J. Hudson (Eds.), *Criminal justice, restitution, and reconciliation* (pp. 177–182). Monsey, NY: Criminal Justice Press.

Gold, L. (1993). Influencing unconscious influences: The healing dimension of mediation. *Mediation Quarterly*, *11*, 55–66.

Gottfredson, S. D., & Taylor, R. B. (1983). *The correctional crisis: Prison overcrowding and public policy*. Washington, DC: U.S. Department of Justice and National Institute of Justice.

Gustafson, D. L., & Smidstra, H. (1989). *Victim offender reconciliation in serious crime: A report on the feasibility study undertaken for the Ministry of the Solicitor General*. Langley, British Columbia, Canada: Fraser Region Community Justice Initiatives Association.

Huber, M. (1993). Mediation around the medicine wheel. *Mediation Quarterly*,

文　献

Bae, I. (1992). A survey on public acceptance of restitution as an alternative to incarceration for property offenders in Hennepin County, Minnesota, U.S.A. In H. Messmer & H. U. Otto (Eds.), *Restorative justice on trial: Pitfalls and potentials of victim-offender mediation—international research perspectives* (pp. 291–308). Dordrecht, Netherlands: Kluwer Academic.

Bazemore, G., & Umbreit, M. S. (1999). *Conferences, circles, boards, and mediations: Restorative justice and citizen involvement*. Ft. Lauderdale, FL: BARJ Project, Florida Atlantic University.

Bradshaw, W., & Umbreit, M. S. (1998). Crime victims meet juvenile offenders: Contributing factors to victim satisfaction with mediated dialogue in Minneapolis. *Juvenile and Family Court Journal*, 49(3), 17–25.

Braithwaite, J. (1989). *Crime, shame and reintegration*. New York: Cambridge University Press.

Bush, R.A.B., & Folger, J. P. (1994). *The promise of mediation: Responding to conflict through empowerment and recognition*. San Francisco: Jossey-Bass.

Carr, C. (1998). *VORS program evaluation report*. Inglewood, CA: Centenela Valley Juvenile Diversion Project.

Christie, N. (1977). Conflicts as property. *British Journal of Criminology, 17*, 1–15.

Clarke, S. H., Valente, E., & Mace, R. R. (1992). *Mediation of interpersonal disputes: An evaluation of North Carolina's programs*. Chapel Hill: University of North Carolina, Institute of Government.

Coates, R. B., & Gehm, J. (1985). *Victim meets offender: An evaluation of victim-offender reconciliation programs*. Valparaiso, IN: PACT Institute of Justice.

Coates, R. B., & Gehm, J. (1989). An empirical assessment. In M. Wright & B. Galaway (Eds.), *Mediation and criminal justice* (pp. 251–263). London: Sage.

Coates, R. B., & Umbreit, M. S. (1999). *Parents of murdered children meet the offender: An analysis of two cases*. St. Paul: University of Minnesota, Center for Restorative Justice & Peacemaking.

Collins, J. P. (1984). *Final evaluation report on the Grande Prairie Community Reconciliation Project for Young Offenders*. Ottawa, Ontario: Ministry of the

タ　行

ナ　行

ハ　行

索　引

森本　志磨子（もりもと　しまこ）・・・第6章
1998年　神戸大学法学部卒業
現　在　葛城・森本法律事務所，弁護士

久保　芳織（くぼ　かおり）・・・第8章
2004年　大阪大学大学院人間科学研究科修士課程修了
現　在　福知山児童相談所，心理判定員

津田　詩織（つだ　しおり）・・・第9章
2004年　大阪大学大学院人間科学研究科修士課程修了
現　在　ウィルソン・ラーニングワールドワイド株式会社 HRD事業部

西村　勇也（にしむら　ゆうや）・・・第9章
2006年　大阪大学大学院人間科学研究科修士課程修了
現　在　株式会社レアリゼ 企画・ディレクションユニット

大髙　瑞郁（おおたか　みずか）・・・第10章
2006年　東京大学大学院人文社会系研究科修士課程修了
現　在　東京大学大学院人文社会系研究科博士課程

奥下　いづみ（おくした　いづみ）・・・第10章
2005年　大阪大学大学院人間科学研究科修士課程修了
現　在　大阪刑務所調査専門官

今村　洋子（いまむら　ようこ）・・・第11章
1966年　早稲田大学第一文学部卒業
現　在　文京学院大学非常勤講師，臨床心理士

朝比奈　牧子（あさひな　まきこ）・・・第11章
2003年　南イリノイ大学大学院司法学研究科修了
現　在　府中刑務所調査専門官，臨床心理士

高橋　哲（たかはし　まさる）・・・第12章
1999年　東京大学大学院教育学研究科修士課程中退
現　在　千葉少年鑑別所統括専門官，臨床心理士

訳者紹介

藤岡　淳子（ふじおか　じゅんこ）・・・序文・序章・第7章
監訳者紹介参照

三木　憲明（みき　のりあき）・・・第1章
1991年　一橋大学法学部卒業
現　在　NPO法人被害者加害者対話支援センター理事，いぶき法律事務所，弁護士

青木　佐奈枝（あおき　さなえ）・・・第2章
2005年　大阪大学大学院人間科学研究科博士課程修了，人間科学博士
現　在　東京成徳大学人文学部臨床心理学科准教授，臨床心理士

安西　敦（あんざい　あつし）・・・第3章
1994年　同志社大学法学部卒業
現　在　法テラス香川法律事務所，弁護士

紀　惠理子（きの　えりこ）・・・第3章
1995年　筑波大学大学院教育研究科修士課程修了
現　在　横浜少年鑑別所首席専門官

前野　育三（まえの　いくぞう）・・・第4章
1965年　京都大学大学院民刑事法学専攻博士課程単位取得退学
現　在　大阪経済法科大学法学部教授，関西学院大学名誉教授，弁護士

今村　有子（いまむら　ゆうこ）・・・第5章
2001年　上智大学大学院文学研究科修士課程修了
現　在　宇都宮少年鑑別所法務技官

毛利　真弓（もうり　まゆみ）・・・第5章
2001年　愛知教育大学大学院教育学研究科修士課程修了
現　在　株式会社大林組 PFI推進部，臨床心理士

監訳者紹介

藤岡淳子（ふじおか　じゅんこ）

1979年　上智大学文学部卒業
1981年　上智大学大学院博士前期課程修了
1988年　南イリノイ大学大学院修士課程修了
府中刑務所首席矯正処遇官，
宇都宮少年鑑別所首席専門官，
多摩少年院教育調査官を経て，
現　在　大阪大学大学院人間科学研究科教授，臨床心理士，
博士（人間科学）
専　攻　心理学，司法行政学
著訳編書　J・エクスナー『エクスナー法　ロールシャッハ解釈の基礎』岩崎学術出版社　1994，『非行少年の加害と被害——非行心理臨床の現場から』誠信書房　2001，『包括システムによるロールシャッハ臨床——エクスナーの実践的応用』誠信書房　2004，『被害者と加害者の対話による回復を求めて——修復的司法におけるVOMを考える』誠信書房　2005，『性暴力の理解と治療教育』誠信書房　2006，『犯罪・非行の心理学』有斐閣　2007，他

マーク S. アンブライト
被《ひ》害《がい》者《しゃ》-加《か》害《がい》者《しゃ》調《ちょう》停《てい》ハンドブック
——修《しゅう》復《ふく》的《てき》司《し》法《ほう》実《じっ》践《せん》のために

2007年9月25日　第1刷発行

監訳者　藤　岡　淳　子
発行者　柴　田　淑　子
印刷者　日　岐　浩　和

発行所　株式会社　誠信書房
〒112-0012　東京都文京区大塚3-20-6
電話　03（3946）5666
http://www.seishinshobo.co.jp/

中央印刷　清水製本

ISBN 978-4-414-41427-1　C3011